江西理工大学清江学术文库资助

“十三五”国家重点出版物出版规划项目

岩石力学与工程研究著作丛书

受载岩石应力波传播与动态疲劳力学特

金解放

科学出版社
北京

内 容 简 介

本书针对地下工程岩体爆破开挖时，围岩体承受地应力和多次爆破动载荷作用的工程实际，研究受载岩石的应力波传播衰减和动态疲劳力学性能。从轴向静应力影响弹性杆中应力波幅值和波长、轴向静应力影响岩石应力波传播、具有围压作用岩石的应力波传播衰减特性三个角度，系统研究具有地应力作用岩石的应力波传播衰减特性。通过表征具有一维和三维静应力岩石在循环冲击作用下的强度劣化、疲劳变形、能量耗散、累积损伤演化、破坏模式及机理、动态疲劳本构模型等，详细展现地应力和循环动载荷组合作用下岩石动态疲劳力学性能。

本书可供岩土工程、采矿工程和地质工程等相关专业的科研人员、工程技术人员和研究生参考。

图书在版编目（CIP）数据

受载岩石应力波传播与动态疲劳力学特性/金解放著. —北京：科学出版社，2021. 10

（岩石力学与工程研究著作丛书）

“十三五”国家重点出版物出版规划项目

ISBN 978-7-03-069921-3

Ⅰ. ①受…　Ⅱ. ①金…　Ⅲ. ①隧道工程-围岩压力-研究　Ⅳ. ①U455

中国版本图书馆 CIP 数据核字（2021）第 200614 号

责任编辑：刘宝莉 / 责任校对：任苗苗

责任印制：吴兆东 / 封面设计：陈　敬

科学出版社 出版

北京东黄城根北街 16 号

邮政编码：100717

http://www.sciencep.com

北京厚诚则铭印刷科技有限公司 印刷

科学出版社发行　各地新华书店经销

*

2021 年 10 月第　一　版　开本：720×1000　1/16

2022 年　9　月第二次印刷　印张：14 1/2

字数：292 000

定价：108. 00 元

（如有印装质量问题，我社负责调换）

《岩石力学与工程研究著作丛书》编委会

《岩石力学与工程研究著作丛书》序

随着西部大开发等相关战略的实施,国家重大基础设施建设正以前所未有的速度在全国展开:在建、拟建水电工程达30多项,大多以地下硐室(群)为其主要水工建筑物,如龙滩、小湾、三板溪、水布垭、虎跳峡、向家坝等水电站,其中白鹤滩水电站的地下厂房高达90m、宽达35m、长400多米;锦屏Ⅱ级水电站4条引水隧道,单洞长16.67km,最大埋深2525m,是世界上埋深与规模均为最大的水工引水隧洞;规划中的南水北调西线工程的隧洞埋深大多在400~900m,最大埋深1150m。矿产资源与石油开采向深部延伸,许多矿山采深已达1200m以上。高应力的作用使得地下工程冲击地压显现剧烈,岩爆危险性增加,巷(隧)道变形速度加快、持续时间长。城镇建设与地下空间开发、高速公路与高速铁路建设日新月异。海洋工程(如深海石油与矿产资源的开发等)也出现方兴未艾的发展势头。能源地下储存、高放核废物的深地质处置、天然气水合物的勘探与安全开采、CO_2地下隔离等已引起高度重视,有的已列入国家发展规划。这些工程建设提出了许多前所未有的岩石力学前沿课题和亟待解决的工程技术难题。例如,深部高应力下地下工程安全性评价与设计优化问题,高山峡谷地区高陡边坡的稳定性问题,地下油气储库、高放核废物深地质处置库以及地下CO_2隔离层的安全性问题,深部岩体的分区碎裂化的演化机制与规律,等等。这些难题的解决迫切需要岩石力学理论的发展与相关技术的突破。

近几年来,863计划、973计划、“十一五”国家科技支撑计划、国家自然科学基金重大研究计划以及人才和面上项目、中国科学院知识创新工程项目、教育部重点(重大)与人才项目等,对攻克上述科学与工程技术难题陆续给予了有力资助,并针对重大工程在设计和施工过程中遇到的技术难题组织了一些专项科研,吸收国内外的优势力量进行攻关。在各方面的支持下,这些课题已经取得了很多很好的研究成果，并在国家重点工程建设中发挥了重要的作用。目前组织国内同行将上述领域所研究的成果进行了系统的总结，并出版《岩石力学与工程研究著作丛书》，值得钦佩、支持与鼓励。

该丛书涉及近几年来我国围绕岩石力学学科的国际前沿、国家重大工程建设中所遇到的工程技术难题的攻克等方面所取得的主要创新性研究成果，包括深部及其复杂条件下的岩体力学的室内、原位实验方法和技术，考虑复杂条件与过程（如高应力、高渗透压、高应变速率、温度-水流-应力-化学耦合）的岩体力学特性、变形破裂过程规律及其数学模型、分析方法与理论，地质超前预报方法与技术，工程地质灾害预测预报与防治措施，断续节理岩体的加固止裂机理与设计方法，灾害环境下重大工程的安全性，岩石工程实时监测技术与应用，岩石工程施工过程仿真、动态反馈分析与设计优化，典型与特殊岩石工程（海底隧道、深埋长隧洞、高陡边坡、膨胀岩工程等）超规范的设计与实践实例，等等。

岩石力学是一门应用性很强的学科。岩石力学课题来自于工程建设，岩石力学理论以解决复杂的岩石工程技术难题为生命力，在工程实践中检验、完善和发展。该丛书较好地体现了这一岩石力学学科的属性与特色。

我深信《岩石力学与工程研究著作丛书》的出版，必将推动我国岩石力学与工程研究工作的深入开展，在人才培养、岩石工程建设难题的攻克以及推动技术进步方面将会发挥显著的作用。

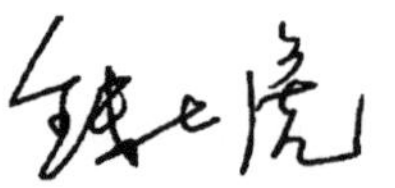

2007 年 12 月 8 日

《岩石力学与工程研究著作丛书》编者的话

近20年来，随着我国许多举世瞩目的岩石工程不断兴建，岩石力学与工程学科各领域的理论研究和工程实践得到较广泛的发展，科研水平与工程技术能力得到大幅度提高。在岩石力学与工程基本特性、理论与建模、智能分析与计算、设计与虚拟仿真、施工控制与信息化、测试与监测、灾害性防治、工程建设与环境协调等诸多学科方向与领域都取得了辉煌成绩。特别是解决岩石工程建设中的关键性复杂技术疑难问题的方法，973计划、863计划、国家自然科学基金等重大、重点课题研究成果，为我国岩石力学与工程学科的发展发挥了重大的推动作用。

应科学出版社诚邀，由国际岩石力学学会副主席、岩土力学与工程国家重点实验室主任冯夏庭教授和黄理兴研究员策划，先后在武汉市与葫芦岛市召开《岩石力学与工程研究著作丛书》编写研讨会，组织我国岩石力学工程界的精英们参与本丛书的撰写，以反映我国近期在岩石力学与工程领域研究取得的最新成果。本丛书内容涵盖岩石力学与工程的理论研究、实验方法、实验技术、计算仿真、工程实践等各个方面。

本丛书编委会编委由75位来自全国水利水电、煤炭石油、能源矿山、铁道交通、资源环境、市镇建设、国防科研领域的科研院所、大专院校、工矿企业等单位与部门的岩石力学与工程界精英组成。编委会负责选题的审查，科学出版社负责稿件的审定与出版。

在本丛书的策划、组织与出版过程中，得到了各专著作者与编委的积极响应；得到了各界领导的关怀与支持，中国岩石力学与工程学会理事长钱七虎院士特为丛书作序；中国科学院武汉岩土力学研究所冯夏庭教授、黄理兴研究员与科学出版社刘宝莉编辑做了许多烦琐而有成效的工作，在此一并表示感谢。

“21世纪岩土力学与工程研究中心在中国”，这一理念已得到世人的共识。我们生长在这个年代里，感到无限的幸福与骄傲，同时我们也感觉到肩上的责任重大。我们组织编写这套丛书,希望能真实反映我国岩石力学与工程的现状与成果,希望对读者有所帮助,希望能为我国岩石力学学科发展与工程建设贡献一份力量。

《岩石力学与工程研究著作丛书》

编辑委员会

2007 年 11 月 28 日

前　　言

人类的活动范围逐渐从地表延伸到地下,各类地下岩体工程的数量和规模都逐渐增加。地下岩体工程处于地应力环境中,由于开挖卸荷导致的原岩应力重新分布等原因,围岩体承受的地应力具有动态变化的特点。作为多孔隙的脆性地质材料,岩石的孔隙度、损伤程度以及纵波波速具有应力敏感性。波阻抗是表征岩石动态力学性能的基本参数,其大小等于密度和波速的乘积。因此,变化的地应力必将影响岩石的波阻抗大小,进而影响岩石的应力波传播和动态响应特性。

本书作者在攻读博士学位期间,有幸参与了几项岩石动力学课题研究,并开始了受载岩石的动态力学性能研究的学术之路。十余年来,作者聚焦地应力对岩石应力波传播和动态疲劳力学性能的影响两个方面的研究,取得了一些研究成果。现将已有成果归纳整理,出版此书。

本书首先介绍轴向静应力对弹性杆中应力波幅值和波长的影响,得到应力波幅值与轴向静应力之间的关系模型。然后在此基础上,研究静应力对岩石应力波传播的影响,分别考虑轴向静应力和围压对应力波幅值衰减、应力波传播速度和频散特性的影响。最后介绍静应力对岩石动态疲劳性能的影响特性,分别研究循环冲击作用过程中岩石的强度劣化、疲劳变形、能量耗散、损伤变量的定义、累积损伤演化模型、破坏模式及机理、疲劳损伤本构模型等问题。

本书重视试验研究,通过试验既能得到岩石动力学的真实规律和现象,又能发现隐藏在背后的“新的问题”;在此基础上,通过理论分析得到试验发现的普遍规律。力求通过大量的试验研究和理论分析,克服霍普金森压杆以及动静组合加载试验系统相对“精度粗糙”的问题,较深入地探索静应力影响岩石应力波传播和动态疲劳力学性能的本质问题。

本书的研究工作得到了国家自然科学基金(51104068、51664017、51964015)和江西理工大学清江青年英才支持计划(JXUSTQJBJ2017007)等项目的支持。作为本书作者的博士生导师和动力学研究的引路人,中南大学的李夕兵教授给予作者长期的关心和指导。作者指导的研究生何聪、程韵、昌晓旭、袁伟和王杰等参与了本书部分章节涉及的研究或编辑成稿工作,在此一并表示衷心的感谢。

受载岩石的应力波传播和动态疲劳力学特性的影响因素较多、研究范围较广,限于作者的学识和水平,书中难免存在不足之处,恳请读者批评指正。

目　　录

第1章　绪　　论

随着国民经济的快速发展，近年来各类大型岩体工程越来越多，如深埋长大隧道[1,2]、大型水电站工程[3]、高陡岩质边坡工程及矿山深部开采工程[4]等。在岩体工程建设和运营期间，围岩体普遍遭受动载荷的作用，动载荷的来源包括钻爆法施工、岩爆或冲击地压、地震以及潜在事故等。钻爆法是地下岩体工程开挖的主要方法，炸药在岩体中爆炸时，一部分能量破碎剥离爆源近区岩体，达到工程开挖的目的；一部分能量以爆炸应力波的形式传递给中远区岩体，不可避免地对围岩造成一定程度的损伤和破坏，威胁工程岩体的稳定性。爆炸动载荷从爆源传播到中远区岩体的过程中有两类基本问题，一是岩石（体）的应力波传播问题，二是岩石（体）的动力响应问题，如图1.1所示。动载荷从爆源传播到关注岩体区域的过程属于应力波传播，应力波的传播衰减性能与传播路径上工程岩体的物理力学性能息息相关，且应力波的传播衰减结果又是中远区工程岩体动态力学响应的动载荷源。

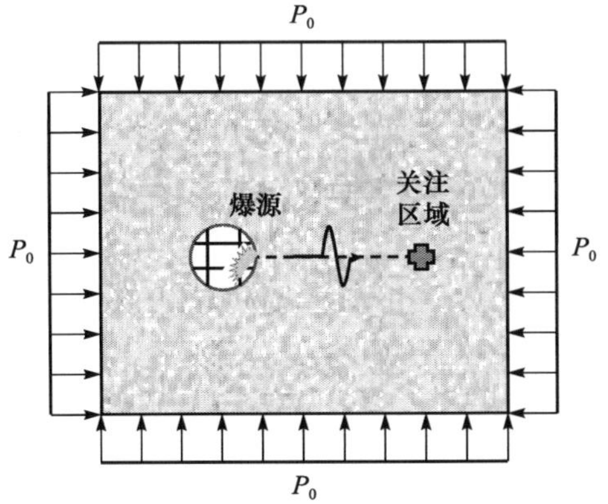

图1.1　动载荷在地下岩体中的传播和作用示意图

由于工程建设和开挖工艺的需要，地下岩体工程开挖需要多次爆破作业，如大断面隧洞施工过程的推进式往复爆破施工[5]、小净距并行隧道的爆破开挖[6]、核电站基岩多次爆破开挖[7]、大型地下硐室群爆破开挖[8]及矿山生产频繁爆破作业[9,10]，围岩承受的动载荷作用形式是多次的或循环的。在爆破震源的中远区，单次爆破应力波虽不能造成完整岩石直接破坏，但可以造成结构面松动和滑移，使得原有裂纹扩展延伸。这种破坏作用可能很小，或是局部作用，但在应力波反复作用下，岩石内部裂纹数量和长度均不断增加，裂纹之间也可能逐渐贯通连接，形成大的主裂缝和裂缝群，岩石内部损伤以非线性累积损伤演化方式发展；宏观上表现为其物理力学性能逐渐劣化，承载能力和稳定性逐渐削弱。本书将岩石在多次爆破等动载荷作用下的动态力学性能简述为岩石动态疲劳力学性能。

爆破等动载荷应力波在地下工程岩体中传播以及对岩体损伤作用时，岩体已处于复杂的地应力环境中，如图 1.2 所示的矿山地下开采时，矿房中矿柱(点柱)岩体受到一维地应力作用，围岩深处岩体则受到三维地应力作用。由于原岩应力场自身的特点以及地下工程岩体开挖卸荷效应，三维地应力随空间和时间的变化而变化。岩石(体)是多孔地质材料，包含天然的微孔洞和裂隙，随着三维静应力的增加，岩石将依次出现初始孔隙压密—孔隙率保持相对平衡—裂隙萌生和扩展以及剪胀等过程或现象，使岩石具有不同的物理力学参数，导致岩石动态力学响应和应力波传播衰减特性发生改变。因此，系统研究多次爆破作用下三维受载岩石的应力波传播及动态疲劳力学性能显得尤为重要。

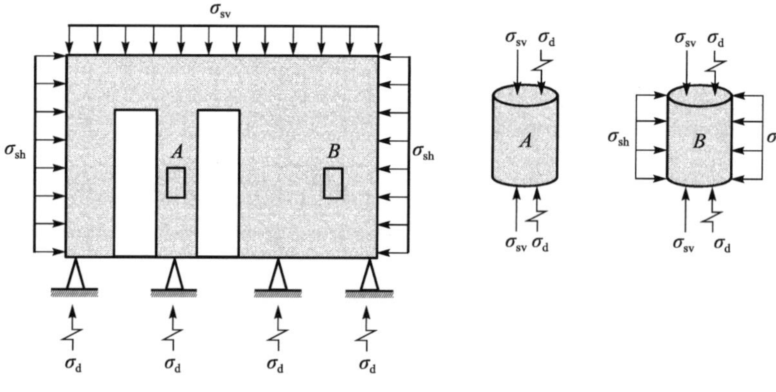

图 1.2　地下工程围岩体的受力示意图

σ_{sv}. 垂直地应力；σ_{sh}. 水平地应力；σ_d. 应力波动载荷

1.1　岩石静态疲劳力学特性研究

1. 岩石静态疲劳变形及影响因素

针对工程岩体频繁承受载荷的现状，对岩石静态疲劳力学特性的研究较早，在岩石疲劳阈值、疲劳变形、疲劳影响因素和岩石累积损伤演化模型方面取得了较完善的理论体系。岩石存在疲劳阈值，且阈值是应力-应变曲线上线性阶段与非线性阶段的分界点；当循环应力值没有达到阈值时，岩石不会发生疲劳破坏[11]。

在疲劳变形方面，葛修润等[12,13]研究了一维和三维应力状态下岩石的变形特性，认为岩石疲劳破坏时的变形量与周期荷载的上限应力在静态应力-应变全过程曲线后区对应的变形量相当，将岩石轴向不可逆变形分为初始阶段、等速阶段和加速阶段三个阶段。李树春[14]发现，在循环载荷作用下的等速阶段，岩石轴向变形并非"等速"发展，只是变形速度相对较低，因此用"等速阶段"表述不严谨，用"低速阶段"更贴切。徐建光等[15]认为，断续裂隙岩体的疲劳变形演化规律与完整岩石的相似，可分为三个阶段：初始阶段、等速阶段与加速阶段。Li 等[16]对非贯通节理岩石模型在循环动载荷(低应变率)作用下的动态力学特性进行研究，得出节理岩体的变形模量随加载频率的增加而增加；不可逆变形随循环作用次数的增加而增加，随加载频率的增加而减小；节理密度增加导致动态变形增加，而节理角度的增加导致动态变形减小。杨春和等[17]的研究发现，循环加、卸载强化了岩石变形的线性特征，可用变形模量的平均值量化岩石在加、卸载阶段的变形特征。这些研究结果都表明，在循环载荷作用下，岩石存在疲劳变形的现象，根据疲劳变形的速度，疲劳变形依次经历初始阶段、等(低)速阶段和加速阶段，并给出了表征变形特性的方法。

循环载荷作用下岩石疲劳力学性能的影响因素有上限应力、应力幅值、加载波形、加载频率等，上限应力和应力幅值则是主要因素。Bagde 等[18]的研究结果表明，岩石的动态疲劳强度、动态轴向刚度以及动态模量与载荷的频率和幅值有关。张媛等[19]的研究表明，围压的大小对砂岩滞回环的演化和单位体积耗散能有较大的影响。Liu 等[20]的研究结果表明，围压对岩石在循环载荷作用下的力学特性影响较大，随着围压的增加，岩石疲劳破坏时的轴向应变和不可逆的体积应变增加。Geranmayeh-Vaneghi 等[21]的研究表明，最大应力水平和循环载荷振幅都影响岩石的疲劳寿命和强度，但循环振幅的影响更大，同时硬岩的疲劳强度小于软岩的疲劳强度。黄正均等[22]的研究结果表明，花岗岩疲劳破坏时的瞬时应变和最大塑性应变与体积应变率的变化关系不明显，但疲劳寿命随体积应变率的增加而显著降低。

2. *岩石疲劳累积损伤演化模型*

循环载荷作用下岩石发生疲劳现象的实质是岩石内部损伤的累积。对岩石进行疲劳累积损伤研究，前提是确定合适的损伤变量[23]。损伤变量的定义大致可从微观、细观和宏观三个尺度进行。微观尺度定义损伤是从材料的原子或分子量级进行的，由于测试技术限制，目前从微观角度定义岩石损伤变量的应用不多。从细观和宏观角度定义岩石损伤变量的方法主要有计算机断层扫描术、弹性模量法、声波波速法、能量法、最大应变法和声发射法等。

研究岩石疲劳力学性能时，关键是建立岩石在循环载荷作用过程中累积损伤随循环作用次数的关系模型(即累积损伤演化模型)。累积损伤演化模型的建立不仅有利于分析岩石强度劣化和疲劳变形的机理，也有利于循环载荷作用下岩体结构的稳定性分析，更是建立岩石损伤本构模型的基础。因此，在研究各种材料的疲劳力学特性时，研究者一直重视材料的疲劳累积损伤演化模型的建立。对混凝土和岩石在循环载荷作用过程中的疲劳损伤演化模型有 Miner 线性累积损伤模型、Manson 双线性累积损伤模型、Marco-Starkey 指数非线性累积损伤模型。通过试验观测发现，岩石的疲劳破坏分为低应力高周期疲劳(简称高周疲劳)和高应力低周期疲劳(简称低周疲劳)[14]。假设疲劳损伤与微塑性应变相关，岩石等材料高周疲劳损伤演化模型为

$$D=1-\left(1-\frac{N}{N_{\mathrm{t}}}\right)^{\frac{1}{b+1}} \tag{1.1}$$

考虑到材料在低周期循环载荷下会出现塑性变形，岩石低周疲劳损伤演化模型为

$$D=1-\left[1-\left(\frac{N}{N_{\mathrm{t}}}\right)^{1-c}\right]^{\frac{1}{b+1}} \tag{1.2}$$

式中，N、N_{t} 分别为循环次数和总循环次数；b、c 为参数。

Xiao 等[24]根据岩石在循环载荷下的变形规律，提出了倒 S 形疲劳损伤模型：

$$D=D_0+\alpha\left(\frac{-\beta}{N-\beta}-1\right)^{\frac{1}{p}} \tag{1.3}$$

式中，D_0 为岩石的初始损伤；p 为失稳速度因子；N 为循环次数；α 为损伤失稳比例因子；β 为失稳因子。

该模型考虑了初始损伤，且其中参数都有一定的物理意义，可以模拟多级循环载荷下的累积损伤演化，取得了较好的效果。

在静态或准静态循环载荷作用下，岩石疲劳力学特性的研究成果对岩体工程在承受周期载荷下的长期稳定性评价具有重要意义。但在研究岩石静态疲劳力学特性时，使用的加载设备为常规的 RMT 系列伺服控制试验机或 MTS 系列试验机，两类试验机提供的循环载荷应变率较低。因此，上述研究成果仅适用于静态循环载荷的工况，不能反映工程岩体在多次爆破开挖过程中的强度、变形和能量耗散等规律特性。

1.2　岩石应力波传播衰减特性

1. 孔隙岩石及节理岩体应力波传播特性研究

试验研究表明，孔隙率显著影响岩石应力波的传播特性，相同入射波情况下，孔隙率越大，反射波幅值越大，透射波幅值越小，能量耗散率越大，岩石应力波传播规律和能量耗散特性与岩石孔隙率的演化机制有关[25,26]。应力波在节理岩体中的传播特性主要与应力波在节理处的透反射过程有关，影响因素有应力波的入射角、节理刚度、节理充填物、节理闭合程度、节理间距以及节理的黏

滞性[27-33]；节理的存在导致应力波幅值衰减、信号延迟、传播速度减慢、能量耗散等现象。研究岩体应力波传播特性的试验方法主要基于霍普金森压杆(split Hopkinson pressure bar，SHPB)试验原理展开。鞠杨等[26]研究了孔隙体中应力波的传播特性，用透反射系数和能量表征孔隙率对应力波传播的影响。李娜娜等[29]研究了充填物和节理吻合度等对应力波传播的影响。王建国等[32]研究了节理倾角对应力波穿越节理面时的波动特性和能量传递及耗散的影响，并给出了能量耗散比随节理倾角变化的表达式。

应力波传播模型的建立主要有两大类方法：一是位移不连续方法[34,35]；二是等效介质方法[36-38]。基于位移不连续方法建立的岩体波动方程是差分形式，优点是可以表征节理性能对岩体应力波传播的影响，但多数情况下没有显式解，也不能反映岩体整体的应力波传播特性。等效介质方法将岩体假定为连续介质，节理或孔隙对岩体的作用通过等效弹性参数的变化进行表征，该方法能得到解析解，可较好地从整体角度探索岩体应力波的传播衰减特性。利用等效介质方法建立应力波传播模型时，主要考虑岩体的损伤度和黏性特性的影响，建立了一些经典的模型关系，如 Kelvin-Voigt 模型、Maxwell 模型、Generalized Maxwell 模型、Boltzmann 模型，得到了不同工况下应力波的透反射系数、有效波速、透射能量以及应力波主频的变化规律[36-40]，在节理岩体应力波传播规律和机理方面取得了系统性的研究成果。

2. 地应力对岩石(体)应力波传播特性的影响

地下工程岩体赋存于地应力环境中，不同的地应力环境使岩体具有不同的变形程度，从而影响岩体的应力波传播衰减特性。刘少虹等[41]研究了应力波振幅和静载荷对煤岩组合体应力波传播特性的影响，结果表明，随着静载荷的增加，动载荷能耗先增大后减小。Fan 等[42]假定节理变形满足非线性 B-B 变形模型，应用位移不连续方法模拟研究了原岩应力对岩体中应力波传播衰减的影响。李新平等[43,44]采用室内模拟试验的方法，研究了不同地应力下应力波在节理和裂隙岩体中的传播规律，结果表明，随着地应力的增加，岩石材料对应力波的衰减作用加强，而节理引起的衰减作用减弱；当围压一定而轴向压力增加时，裂隙岩体弹性波波速值具有快速增长、缓慢增长、基本稳定、快速降低四个阶段。

目前，对三维地应力作用下岩石(体)应力波传播特性的研究较少，远远落后于岩体工程实践的发展，且为数不多的研究仅考虑节理的物理特性及其变形对岩体应力波传播的影响。岩石是岩体的重要组成部分，是节理应力波传播的媒介，如果不考虑地应力作用下岩石变形对应力波传播的影响，研究结果与实际情况不符。

1.3 岩石常规动态力学特性研究

自霍普金森利用弹性杆尝试模拟研究动载荷以来，经过多次改良，得到测定中高应变率下材料动态力学参数的试验装置，称为霍普金森压杆。自20世纪60年代，该装置逐渐开始被应用于研究岩石动态力学特性，是研究岩石在机械冲击和爆破等动载荷作用下力学特性的理想装置。

1. 测试装置的演变

Kolsky[45]于1948年设计出类似目前常用的SHPB试验装置，如图1.3所示。研究者根据研究内容侧重点的不同，对SHPB试验装置进行了不同程度的改进，以满足试验研究的需要。针对深部岩体工程爆破开挖时，围岩受力形式是构造应力和自重应力等静应力和冲击载荷组合的形式，Li等[46]基于SHPB试验装置，研制出能同时对试件施加静应力和动载荷的试验装置，如图1.4所示。为研究岩体中充填物的厚度和含水率对岩体节理动态力学特性的影响，Li等[47]巧妙地利用两根圆柱形花岗岩岩芯分别制作成入射杆和透射杆，二者中间夹持不同厚度和含水率的土层模拟节理中的充填物，利用摆锤冲击入射杆提供应力波，基于应力波分离技术得出冲击过程中的应力-应变曲线，研究充填物对节理动态力学特性的影响，其装置如图1.5所示。根据静力学三轴试验和工程实际，发现围压大小对岩石力学特性的影响较大，吕晓聪等[48]在常规SHPB试验装置上增加一个围压装置，可以研究围压大小对岩石冲击力学特性的影响，图1.6为吕晓聪等[48]设计的带围压的SHPB试验装置示意图。

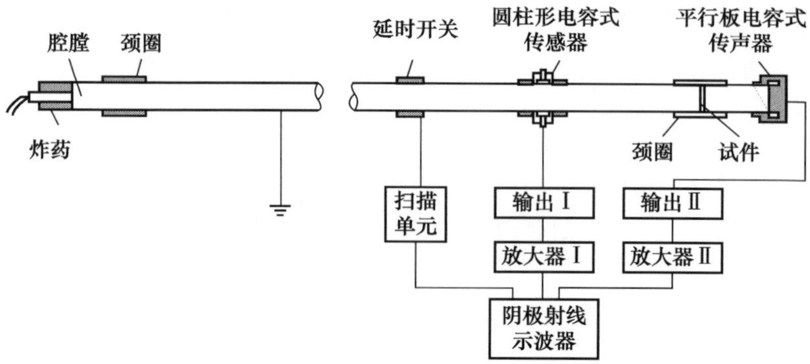

图 1.3　Kolsky 设计的 SHPB 试验装置示意图[45]

(a) 整体图

(b) 围压装置　　(c) 轴向静压装置

图 1.4　动静组合加载试验装置[46]

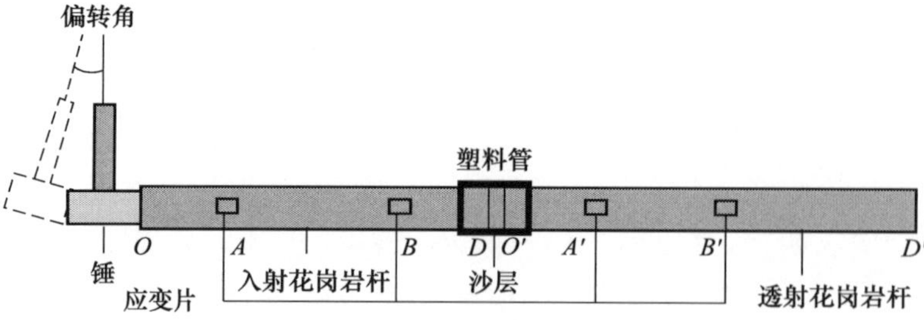

(a) 示意图

(b) 实物图

图 1.5 利用花岗岩圆杆制作的 SHPB 试验装置[47]

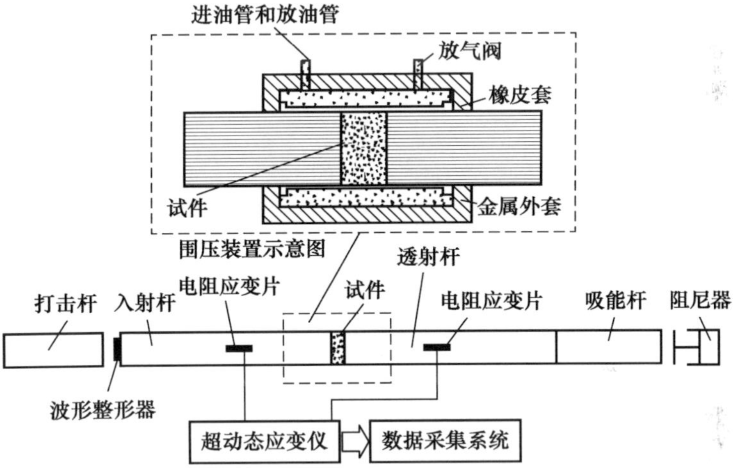

图 1.6 带围压的 SHPB 试验装置示意图[48]

针对矩形波加载时容易出现 Pochhammer-Chree 振荡的问题，通过在入射杆的入射端加装整形器，滤除加载波中的高频成分，达到减小波形弥散现象和实现常应变率加载的目的[49]，但该方法中的整形器在冲击时吸收冲击能量，使试件的应变率降低，且可重复性差。Li 等[50]通过改变冲头的形状，变矩形波为半正弦波，实现应力-应变曲线光滑、消除 Pochhammer-Chree 振荡、达到恒应变率加载的效果。相比波形整形器，纺锤形冲头具有重复性好、入射波延续时间固定、恒应变率加载效果优、应力-应变曲线峰后信息丰富等优点。

2. *岩石动态损伤及本构模型*

岩石动态力学特性不仅与所受应力状态有关，还与加载速率有关。经验模型方法和理论分析方法是研究岩石动态本构关系常用的两种方法。经验模型方法主要基于试验总结出岩石动态应力与应变率的关系，模型的形式主要为指数函数，该方法的优点是能直观反映岩石强度的应变率效应，缺点是不能反映应力-应变间的直接关系[51]。理论分析模型方法主要基于损伤力学和岩石元件理论，建立岩石在动载荷作用下的本构模型。杨军等[52]利用分形理论提出一种岩石爆破模型，该模型将岩体中的各种结构弱面视为初始损伤，以分形维数作为岩石的主要参量，并将损伤和分形纳入热力学框架。郑永来等[53]建立了黏弹性连续损伤本构模型，该模型的优点是能反映岩石强度和弹性模量的应变率效应，缺点是参数较多，且确定参数时需要大量不同应变率的试验数据。单仁亮等[54]提出了岩石冲击破坏的统计损伤时效模型，该模型假设岩石单元同时具有统计损伤特性和黏性液体特性，把岩石试件看成损伤体和黏缸的并联体，将统计损伤模型和黏弹性模型结合起来，并且假设损伤体在损伤之前是线弹性的，强度服从 Weibull 分布，该模型的优点是表达式简单，参数确定较方便。吴文等[55]应用拉格朗日分析方法，探讨了岩盐在压剪联合加载以及压缩冲击过程的本构关系。李夕兵等[56]在单仁亮等[54]提出的损伤时效模型的基础上，将统计损伤模型和黏弹性模型相结合，考虑了初始静应力的影响，建立岩石动静组合加载工况下的本构关系，不足之处是考虑的应变率范围较低。刘军忠等[57]采用黏性体和损伤体并联组合建模的方法，建立了基于 Weibull 分布的岩石冲击损伤本构模型，该模型的优点是在损伤体上考虑了围压的作用，缺点是没有考虑轴向静应力和围压共同作用。刘红岩等[58]在非贯通节理岩体动态损伤本构模型中考虑宏、细观缺陷的影响，建立了非贯通节理岩体动态损伤本构模型。

3. *岩石动态能量耗散和破碎特性*

岩石在冲击过程中的能量耗散一直是人们关注的问题。由弹性应力波理论可知，应力波携带的能量与应力波延续时间和振幅息息相关，因此应力波延续时间和振幅对岩石破碎强度和破碎效果都有较大影响[59,60]，直接决定着岩石冲击破碎的效果。岩石的能耗密度与总冲击能具有良好的线性相关性;能耗密度越高,岩石越破碎,破碎粒径越好[61]。岩石的破碎效果除与冲击载荷大小有关外,还与自身的孔隙率有关,随着孔隙率的增加,岩石耗散的能量增加,岩石临界破坏所耗散的能量随着孔隙率的增加而减小[62]。对节理岩体而言,节理面的不规则性对应力波穿越节理时的波动性质、非弹性变形和能量耗散都有影响,节理岩石的能量耗散比随节理面分形维数的增大而线性增加[63]。黎立云等[64]对砂岩进行不同冲击速度下的破坏试验研究,得出岩石的破碎程度随冲击速度的增加而提高,损伤变量与冲击速度间有弱幂函数关系。在研究岩石在冲击作用下的破碎块度时,分形理论是解决该问题的一个有效方法[65,66]。

4. *岩石动态破坏模式与机理*

研究岩石的破坏模式和机理,不仅有助于研究岩石的强度理论和破坏准则,对工程岩体爆破开挖达到高效破岩以及最大限度减小围岩体损伤的效果也具有重要的指导意义。由于冲击载荷引起材料的应变率较高,研究岩石在冲击载荷作用下的破坏模式较困难。不同载荷作用下岩石的破坏模式和机理不尽相同,当岩石承受围压和轴向冲击载荷的组合形式时,岩石的破坏类型有剪切破坏、拉剪破坏、周边破坏和碎裂破坏,并且冲击速度的大小影响最大[67]。东兆星等[68]研究发现,在冲击载荷作用下,岩石的破坏模式有压剪破坏、拉应力破坏、张应变破坏和卸载破坏。李夕兵等[69,70]认为,在常规冲击下岩石的破坏形式属于劈裂破坏,一维动静组合加载下的破坏属于压剪破坏,具有三维静载的岩石承受冲击载荷时,破坏主体大都呈圆锥形。由此可以看出,是否承受静载荷以及承受什么样的静载荷形式对岩石的破坏都有影响。但在这些研究中,没有过多地探讨冲击作用下岩石的破坏机理。

1.4 岩石动态疲劳力学特性

1.4.1 多次爆破载荷作用下工程岩体的实测研究

在认识到爆破产生的应力波会对爆源中远区的岩体产生震动和损伤的基

础上，爆破应力波在工程岩体中的传播衰减特性以及爆破地震分析和预报研究是研究者关注的重点。阳生权等[71]根据工程实际提出爆破震动累积效应的概念，认为多次爆破对围岩的影响方式有两种：破坏效应和强化效应。强化效应指循环爆破应力波使远区围岩在原有微裂纹的基础上产生新的裂纹过程，并指出爆破震动累积效应大都以阶跃和记忆效应存在。闫长斌等[72,73]通过现场声波测试技术得出工程岩体在多次爆破时的累积损伤与爆破作业次数的关系，研究了累积损伤与爆心距的关系；通过对声波信号的频谱参数分析，结合损伤和断裂力学建立累积损伤扩展模型，探索了工程岩体在循环爆破作用下累积损伤演化的机理；根据岩体质量损伤弱化效应，研究了多次爆破下岩体损伤力学参数的确定方法。根据多次爆破形成大断面隧道的工程实际，利用声波和位移监测技术，可以确定小净距隧道夹岩在多次爆破过程中的损伤度和位移量的变化关系、岩体损伤类型和机理，探索围岩累积损伤程度和范围的控制因素，并研究在大断面小净距隧道的施工过程中，通过优化施工参数来减小工程围岩累积损伤程度的方法[74-76]。林大能[77]对直眼掏槽的空孔效应、空孔直眼掏槽模型进行了研究，通过频繁爆破震动试验和模拟循环冲击试验，研究岩石的累积损伤演化特性；用小波包分析方法对实测空孔直眼掏槽爆破震动波形的能量频带分布进行了研究；并在实测的基础上，对频繁爆破震动作用下松动圈扩展特性进行了分析。

Ma 等[78]针对岩体工程实际中的多次爆破开挖实际，通过离散元模拟和现场监测研究得出多次爆破开挖作用下围岩位移的演化规律及机理。Sharma 等[79]通过复杂的监测手段研究开挖对邻近快速交通隧道变形的影响，结果表明，隧道衬砌刚度对邻近开挖导致其发生的变形和扭曲程度有较大的影响。Singh[80]为研究邻近露天大爆破对地下煤矿的冲击震动损伤，利用布置在顶板和矿柱上的钻孔引伸计、应变和应力传感器等监测爆破前后地层的震动和变形。Ramulu 等[81]针对铁路隧道开挖过程中多次爆破开挖的实际，通过钻孔引伸计和钻孔相机等设备，研究多次爆破导致附近岩体的累积损伤演化规律。

上述研究结合具体的岩体工程多次爆破开挖，通过不同角度探索工程围岩在循环爆破作用下的累积损伤演化特性，为相关大型岩体工程的安全、经济、高效施工奠定了理论和技术基础。然而，这些研究大多利用各种监测手段分析多次爆破应力波作用下围岩震动和损伤程度的变化特性，没有过多分析和探讨在多次冲击载荷作用过程中岩石(体)动态强度和变形特性的演化规律，也没有分开考虑地应力和循环冲击载荷对岩石累积损伤演化特性的影响，对多次爆破过程中的能量耗散也缺乏详细的讨论。

1.4.2 岩石动态疲劳力学性能的试验研究

胡柳青等[82]根据岩石在冲击过程中内部损伤的分形特性，研究在循环冲击过程中岩石损伤、能量作用密度和最后破坏块度间的关系。在认识到多数岩土工程在爆破开挖过程中及设计服务年限内围岩时常遭受爆炸冲击或地震等冲击载荷作用，林大能等[83]利用近似落锤的装置对具有一定围压的大理岩进行多次冲击试验，根据每次冲击后声波波速的变化研究循环冲击过程中岩石损伤演化规律。结果表明，岩石的损伤与围压、冲击次数和冲击载荷大小有关，围压能降低损伤演化的速率，但该试验方法不能得出岩石在循环冲击作用下强度、变形和能量随循环冲击次数的变化关系。Li 等[84]利用异型冲头对花岗岩进行低强度的循环冲击，研究结果表明，当冲击峰值应力小于其静态峰值强度的 60%～70%时，循环冲击基本不能增加岩石内部的损伤，这相当于静态循环载荷作用下的阈值问题。许金余等[85,86]利用带围压装置的 SHPB 试验装置，对斜长角闪岩、石英片岩和砂岩进行循环冲击试验研究。研究结果表明，随着循环冲击次数的递增，上升段的变形模量逐渐变小，屈服应力降低，屈服应变增加；围压的增加可以促使岩石的抗压强度和变形能力提高，围压的大小也影响着岩石的破坏模式和吸能效率。

这些研究分别从不同角度探索循环冲击作用下岩石的动态疲劳力学特性，为系统研究岩石在循环冲击载荷作用下的强度、变形、能量耗散以及损伤演化等奠定了基础。岩石在循环冲击作用下的力学特性中待研究的内容非常多，涉及的影响因素也较复杂，还有很多问题需要进一步研究。例如，在岩石承受的初始应力状态时，没有研究承受三维地应力时的工况；没有将岩石动态强度劣化、疲劳变形和能量耗散上升到统一的理论角度，缺乏探索岩石动态累积损伤演化模型研究；在进行岩石现象表征时，没有对卸载阶段的变形特性、应变率的变化关系、强度和应变率的关系，以及能量耗散与波阻抗和应变率的关系进行详细的讨论，也没有系统探索循环冲击作用下岩石的破坏模式和机理。

1.5　本书内容

针对岩体工程在爆破开挖过程中围岩体承受三维地应力和多次爆破冲击载荷的实际情况，将具有地应力作用的岩石简称为受载岩石，将岩石在循环冲击载荷作用下的力学特性简称为动态疲劳力学性能，研究受载岩石的应力波传播和动态疲劳力学特性。本书开展了两个方面的研究工作。

1. 受载岩石的应力波传播衰减特性

现有应力波理论在论述“两弹性杆的共轴撞击”时，没有讨论弹性杆具有的轴向静应力是否影响弹性波的产生[87]。应用比较广泛的动静组合加载试验系统的试验原理也缺乏“当入射杆具有轴向静应力时，相同冲头以相同冲击速度撞击弹性杆，入射波的大小和波长是否受轴向静应力大小的影响”的研究。针对这些问题，基于经典应力波理论，从理论角度研究弹性杆中具有的轴向静应力对共轴撞击弹性波大小的影响，得到弹性波大小与轴向静应力的关系模型。对圆柱形冲头产生的矩形波和纺锤形冲头产生的近似半正弦波，分别根据弹性波幅值的变化，探讨轴向静应力对入射波波长的影响。基于动静组合加载系统，进行相同冲击速度不同轴向静应力的撞击试验，通过分析不同轴向静应力工况下入射波幅值和波长的变化规律，验证理论分析结果，得到轴向静应力对弹性杆中入射波的影响规律和机理。

选用红砂岩制备长试件，基于动静组合加载试验系统，固定冲击速度，对具有不同轴向静应力的岩石试件进行应力波传播试验。利用沿岩石试件轴向不同测点处的应力波测试数据，分析岩石在不同轴向静应力工况下应力波传播速度、幅值在时空上的衰减规律，并得到其经验规律模型。进而通过幅值随空间、时间以及静应力的衰减系数，研究静应力对岩石应力波传播衰减的影响。

基于一维应力波理论，分析不同波阻抗环境下应力波的多次透反射过程，建立了透射系数和反射系数与波阻抗的理论关系。分别应用岩石长试件和短试件进行不同围压下的应力波传播试验，得到不同围压工况下岩石的纵波波速、反射系数和透射系数，并与理论结果进行对比，研究得到围压对岩石应力波传播衰减特性的影响。

2. 受载岩石的动态疲劳力学特性

通过分析应力波在入射杆-岩石试件-透射杆界面处的多次透反射过程，以及多次反射系数和透射系数的变化规律，得到反射波和透射波与岩石试件波阻抗的理论关系模型，从理论角度探讨循环冲击过程中反射波和透射波幅值随循环冲击次数的演化关系。基于岩石循环冲击试验数据，重点分析循环冲击过程中岩石单次冲击动态应力-应变曲线特性阶段，并抽象出关键特征参数。分析相同试件在相同冲击载荷循环作用过程中反射波和透射波变化规律，结合相关应力波传播数值模拟的结果，探索反射波和透射波幅值大小及幅值对应时间的变化机理。

基于动静组合加载试验系统，对具有不同轴向静应力岩石进行循环冲击的试验技术进行研究，分别对岩石试件进行不同轴向静应力工况下的循环冲击试验。研究轴向静应力对岩石承受的总循环冲击次数和岩石动态疲劳峰值应力的影响，循环冲击过程中岩石加载段变形模量、岩石平均应变率，卸载段变形模量、弹性应变和应力占比以及能量耗散的演化规律，表征轴向受载岩石动态强度劣化、疲劳变形和能量耗散特性。

利用动静组合加载试验系统，对具有不同静应力的岩石试件进行循环冲击试验，分别从强度劣化和疲劳变形两个角度研究岩石的动态疲劳力学性能，并建立岩石动态峰值应力与平均应变率的关系，重点探索围压和轴向静应力对岩石动态疲劳力学特性的影响特性。

借助一维应力波理论和SHPB的工作原理，从理论角度研究在循环冲击过程中岩石反射能、透射能和单位体积吸收能的演化关系。基于循环冲击试验数据，分别建立不同静应力工况下岩石单位体积吸收能与循环冲击次数、岩石单位体积吸收能与平均应变率的经验模型关系，从能量耗散角度探索岩石的动态疲劳力学特性，并重点分析轴向静应力和围压对岩石能量耗散的影响。

分析现有岩石损伤变量定义方法在研究受载岩石动态损伤特性研究时的不足，提出应用岩石波阻抗定义岩石损伤变量的方法。通过从理论方面研究岩石密度和波速的关系，岩石波阻抗、波速和密度变化的灵敏性，波阻抗定义损伤变量的关系表达式，证明基于波阻抗定义岩石损伤变量的理论可行性。通过研究利用循环冲击试验得到的入射波、反射波和透射波反演岩石波阻抗的实测方法，验证利用波阻抗定义岩石波阻抗的实测技术的可行性。通过与声波定义岩石损伤变量的测试结果对比，验证基于波阻抗定义岩石损伤变量的精度和可行性。

根据岩石在循环冲击过程中的强度和变形变化规律，结合波阻抗定义岩石损伤变量的方法，探索三维受载岩石在循环冲击过程中的累积损伤演化模型。通过分析参数对模型函数曲线族的影响规律，研究累积损伤演化模型中参数的物理力学意义。应用已建立的累积损伤演化模型，探索多级动载荷循环冲击时，累积损伤的演化与多级载荷加载次序的关系。应用累积损伤演化模型拟合不同静应力工况下的岩石动态损伤试验数据，基于不同静应力工况下模型参数的拟合结果，研究静应力对岩石动态疲劳损伤的影响规律及机理。

根据不同轴向静应力、不同围压下岩石试件循环冲击的破坏结果，建立受载岩石的动态疲劳破坏模式。分析不同静应力工况下岩石端部应力的变化规律，结合岩石应力状态理论，得到岩石在不同静应力工况下的可能裂隙方位。基于应力波斜入射理论，结合岩石的破坏模型和破坏断面的情况，探索不同静应力工况下岩石动态疲劳破坏机理。

基于静载荷与循环冲击组合作用下岩石的累积损伤演化模型，结合岩石弹性模量与累积损伤变量的关系，将循环冲击次数引入岩石损伤本构关系中。假设岩石微元体强度服从 Weibull 分布，将统计损伤模型和黏弹性模型相结合，根据 Drucker-Prager 破坏准则，建立有轴向静应力、围压时循环冲击作用下岩石的动态损伤本构模型，并研究模型参数对循环冲击过程中应力-应变曲线的影响规律。

参考文献

[1] 薛翊国,孔凡猛,杨为民,等. 川藏铁路沿线主要不良地质条件与工程地质问题[J]. 岩石力学与工程学报,2020,39(3):445-468.

[2] 江权,冯夏庭,李邵军,等. 高应力下大型硬岩地下洞室群稳定性设计优化的裂化-抑制法及其应用[J]. 岩石力学与工程学报,2019,38(6):1081-1101.

[3] 李金,杜建彬,张宜虎,等. 某核电工程地基岩体变形参数取值方法研究[J]. 岩石力学与工程学报,2019,38(增1):2988-2996.

[4] 李夕兵,周健,王少锋,等. 深部固体资源开采评述与探索[J]. 中国有色金属学报,2017,27(6):1236-1262.

[5] 张国华,陈礼彪,夏祥,等. 大断面隧道爆破开挖围岩损伤范围试验研究及数值计算[J]. 岩石力学与工程学报,2009,28(8):1610-1619.

[6] 曹峰,凌同华,李洁,等. 循环爆破荷载作用下小净距隧道中夹岩的累积损伤特征分析[J]. 振动与冲击,2018,37(23):141-148.

[7] Li H B,Xia X,Li J C,et al. Rock damage control in bedrock blasting excavation for a nuclear power plant[J]. International Journal of Rock Mechanics and Mining Sciences,2011,48(2):210-218.

[8] 吴世勇,王鸽. 锦屏二级水电站深埋长隧洞群的建设和工程中的挑战性问题[J]. 岩石力学与工程学报,2010,29(11):2161-2171.

[9] 姜立春,苏勇,代庆松. 远场爆破水平应力波扰动下分层胶结充填体矿柱的动力响应机制[J]. 岩石力学与工程学报,2020,39(1):34-44.

[10] 周子涵,陈忠辉,王建明,等. 爆破荷载作用下露天矿边坡稳定性的突变研究[J]. 岩土力学,2020,41(3):849-857,868.

[11] 葛修润,卢应发. 循环荷载作用下岩石疲劳破坏和不可逆变形问题的探讨[J]. 岩土工程学报,1992,14(3):56-60.

[12] 葛修润,蒋宇,卢允德,等. 周期荷载作用下岩石疲劳变形特性试验研究[J]. 岩石力学与工程学报,2003,22(10):1581-1585.

[13] 章清叙,葛修润,黄铭,等. 周期荷载作用下红砂岩三轴疲劳变形特性试验研究[J]. 岩石力学与工程学报,2006,25(3):473-478.

[14] 李树春. 周期荷载作用下岩石变形与损伤规律及其非线性特征[D]. 重庆：重庆大学，2008.

[15] 徐建光，张平，李宁. 循环荷载下断续裂隙岩体的变形特性[J]. 岩土工程学报，2008，30(6)：802-806.

[16] Li N，Chen W，Zhang P，et al. The mechanical properties and a fatigue-damage model for jointed rock masses subjected to dynamic cyclical loading[J]. International Journal of Rock Mechanics and Mining Sciences，2001，38(7)：1071-1079.

[17] 杨春和，马洪岭，刘建锋. 循环加、卸载下盐岩变形特性试验研究[J]. 岩土力学，2009，30(12)：3562-3568.

[18] Bagde M N，Petroš V. Fatigue and dynamic energy behaviour of rock subjected to cyclical loading[J]. International Journal of Rock Mechanics and Mining Sciences，2009，46(1)：200-209.

[19] 张媛，许江，杨红伟，等. 循环荷载作用下围压对砂岩滞回环演化规律的影响[J]. 岩石力学与工程学报，2011，30(2)：320-326.

[20] Liu E L，He S M. Effects of cyclic dynamic loading on the mechanical properties of intact rock samples under confining pressure conditions[J]. Engineering Geology，2012，125(27)：81-91.

[21] Geranmayeh-Vaneghi R，Ferdosi B，Okoth A D，et al. Strength degradation of sandstone and granodiorite under uniaxial cyclic loading[J]. Journal of Rock Mechanics and Geotechnical Engineering，2018，10(1)：117-126.

[22] 黄正均，赵星光，李远，等. 体积应变率对北山花岗岩疲劳特性的影响[J]. 岩石力学与工程学报，2018，37(5)：1161-1168.

[23] 贾海梁，项伟，申艳军，等. 冻融循环作用下岩石疲劳损伤计算中关键问题的讨论[J]. 岩石力学与工程学报，2017，36(2)：335-346.

[24] Xiao J Q，Ding D X，Xu G，et al. Inverted S-shaped model for nonlinear fatigue damage of rock[J]. International Journal of Rock Mechanics and Mining Sciences，2009，46(3)：643-648.

[25] 王明洋，钱七虎. 爆炸应力波通过节理裂隙带的衰减规律[J]. 岩土工程学报，1995，17(2)：42-46.

[26] 鞠杨，杨永明，毛彦喆，等. 孔隙介质中应力波传播机制的实验研究[J]. 中国科

学:技术科学,2009,39(5):904-918.

[27] Li Y X,Zhu Z M,Li B X,et al. Study on the transmission and reflection of stress waves across joints[J]. International Journal of Rock Mechanics and Mining Sciences,2011,48(3):364-371.

[28] Fu X D,Sheng Q,Zhang Y H,et al. Application of the discontinuous deformation analysis method to stress wave propagation through a one-dimensional rock mass [J]. International Journal of Rock Mechanics and Mining Sciences,2015,80:155-170.

[29] 李娜娜,李建春,李海波,等. 节理接触面对应力波传播影响的 SHPB 试验研究[J]. 岩石力学与工程学报,2015,34(10):1994-2000.

[30] Fan L F,Wang L J,Wu Z J. Wave transmission across linearly jointed complex rock masses[J]. International Journal of Rock Mechanics and Mining Sciences,2018,112:193-200.

[31] 赵安平,冯春,郭汝坤,等. 节理特性对应力波传播及爆破效果的影响规律研究[J]. 岩石力学与工程学报,2018,37(9):2027-2036.

[32] 王建国,梁书锋,高全臣,等. 节理倾角对类岩石冲击能量传递影响的试验研究[J]. 中南大学学报(自然科学版),2018,49(5):1237-1243.

[33] Zou Y,Li J C,Zhao J. A novel experimental method to investigate the seismic response of rock joints under obliquely incident wave[J]. Rock Mechanics and Rock Engineering,2019,52(9):3459-3466.

[34] 俞缙,钱七虎,林从谋,等. 纵波在改进的弹性非线性法向变形行为单节理处的传播特性研究[J]. 岩土工程学报,2009,31(8):1156-1164.

[35] 王志亮,陈强,张宇. 黏弹性节理岩体的位移不连续模型研究[J]. 岩土力学,2015,36(8):2177-2183.

[36] Fan L F,Ma G W,Li J C. Nonlinear viscoelastic medium equivalence for stress wave propagation in a jointed rock mass[J]. International Journal of Rock Mechanics and Mining Sciences,2012,50:11-18.

[37] Du Q Z,Wang X M,Ba J,et al. An equivalent medium model for wave simulation in fractured porous rocks[J]. Geophysical Prospecting,2012,60(5):940-956.

[38] Li J C,Li H B,Zhao J. An improved equivalent viscoelastic medium method for

wave propagation across layered rock masses[J]. International Journal of Rock Mechanics and Mining Sciences,2015,73:62-69.

[39] Wang R,Hu Z P,Zhang D,et al. Propagation of the stress wave through the filled joint with linear viscoelastic deformation behavior using time-domain recursive method[J]. Rock Mechanics and Rock Engineering,2017,50(12):3197-3207.

[40] Niu L L,Zhu W C,Li S H,et al. Determining the viscosity coefficient for viscoelastic wave propagation in rock bars[J]. Rock Mechanics and Rock Engineering,2018,51(5):1347-1359.

[41] 刘少虹,毛德兵,齐庆新,等. 动静加载下组合煤岩的应力波传播机制与能量耗散[J]. 煤炭学报,2014,39(增1):15-22.

[42] Fan L F,Sun H Y. Seismic wave propagation through an in-situ stressed rock mass[J]. Journal of Applied Geophysics,2015,121:13-20.

[43] 李新平,赵航,罗忆,等. 深部裂隙岩体中弹性波传播与衰减规律试验研究[J]. 岩石力学与工程学报,2015,34(11):2319-2326.

[44] 李新平,董千,刘婷婷,等. 不同地应力下爆炸应力波在节理岩体中传播规律模型试验研究[J]. 岩石力学与工程学报,2016,35(11):2188-2196.

[45] Kolsky H. An investigation of the mechanical properties of materials at very high rates of loading[J]. Proceedings of the Physical Society Section B,1948,62(11):676-700.

[46] Li X B,Zhou Z L,Lok T S,et al. Innovative testing technique of rock subjected to coupled static and dynamic loads[J]. International Journal of Rock Mechanics and Mining Sciences,2008,45(5):739-748.

[47] Li J C,Ma G W. Experimental study of stress wave propagation across a filled rock joint[J]. International Journal of Rock Mechanics and Mining Sciences,2009,46(3):471-478.

[48] 吕晓聪,许金余,葛洪海,等. 围压对砂岩动态冲击力学性能的影响[J]. 岩石力学与工程学报,2010,29(1):193-201.

[49] Nemat-Nasser S,Isaacs J B,Starrett J E. Hopkinson techniques for dynamic recovery experiments[C]//Proceeding of the Royal Society of London, Series A. London,1991,534(1894):371-391.

[50] Li X B,Lok T S,Zhao J,et al. Oscillation elimination in the Hopkinson bar apparatus and resultant complete dynamic stress-strain curves for rocks[J]. International Journal of Rock Mechanics and Mining Sciences,2000,37(7):1055-1060.

[51] 李夕兵,古德生. 岩石冲击动力学[M]. 长沙:中南工业大学出版社,1994.

[52] 杨军,王树仁. 岩石爆破分形损伤模型研究[J]. 爆炸与冲击,1996,16(1):5-10.

[53] 郑永来,夏颂佑. 岩石粘弹性连续损伤本构模型[J]. 岩石力学与工程学报,1996,15(增):428-432.

[54] 单仁亮,薛友松,张倩. 岩石动态破坏的时效损伤本构模型[J]. 岩石力学与工程学报,2003,22(11):1771-1776.

[55] 吴文,徐松林,杨春和,等. 岩盐冲击过程本构关系和状态方程研究[J]. 岩土工程学报,2004,26(3):367-372.

[56] 李夕兵,左宇军,马春德. 中应变率下动静组合加载岩石的本构模型[J]. 岩石力学与工程学报,2006,25(5):865-874.

[57] 刘军忠,许金余,吕晓聪,等. 围压下岩石的冲击力学行为及动态统计损伤本构模型研究[J]. 工程力学,2012,29(1):55-63.

[58] 刘红岩,王新生,张力民,等. 非贯通节理岩体单轴压缩动态损伤本构模型[J]. 岩土工程学报,2016,38(3):426-436.

[59] 李夕兵,赖海辉,朱成忠. 冲击载荷作用下岩石破碎能耗及其力学性质的探讨[J]. 矿冶工程,1988,8(1):15-19.

[60] 李夕兵. 冲击凿岩机具设计与岩石动力破碎特性[J]. 湘潭矿业学院学报,1994,9(3):7-10.

[61] Hong L,Zhou Z L,Yin T B,et al. Energy consumption in rock fragmentation at intermediate strain rate[J]. Journal of Central South University of Technology,2009,16(4):677-682.

[62] 夏昌敬,谢和平,鞠杨,等. 冲击载荷下孔隙岩石能量耗散的实验研究[J]. 工程力学,2006,23(9):1-5.

[63] 鞠杨,李业学,谢和平,等. 节理岩石的应力波动与能量耗散[J]. 岩石力学与工程学报,2006,25(12):2426-2434.

[64] 黎立云,徐志强,谢和平,等. 不同冲击速度下岩石破坏能量规律的实验研究[J]. 煤炭学报,2011,36(12):2007-2011.

[65] 殷志强,李夕兵,金解放,等.围压卸载速度对岩石动力强度与破碎特性的影响[J].岩土工程学报,2011,33(8):1296-1301.

[66] 宫凤强,李夕兵,刘希灵.三维动静组合加载下岩石力学特性试验初探[J].岩石力学与工程学报,2011,30(6):1179-1190.

[67] 王林,于亚伦.三轴 SHPB 冲击作用下岩石破坏机理的研究[J].爆炸与冲击,1993,13(1):84-89.

[68] 东兆星,单仁亮.岩石在动载作用下破坏模式与强度特性研究[J].爆破器材,2000,29(1):1-4.

[69] Ye Z Y,Li X B,Liu X L,et al. Testing studies on rock failure modes of statically loads under dynamic loading[J]. Transactions of Tianjin University, 2008, 14(1):530-535.

[70] 李夕兵,宫凤强,Zhao J,等.一维动静组合加载下岩石冲击破坏试验研究[J].岩石力学与工程学报,2010,29(2):251-260.

[71] 阳生权,吕中玉,刘宝琛.隧道围岩爆破地震累积效应研究[J].地下空间与工程学报,2007,3(S2):1451-1454.

[72] 闫长斌,徐国元,杨飞.爆破动荷载作用下围岩累积损伤效应声波测试研究[J].岩土工程学报,2007,29(1):88-93.

[73] Yan C B. Blasting cumulative damage effects of underground engineering rock mass based on sonic wave measurement[J]. Journal of Central South University of Technology,2007,14(2):230-235.

[74] 刘艳青,钟世航,卢汝绥,等.小净距并行隧道力学状态的试验研究[J].岩石力学与工程学报,2000,19(5):590-594.

[75] 刘明贵,张国华,刘绍波,等.大帽山小净距隧道群中夹岩累计损伤效应研究[J].岩石力学与工程学报,2009,28(7):1363-1369.

[76] 杨永波,刘明贵,张国华,等.邻近既有隧道的新建大断面隧道施工参数优化分析[J].岩土力学,2010,31(4):1217-1226.

[77] 林大能.平巷掏槽爆破空孔尺寸效应及围岩频繁震动累积损伤特性研究[D].长沙:中南大学,2006.

[78] Ma M,Brady B H. Analysis of the dynamic performance of an underground excavation in jointed rock under repeated seismic loading[J]. Geotechnical & Geolog-

ical Engineering,1999,17(1):1-20.

[79] Sharma J S,Hefny A M,Zhao J,et al. Effect of large excavation on deformation of adjacent MRT tunnels[J]. Tunnelling and Underground Space Technology,2001,16(2):93-98.

[80] Singh P K. Blast vibration damage to underground coal mines from adjacent open-pit blasting[J]. International Journal of Rock Mechanics and Mining Sciences,2002,39(8):959-973.

[81] Ramulu M,Chakraborty A K,Sitharam T G. Damage assessment of basaltic rock mass due to repeated blasting in a railway tunnelling project—A case study[J]. Tunnelling and Underground Space Technology,2009,24(2):208-221.

[82] 胡柳青,李夕兵,赵伏军. 冲击荷载作用下岩石破裂损伤的耗能规律[J]. 岩石力学与工程学报,2002,21(增2):2304-2308.

[83] 林大能,陈寿如. 循环冲击荷载作用下岩石损伤规律的试验研究[J]. 岩石力学与工程学报,2005,22(24):4094-4098.

[84] Li X B,Lok T S,Zhao J. Dynamic characteristics of granite subjected to intermediate loading rate[J]. Rock Mechanics and Rock Engineering,2005,38(1):21-39.

[85] 许金余,吕晓聪,张军,等. 围压条件下岩石循环冲击损伤的能量特性研究[J]. 岩石力学与工程学报,2010,29(增2):4159-4165.

[86] 许金余,吕晓聪,张军,等. 循环冲击作用下围压对斜长角闪岩动态特性的影响研究[J]. 振动与冲击,2010,29(8):60-63,72.

[87] 王礼立. 应力波基础[M]. 2版. 北京:国防工业出版社,2005.

第2章　轴向静应力对弹性杆中应力波的影响

为了研究承受地应力作用岩石的应力波传播衰减规律和动态力学特性，应首先研究静应力对弹性体中应力波响应的影响。目前经典的应力波理论在讨论两弹性杆共轴撞击产生应力波的问题时，仅对自然状态下的弹性杆进行研究，没有对承受一定轴向静应力的弹性杆进行探讨[1]，这也导致应力波理论还有发展的空间。

关于介质中的预应力对应力波传播的影响方面，Liu 等[2,3]对压电层状结构中的初始应力对 Love 波和广义 Rayleigh 波传播相速度的影响进行了研究，结果表明，随着初始应力幅值的增加，两种波传播的相速度逐渐减小。Selim 等[4]研究了初始应力对地震体波在耗散正交各向异性介质中传播和衰减的影响，结果表明，介质中压缩初始应力能使其纵波速度增加、横波速度减小。范新等[5]运用数值模拟的方法研究了初始应力对爆炸应力波传播的影响，结果表明，随着初始应力的增加，距炮孔相同距离处的质点应力和位移逐渐减小。Qian 等[6]研究了初始应力对 Love 波在具有功能梯度的半无限空间压电材料中传播的影响。魏唯一等[7]研究了初始应力对周期压电-压磁层状结构中水平剪切波（SH 波）传播的影响。Zhou 等[8]研究了体波在具有初始应力和非理想界面压电-压磁片中的传播特性，结果表明，初始压应力能减弱体波传播的相速度，但影响程度小于非理想界面的影响。

本章主要研究冲头以相同速度冲击具有轴向静应力的弹性杆时，轴向静应力的大小对弹性杆上产生的入射波的影响。首先通过经典的一维应力波理论进行推导，得出弹性杆的轴向静应力与入射波幅值的理论解；然后利用动静组合加载试验系统进行不同轴向静应力下的冲击试验，验证理论推导结果。

2.1　冲击动力学试验中存在的问题

1. 动静组合加载试验系统

在认识到深部岩体工程开挖时，围岩体承受载荷的形式是具有一定高地应力下的动力扰动后，Li 等[9]在常规 SHPB 试验装置的基础上，研制出动静组合加载试验系统，实现了研究动静组合加载下岩石动态力学特性的需要，取得了许多研究成果[10-15]，其中包括轴向受载对岩石在冲击载荷作用下变形和强度特性、能量耗散规律、破坏模式和机理的影响，这些研究成果促进了岩石动力学的发展，为深部岩体工程安全高效开挖奠定了理论基础。然而，上述研究成果没有考虑当冲头以相同速度撞击入射杆时轴向静应力大小对入射波的影响。这些研究的缺失必将导致以下两个结果：①在利用动静组合加载试验系统进行具有不同轴向静应力的岩石在相同冲击载荷作用下的力学性能试验时，需要从大量“随机性”试验结果中挑选出个别有用的试验数据(即通过入射波峰值相等的角度进行甄别)，浪费巨大的人力、物力和时间；②岩石动静组合加载试验系统的理论研究不完善。

图 2.1 为动静组合加载试验系统示意图(没有显示出围压装置)，冲头、入射杆和透射杆均为 40Cr 合金钢，其弹性极限强度达 800MPa，纵波波速为 5400m/s，密度为 7810kg/m^3。入射杆、透射杆和缓冲杆长度分别为 2000mm、1500mm 和

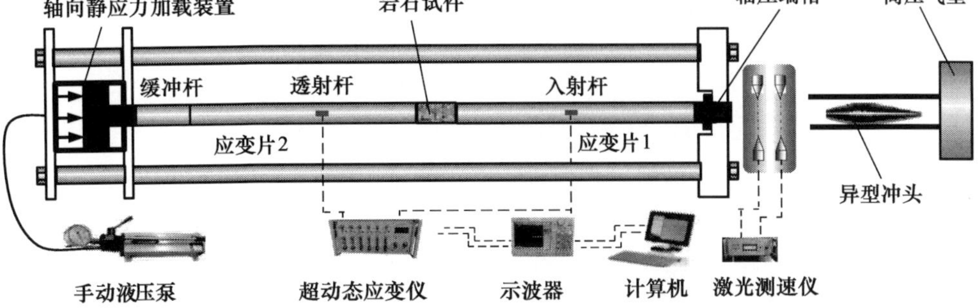

图 2.1　动静组合加载试验系统示意图

500mm,直径均为 50mm,发射腔内采用纺锤形冲头,以消除 Pochhammer-Chree 振荡,实现半正弦波加载,达到恒应变率加载的目的。轴压端帽为高强度合金钢切削成阶梯形圆柱体,左右两部分圆柱体直径相同,均为 50mm,中间部分圆柱体直径为 70mm。

图 2.2 为轴压端帽的实物图。数据采集和显示设备为 CS-1D 超动态应变仪和 DL-750 示波器。

图 2.2 轴压端帽的实物图

2. 动静组合加载应力波理论存在的不足

无轴向静应力时,移除轴压端帽,图 2.1 表示的就是常规的 SHPB 试验装置,为便于问题的讨论,并与一维应力波理论一致起见,图 2.1 中的纺锤形冲头用圆柱体代替,冲头与入射杆的共轴撞击示意图如图 2.3 所示。其中,弹性杆 A 和 B 横截面面积相同,波阻抗分别为 $\rho_1 C_{p1}$ 和 $\rho_2 C_{p2}$,杆 A 的长度为 L,撞击前杆 B 没有承受初始应力,杆 A 以速度 v_1 共轴撞击静止的杆 B。

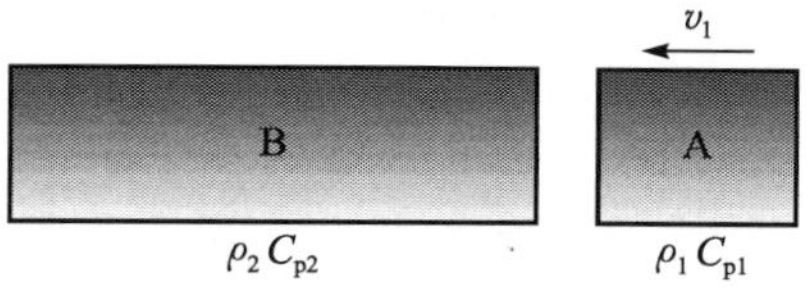

图 2.3 两自由弹性杆共轴撞击示意图

根据一维应力波理论,撞击过程中弹性杆质点振动速度 v、应力 σ 和入射波波长 λ 分别为[1]

$$v=\frac{\rho_2 C_{p2} v_1}{\rho_1 C_{p1}+\rho_2 C_{p2}} \tag{2.1}$$

$$\sigma=\frac{\rho_1 C_{\mathrm{p}1}\rho_2 C_{\mathrm{p}2} v_1}{\rho_1 C_{\mathrm{p}1}+\rho_2 C_{\mathrm{p}2}} \tag{2.2}$$

$$\lambda=\frac{2L}{C_{\mathrm{p}1}}C_{\mathrm{p}2} \tag{2.3}$$

当杆 A 和 B 的材料相同时，其波阻抗同为 ρC_{p}，式(2.1)～式(2.3)可简化为

$$v=\frac{v_1}{2} \tag{2.4}$$

$$\sigma=\frac{\rho C_{\mathrm{p}} v_1}{2} \tag{2.5}$$

$$\lambda=2L \tag{2.6}$$

由式(2.4)～式(2.6)可得，当图 2.1 所示的动静组合加载试验系统没有施加轴向静应力时，弹性杆 A 以速度 v_1 撞击相同材料的弹性杆 B 时，质点振动速度为 $v_1/2$，应力为 $\rho C_{\mathrm{p}} v_1/2$，入射波波长为 $2L$，表明入射波的大小和波长仅与弹性杆 A 的速度 v_1 和长度 L 有关，即当冲头 A 的材料、几何尺寸以及冲击速度确定时，入射波的形状大小和波长为确定值。基于此，本书定义无轴向静应力时弹性杆上的入射波为加载应力波，而有轴向静应力作用时的入射波为入射应力波。

利用式(2.4)～式(2.6)的结果，可以对 SHPB 试验装置进行标定。试验时，由于弹性杆和圆柱形冲头的几何参数和物理力学参数均为已知，利用激光测速仪测定圆柱形冲头的冲击速度 v_1，根据式(2.5)和式(2.6)可以分别计算出入射杆上矩形波的幅值 σ 和波长 λ。根据实测值和计算值，可以核定出实测值与计算值的比值(即转化系数)。

2.2　静应力影响弹性杆中应力波的理论分析

2.2.1　间接分析

针对图 2.1 所示动静组合加载试验系统存在的实际问题进行分析，图 2.4 表示动静组合加载试验系统具有轴向静应力时，轴压端帽和入射杆的受

力示意图。从图中可以看出,入射杆和轴压端帽承受的轴向静应力分别为 σ_s 和 σ_{s1},其中 σ_{s1} 由支架提供,轴压端帽右侧圆柱体没有轴向静应力作用。

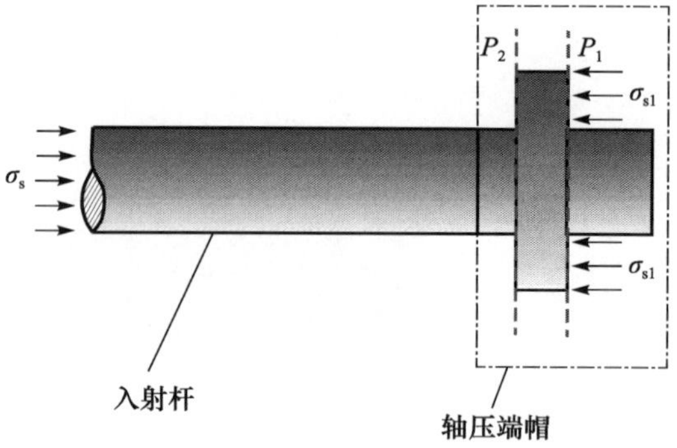

图 2.4 轴向静应力作用下轴压端帽和入射杆的受力示意图

若轴压端帽右侧圆柱体足够长,当冲头以一定速度 v_1 撞击时,其上产生加载应力波 σ_i,根据式(2.5)和式(2.6),其幅值为 $\rho C_p v_1/2$,波长 λ 为 $2L$。加载应力波经变截面 P_1 和 P_2 进入入射杆,产生入射波。应力波在变截面 P_1 和 P_2 的传播分别如图 2.5 和图 2.6 所示。

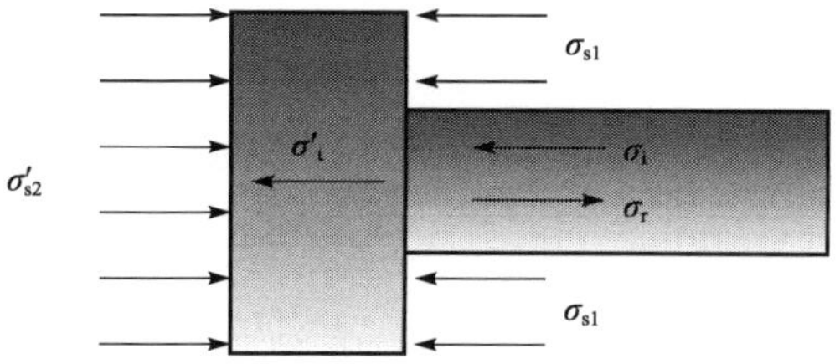

图 2.5 界面 P_1 两侧的受力图

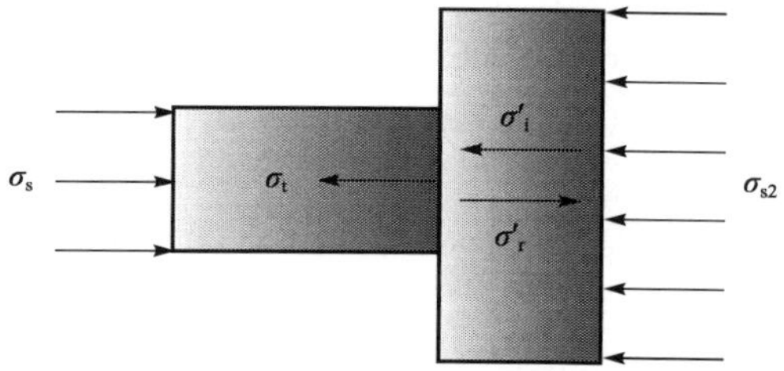

图 2.6 界面 P_2 两侧的受力图

根据作用力与反作用力和位移连续条件,应力波越过变截面 P_1 时,两侧内力相等、振动速度相等,于是有

$$A_1(\sigma_i + \sigma_r) = A_2(\sigma'_t + \sigma_{s2}) \tag{2.7}$$

$$v_i - v_r = v'_t \tag{2.8}$$

式中,A_2 和 A_1 分别为图 2.5 中左右两个圆柱体的横截面面积;σ_i、σ_r 和 σ'_t分别为入射波、反射波和透射波;σ_{s2} 为图 2.4 中界面 P_1 左侧截面承受的轴向静应力;v_i、v_r 和 v'_t分别为入射波、反射波和透射波导致的质点振动速度。

根据动力学基本方程 $\sigma=\rho C_{\mathrm{p}} v$，式(2.8)可变化为

$$\frac{\sigma_{\mathrm{i}}}{\rho_1 C_{\mathrm{p}1}}-\frac{\sigma_{\mathrm{r}}}{\rho_1 C_{\mathrm{p}1}}=\frac{\sigma_{\mathrm{t}}'}{\rho_2 C_{\mathrm{p}2}} \tag{2.9}$$

当 $\rho_1 C_{\mathrm{p}1}=\rho_2 C_{\mathrm{p}2}$ 时，式(2.9)可写为

$$\sigma_{\mathrm{i}}-\sigma_{\mathrm{r}}=\sigma_{\mathrm{t}}' \tag{2.10}$$

由式(2.7)和式(2.10)可得

$$\sigma_{\mathrm{t}}'=\frac{2\sigma_{\mathrm{i}}-\dfrac{A_2}{A_1}\sigma_{\mathrm{s}2}}{1+\dfrac{A_2}{A_1}} \tag{2.11}$$

同理，在变截面 P_2(图 2.6)两侧截面也应满足内力和振动速度相等，即

$$A_2(\sigma_{\mathrm{i}}'+\sigma_{\mathrm{r}}'+\sigma_{\mathrm{s}2})=A_1(\sigma_{\mathrm{t}}+\sigma_{\mathrm{s}}) \tag{2.12}$$

$$v_{\mathrm{i}}'-v_{\mathrm{r}}'=v_{\mathrm{t}} \tag{2.13}$$

式中，σ_{t}'、σ_{r}' 和 σ_{t} 分别为相对截面 P_2 的入射波、反射波和透射波，其中 σ_{i}' 与图 2.5 中的 σ_{t}' 表示同一应力波；v_{i}'、v_{r}' 和 v_{t} 分别为图 2.6 中的入射波、反射波和透射波导致的质点振动速度。

由式(2.12)和式(2.13)可得

$$\sigma_{\mathrm{t}}=\frac{2\sigma_{\mathrm{i}}'}{1+\dfrac{A_1}{A_2}} \tag{2.14}$$

由于 $\sigma_{\mathrm{i}}'=\sigma_{\mathrm{t}}'$，将式(2.11)代入式(2.14)，可得

$$\sigma_{\mathrm{t}}=\frac{4\sigma_{\mathrm{i}}-2\sigma_{\mathrm{s}}}{2+\dfrac{A_1}{A_2}+\dfrac{A_2}{A_1}} \tag{2.15}$$

当 A_2 无限趋近于 A_1 时，式(2.15)可表示为

$$\sigma_{\mathrm{t}}=\sigma_{\mathrm{i}}-\frac{1}{2}\sigma_{\mathrm{s}} \tag{2.16}$$

式中，σ_{i} 为冲头共轴撞击轴压端帽右侧圆柱体时，在其上产生的加载入射波；σ_{s} 为入射杆具有的轴向静应力；σ_{t} 为入射波 σ_{i} 越过轴压端帽，在轴向静应力为 σ_{s} 的入射杆上产生的透射波。

2.2.2 直接分析

本节直接讨论具有一定轴向静应力的弹性杆被共轴撞击时，轴向静应力大小对入射波大小和波长的影响。在图 2.3 的基础上，假设弹性杆 B 承受轴向静应力 σ_s，其他与图 2.3 一致，如图 2.7 所示。

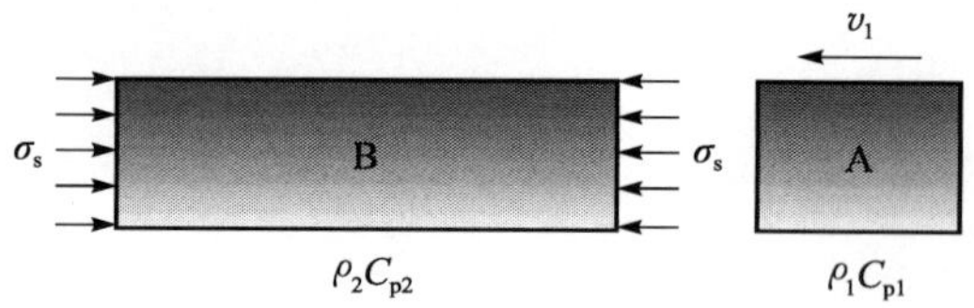

图 2.7　具有轴向受载荷的弹性杆被共轴撞击示意图

在某一时刻，弹性杆 A 和 B 发生共轴撞击，从撞击界面处分别在弹性杆 A 中产生右行的弹性波和在弹性杆 B 中产生左行的弹性波为

$$\sigma_A = \rho_1 C_{p1}(v_1 - v_A) \tag{2.17}$$

$$\sigma_B = \rho_2 C_{p2} v_B \tag{2.18}$$

式中，v_A 和 v_B 分别为撞击后弹性杆 A 和 B 中质点振动速度；σ_A 和 σ_B 分别为弹性杆 A 和 B 的应力。

根据连续性条件和作用力与反作用力条件，在撞击界面处，两弹性杆质点振动速度和应力相同，即

$$v_A = v_B \tag{2.19}$$

$$\sigma_A = \sigma_B + \sigma_s \tag{2.20}$$

将式(2.17)和式(2.18)代入式(2.19)和式(2.20)，可得

$$v_A = v_B = \frac{\rho_1 C_{p1} v_1 - \sigma_s}{\rho_1 C_{p1} + \rho_2 C_{p2}} \tag{2.21}$$

$$\sigma_B = \frac{\rho_2 C_{p2}(\rho_1 C_{p1} v_1 - \sigma_s)}{\rho_1 C_{p1} + \rho_2 C_{p2}} \tag{2.22}$$

$$\sigma_A = \frac{\rho_1 C_{p1}(\rho_2 C_{p2} v_1 + \sigma_s)}{\rho_1 C_{p1} + \rho_2 C_{p2}} \tag{2.23}$$

从式(2.21)～式(2.23)可以看出，当弹性杆 A 以一定的速度撞击具有轴

向静应力的弹性杆 B 时，轴向静应力 σ_s 越大，弹性杆 B 的质点振动速度 v_B 和应力 σ_B 越小，而弹性杆 A 的应力 σ_A 越大。当弹性杆 A 的冲击速度 $v_1 \leqslant \sigma_s/(\rho_1 C_{p1})$ 时，弹性杆 B 中质点没有振动速度，也没有入射波发生。

当弹性杆 A 和 B 的材料相同时，即 $\rho_1 C_{p1} = \rho_2 C_{p2} = \rho C_p$，式(2.21)和式(2.22)可变为

$$v_B = \frac{1}{2}\left(v_1 - \frac{\sigma_s}{\rho C_p}\right) \tag{2.24}$$

$$\sigma_B = \frac{1}{2}\rho C_p v_1 - \frac{\sigma_s}{2} \tag{2.25}$$

根据式(2.5)，当弹性杆无轴向静应力时，加载应力波 $\sigma_i = \rho C_p v_1/2$，式(2.25)可改写为

$$\sigma_B = \sigma_i - \frac{\sigma_s}{2} \tag{2.26}$$

比较式(2.16)和式(2.26)可以发现，通过不同角度进行理论推导，得出的关于入射波与轴向静应力的关系一致，说明上述推导过程的正确性。

由式(2.16)或式(2.26)可得，当冲头的冲击速度一定时，轴向静应力越大，在入射杆上得到的应力波越小，二者具有线性关系。

2.2.3　轴向静应力对入射波波长的影响

下面讨论轴向静应力大小对入射波波长的影响。由式(2.6)可知，当冲头的尺寸确定后，弹性杆没有轴向静应力时，入射波波长 λ 为定值，其大小为 $2L$（L 为冲头的长度）。

图 2.8 为利用纺锤形异型冲头，以 6.47m/s 的速度共轴撞击无轴向静应力的弹性杆得到的加载应力波，由于轴向静应力为 0MPa，应力波起跳点 o 的纵坐标为 0。若冲头形状、几何尺寸和冲击速度不变，则共轴撞击轴向静应力为 σ_s 的弹性杆时，根据式(2.25)或式(2.26)，在其上产生的入射波等于无轴向静应力时的应力波 $\sigma_i - \sigma_s/2$，即当 $\sigma_i \leqslant \sigma_s/2$ 时，入射杆上不产生应力波。例如，当入射杆上的轴向静应力 $\sigma_s = 40\text{MPa}$ 时，只有当应力波 $\sigma_i > 20\text{MPa}$ 时，才会在入射杆上产生应力波，此时入射波起跳点 a 的纵坐标应为 20MPa，其入射波波长为

$(2L-C_p\Delta t)$（b 点之后属于卸载波，本书暂且定义其为入射波的一部分，C_p 为纵波波速），如图 2.8 所示。

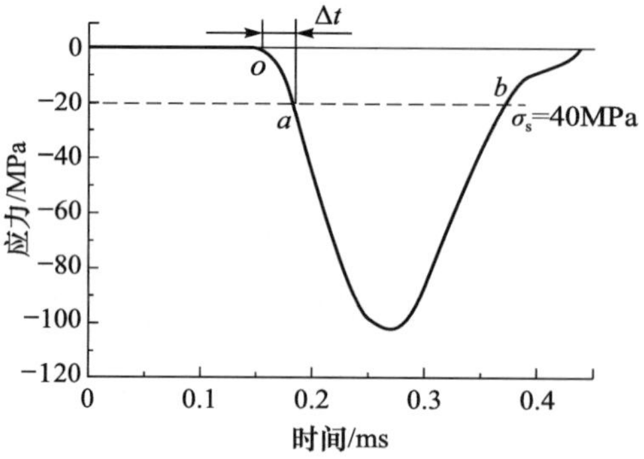

图 2.8　加载应力波上升沿对波长的影响

冲头形状不同时，产生的入射波的波形和上升沿耗费的时间不同[14]。圆柱体冲头产生矩形加载波，其上升沿较陡峭，如图 2.9(a)所示，在研究岩石等脆性材料时，这样的加载应力波易出现 PC 振荡和材料应力不平衡的现象，基于此，在入射杆的入射段粘贴波形整形器[16]，可将上升沿拉长，如图 2.9(b)所示。圆柱形冲头改变成其他形状，也可以有效消除 Pochhammer-Chree 振荡，并使加载应力波的上升沿变得平缓，图 2.8 为利用纺锤形异型冲头撞击无轴向静应力的弹性杆时，其波形近似为半正弦形，其上升沿较平缓，并可以实现恒应变率加载。从图 2.9 可以看出，若同一冲头以相同速度撞击具有相同轴向静应力的弹性杆，在入射端没有整形器时，入射波相比无轴向静应力时的应力波，波长相差 $C\Delta t_1$；而当使用波形整形器后，由于其加载应力波上升沿变得较为平缓，波长相差 $C\Delta t_2$，Δt_2 明显大于 Δt_1。这说明，轴向静应力的大小对入射波波长的影响程度与加载应力波上升沿的平缓程度有关，上升沿越平缓，轴向静应力对入射波波长的影响越大，反之则越小；而加载应力波上升沿的平缓程度与冲头的几何形状以及是否使用波形整形器有关，因此轴向静应力对入射波波长的影响大小与冲头的形状和是否使用波形整形器相关。

综上所述，当冲头的形状确定时，入射杆的轴向静应力越大，其上产生的入射波波长越小；加载应力波上升沿越平缓，轴向静应力对入射波波长的影响越大。

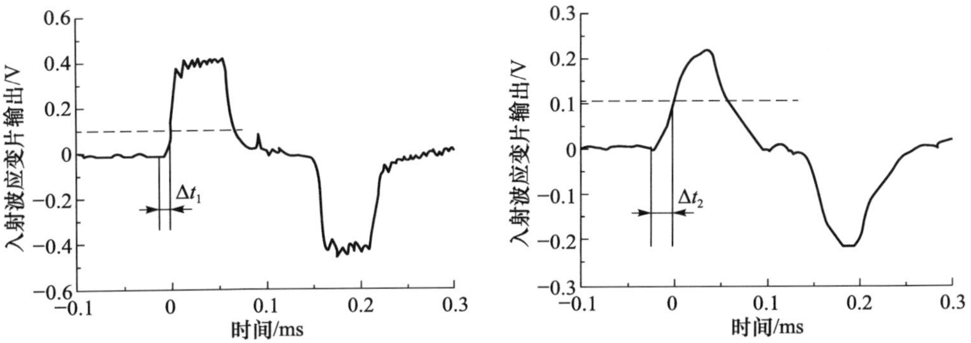

(a) 无整形器时的矩形加载应力波　　(b) 有整形器时的加载应力波

图 2.9　整形前后的入射波[16]

2.3　静应力影响弹性杆中应力波的试验研究

1. 试验方法

为验证上述理论分析的正确性，利用动静组合加载试验系统进行试验验证，为保证式(2.16)和式(2.26)中的 σ_i 为定值，即纺锤形冲头以恒定速度撞击轴压端帽，在腔膛和轴压端帽间设置激光测速仪，以测量异型冲头出腔膛撞击轴压端帽时的速度，如图 2.10 所示，两激光源之间的距离为 4cm，激光测速采集仪的最小精度为 0.1μs。

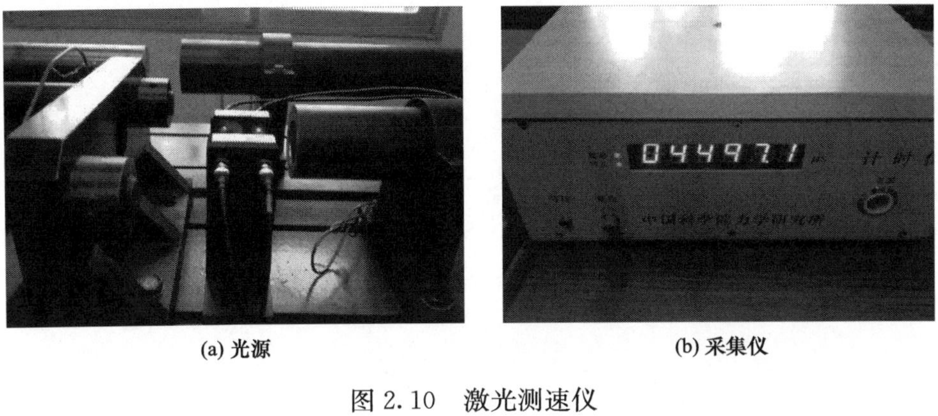

(a) 光源　　(b) 采集仪

图 2.10　激光测速仪

试验时纺锤形冲头在腔膛内的初始位置和气压固定不变，保证冲头以 8.95m/s 左右的速度撞击轴压端帽，轴向静应力分别设置为 0MPa、18MPa、36MPa、54MPa 和 63MPa。

2. 试验结果

在近似相等的冲击速度作用下，入射杆上测得的入射波峰值应力和理论计算的峰值应力如表 2.1 所示。

表 2.1 近似相等的冲击速度作用下峰值应力与轴向静应力关系

轴向静应力/MPa	激光采集时间/μs	冲击速度/(m/s)	应力峰值电压/V	试验峰值应力/MPa	理论峰值应力/MPa
0	4466.7	8.95	−0.1343	139.92	139.927
18	4441.2	9.00	−0.1245	129.68	130.927
36	4467.6	8.95	−0.1173	122.22	121.927
54	4459.7	8.96	−0.1063	110.76	112.927
63	4497.1	8.89	−0.102	106.25	108.427

理论峰值应力利用式(2.26)计算，其中 σ_i 用轴向静应力为 0MPa 时入射波的峰值应力表示，σ_s 代入相应的轴向静应力，进而得出不同轴向静应力下入射波峰值应力的理论值。不同轴向静应力时的入射波及其峰值应力分别如图 2.11 和图 2.12 所示。

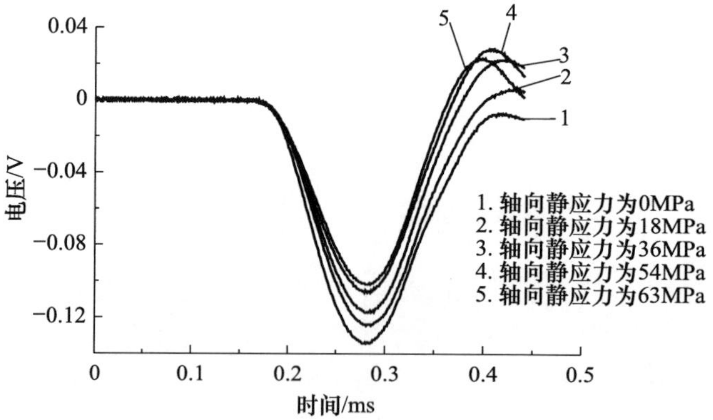

图 2.11 近似相等冲击速度下的入射波

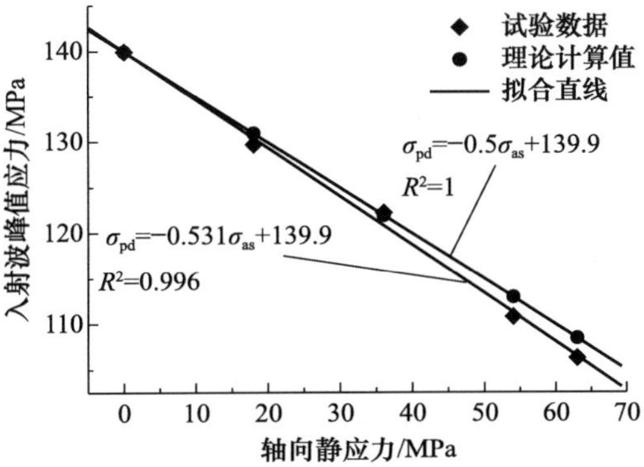

图 2.12　试验和理论入射波峰值应力的比较

从表 2.1、图 2.11 和图 2.12 可以看出，在冲击速度近似相等的情况下，入射波波形差异明显，轴向静应力越大，入射波的幅值越小，体现在峰值应力上就是峰值应力随轴向静应力的增大而减小。

试验与理论计算得到的峰值应力随轴向静应力的变化关系近似相等，这证明了上述理论推导的正确性。其中峰值应力的试验值与理论值没有完全吻合，其原因在于式(2.16)在推导过程中假设轴压端帽的两个横截面面积 A_1 和 A_2 相等，而实际中两个面积不等；另外，理论结果是在保证冲头冲击速度相同的情况下得出的，而试验中要保证冲击速度完全相同比较困难，这影响到试验结果与理论结果的不一致。

另外，从图 2.11 可以看出，在近似相等冲击速度下，随轴向静应力的增加，入射波的延续时间 τ 越来越小，这也意味着其波长 $\lambda(\lambda=C\tau$，C 为弹性杆的纵波波速)越来越小，表明上述有关轴向静应力与入射波波长理论分析的正确性。

2.4　本章小结

本章通过理论计算和试验两个角度，研究了弹性杆中轴向静应力的大小与入射波的关系，得出如下结果：

(1) 冲头以相同速度共轴撞击具有轴向静应力的弹性杆时，轴向静应力的大小影响入射波的幅值，轴向静应力越大，入射波的幅值越小，二者间的关系为

$\sigma_t = \sigma_i - \frac{1}{2}\sigma_s$。

(2) 冲头以相同速度共轴撞击具有轴向静应力的弹性杆时，轴向静应力的大小影响入射波的波长，轴向静应力越大，入射波的幅值越小；不同形状的冲头产生不同形式的入射波，入射波上升沿越平缓，对具有轴向静应力的弹性杆上入射波波长的影响越大。

参考文献

[1] 王礼立. 应力波基础[M]. 2 版. 北京：国防工业出版社，2005.

[2] Liu H, Wang Z K, Wang T J. Effect of initial stress on the propagation behavior of Love waves in a layered piezoelectric structure[J]. International Journal of Solids and Structures, 2001, 38(1): 37-51.

[3] 刘华，王铁军，王子昆. 初应力对压电层状结构声表面波传播性能的影响[J]. 力学学报，2000，32(4)：491-496.

[4] Selim M M, Ahmed M K. Propagation and attenuation of seismic body waves in dissipative medium under initial and couple stresses[J]. Applied Mathematics and Computation, 2006, 182(2): 1064-1074.

[5] 范新，王明洋，施存程. 初始应力对应力波传播及块体运动规律影响研究[J]. 岩石力学与工程学报，2009，28(增 2)：3442-3446.

[6] Qian Z H, Jin F, Lu T J, et al. Effect of initial stress on Love waves in a piezoelectric structure carrying a functionally graded material layer[J]. Ultrasonics, 2010, 50(1): 84-90.

[7] 魏唯一，刘金喜，方岱宁. 初应力对周期压电-压磁层状结构中 SH 波传播特性的影响[J]. 工程力学，2010，27(11)：184-190.

[8] Zhou Y Y, Lü C F, Chen W Q. Bulk wave propagation in layered piezomagnetic/piezoelectric plates with initial stresses or interface imperfections[J]. Composite Structures, 2012, 94(9): 2736-2745.

[9] Li X B, Zhou Z L, Lok T S, et al. Innovative testing technique of rock subjected to coupled static and dynamic loads[J]. International Journal of Rock Mechanics and

Mining Sciences，2008，45(5)：739-748.

[10] Ye Z Y，Li X B，Liu X L，et al. Testing studies on rock failure modes of statically loads under dynamic loading [J]. Transactions of Tianjin University，2008，14(1)：530-535.

[11] 李夕兵，宫凤强，Zhao J，等. 一维动静组合加载下岩石冲击破坏试验研究[J]. 岩石力学与工程学报，2010，29(2)：251-260.

[12] 殷志强，李夕兵，金解放，等. 围压卸载速度对岩石动力强度与破碎特性的影响[J]. 岩土工程学报，2011，33(8)：1296-1301.

[13] 宫凤强，李夕兵，刘希灵. 三维动静组合加载下岩石力学特性试验初探[J]. 岩石力学与工程学报，2011，30(6)：1179-1190.

[14] 金解放，王杰，郭钟群，等. 围压对红砂岩应力波传播特性的影响[J]. 煤炭学报，2019，44(2)：435-444.

[15] Cai X，Zhou Z L，Du X M. Water-induced variations in dynamic behavior and failure characteristics of sandstone subjected to simulated geo-stress[J]. International Journal of Rock Mechanics and Mining Sciences，2020，130：104339.

[16] 赵习金，卢芳云，王悟，等. 入射波整形技术的实验和理论研究[J]. 高压物理学报，2004，18(3)：231-236.

第 3 章　具有轴向静应力岩石的应力波传播特性

由于工程岩体开挖导致原岩应力重新分布，岩体承受的地应力具有动态变化特性。从岩体工程建设及运营的全局来看，研究工程岩体中应力波传播问题时应考虑变化静应力的影响[1-3]。在研究得到弹性体中轴向静应力对应力波响应的基础上，本章将研究岩石中具有的轴向应力对其应力波传播衰减特性的影响规律及机理。利用动静组合加载试验系统，对红砂岩长试件进行小扰动的应力波传播试验，试件轴向静应力设置为 13 个等级。通过应力波传播速度和幅值随传播距离、传播时间以及静应力的衰减规律，研究不同静应力条件下岩石应力波的传播衰减特性。

3.1　具有轴向静应力岩石的应力波传播试验及结果

3.1.1　试验使用的试件、装置及方法

1. *岩石试件制备*

岩石试件采用赣州红砂岩制备，其完整性和均质性较好。该岩石的纵波波速为 2390m/s，单轴抗压强度为 52MPa。由于要研究应力波随空间的传播规律，需要在试件上沿应力波传播方向布置多个测点，选用长试件。又由于要研究轴向静应力对应力波传播的影响，试验过程中需要施加轴向静应力；由材料力学知识可知，压缩杆件的临界压力随横截面尺寸的增大而增大，为了能得到范围较广的轴向静应力，试件横截面面积不应较小。因此，确定岩石试件尺寸为 80mm×80mm×1500mm，两端面的平行度与平面度严格满足岩石力学试验标准，其示意图如图 3.1 所示。

应变片尺寸为 20mm×3mm，其电阻为(120±0.1)Ω。在岩石试件上下表

面纵向轴上对称粘贴应变片，最大限度消除试件偏心压缩对测得应力波的影响，如图 3.1 所示。为避免出现不均匀压缩信号，测点 A 距离入射端 150mm。为避免测试应力波信号中夹杂透射端反射波信号，测点 E 距离透射端 550mm。5 个测点相邻间距均为 200mm。

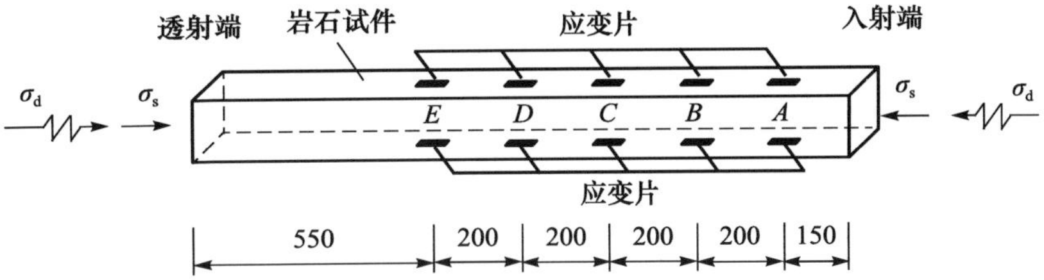

图 3.1　岩石试件尺寸及应变片粘贴位置示意图(单位：mm)

σ_s. 轴向静应力；σ_d. 动应力

2. 试验装置

试验装置采用动静组合加载试验装置。将岩石试件水平放置在入射杆和缓冲杆之间，如图 3.2 所示，最大限度地保证入射杆、试件和透射杆轴线重合。由于岩石试件横截面面积大于入射杆和缓冲杆的横截面面积，岩石试件与入射杆和缓冲杆之间各放置一钢板，钢板的面积大于或等于试件横截面面积，其目的是使试件两端避免出现因应力集中而发生破坏，且能使其两端产生均匀压应力。钢板两侧各均匀涂抹一层黄油，确保试样-钢板-弹性杆之间接触良好，并能更好地减小界面摩擦力。将试件上 5 个测点处的应变片分别连接到超动态应变仪上。

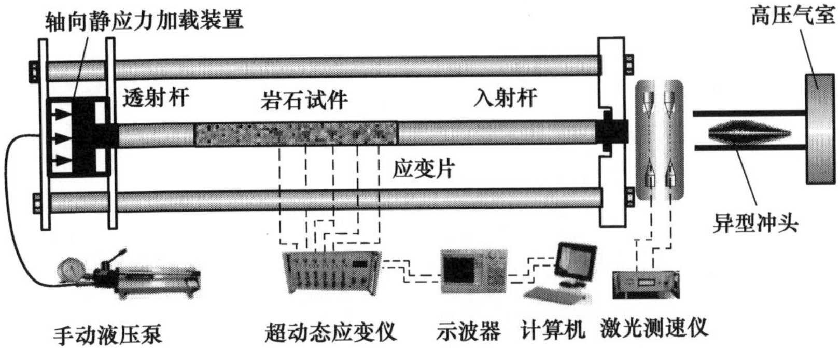

(a) 示意图

(b) 实物图

图 3.2　具有轴向静应力岩石试件应力波传播试验系统

3. 轴向静应力设置

当确定好试件的岩性和尺寸后，试验静应力大小由试件失稳临界应力和试验装置的精度确定。动静组合加载试验系统使用手动油压泵提供轴向静应力的加载，其压力表最小刻度为 0.5MPa，为了便于精确读取轴向静应力值，压力表值分别设定为 0MPa、1MPa、2MPa、…、12MPa。根据轴向静应力装置中活塞和试件横截面尺寸，轴向压力转化为岩石试件的轴向静应力，其值如表 3.1 所示。

表 3.1　试验数据

轴向静应力/MPa	测点 A		测点 B		测点 C		测点 D		测点 E		冲击速度/(m/s)
	$\varepsilon_a/10^{-3}$	$t/\mu s$	$\varepsilon_a/10^{-3}$	$t/\mu s$	$\varepsilon_a/10^{-3}$	$t/\mu s$	$\varepsilon_a/10^{-3}$	$t/\mu s$	$\varepsilon_a/10^{-3}$	$t/\mu s$	
0	0.7453	142	0.6480	227	0.5507	311	0.4920	398	0.4133	494	4.316
2.76	0.6173	155	0.5613	218	0.4800	299	0.4293	372	0.3600	452	4.482
5.52	0.4987	152	0.4693	214	0.4147	289	0.3773	356	0.3320	429	4.472
8.28	0.3867	148	0.3760	210	0.3293	276	0.3147	341	0.2867	413	4.488
11.04	0.3227	141	0.3160	212	0.2840	266	0.2720	334	0.2573	398	4.427
13.81	0.2907	142	0.2773	202	0.2533	266	0.2467	323	0.2373	393	4.398
16.57	0.2640	142	0.2453	209	0.2293	261	0.2213	330	0.2107	378	4.302
19.33	0.2613	142	0.2307	201	0.2213	257	0.2187	327	0.2093	378	4.406
22.09	0.2520	137	0.2280	199	0.2267	259	0.2173	314	0.1987	374	4.325
24.85	0.2467	140	0.2160	202	0.2187	263	0.2120	322	0.1853	372	4.335

续表

轴向静应力/MPa	测点 A		测点 B		测点 C		测点 D		测点 E		冲击速度/(m/s)
	$\varepsilon_a/10^{-3}$	$t/\mu s$	$\varepsilon_a/10^{-3}$	$t/\mu s$	$\varepsilon_a/10^{-3}$	$t/\mu s$	$\varepsilon_a/10^{-3}$	$t/\mu s$	$\varepsilon_a/10^{-3}$	$t/\mu s$	
27.61	0.2444	149	0.2213	192	0.2080	252	0.2040	316	0.1920	379	4.402
30.37	0.2373	149	0.2200	204	0.2080	261	0.1920	318	0.1840	382	4.294
33.13	0.2347	131	0.2147	197	0.1973	250	0.1960	319	0.1747	380	4.283

4. 试验方法

试验过程中，激励应力波峰值保持不变，即动静组合加载试验装置中入射杆中的应力波幅值保持恒定。魏晨慧等[3]的研究表明，岩石在循环应力波作用时，当应力波幅值小于岩石静态强度的 60%时，循环应力波对岩石的损伤非常小，可以忽略不计。基于此，为了尽量减小应力波对岩石试件的损伤，冲头大致以 4.38m/s 的速度撞击入射杆，冲击速度通过图中的激光测速仪测定。

对每个轴向静应力的工况，用预定的氮气气压和冲头位置进行三次应力波传播试验，如此往复进行所有静应力工况时的应力波传播试验。

3.1.2 应力波传播试验结果

1. 应力波时域曲线

图 3.3 给出了轴向静应力为 0MPa、8.28MPa、16.57MPa、24.85MPa 和 33.13MPa 时 5 个测点的应力波波形图，其中的 A、B、C、D、E 分别与图 3.1 中应变片位置标号对应，图中纵坐标负值表示压缩波，正值表示拉伸波。

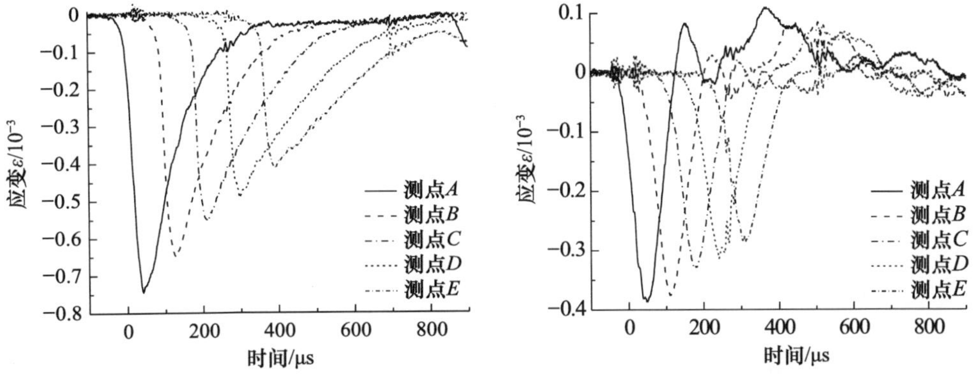

(a) 0MPa　　(b) 8.28MPa

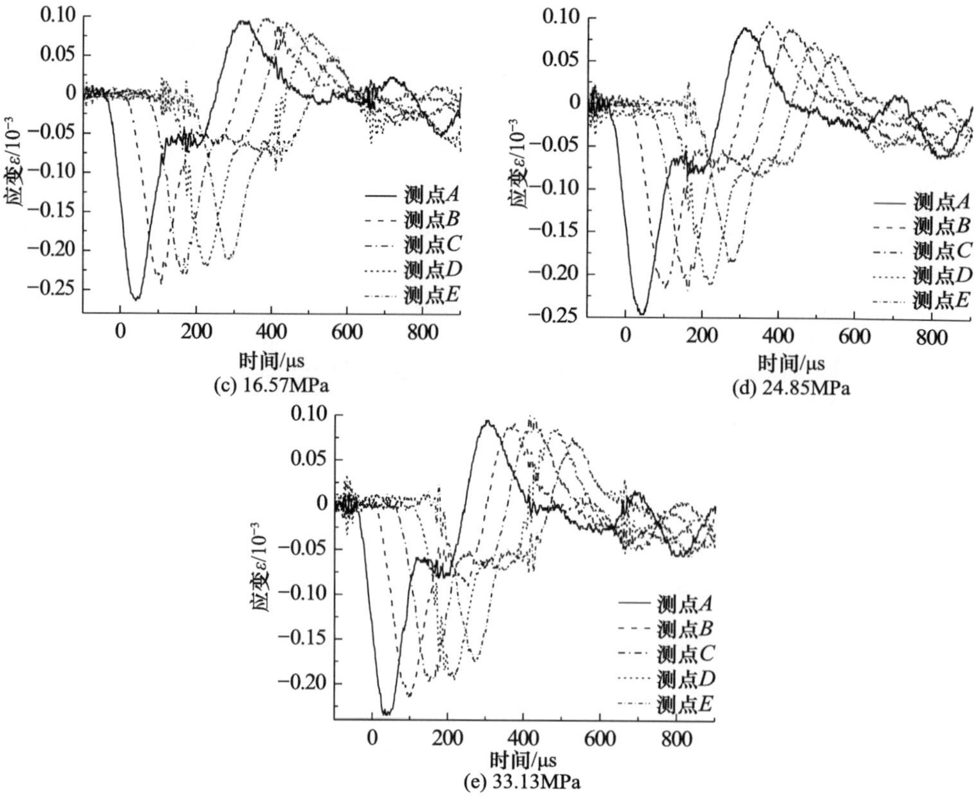

图 3.3　不同轴向静应力下试件中的应力波

从图 3.3 可以看出,相同轴向静应力情况下,随着传播距离的增加,应力波的形状变化不大,但其幅值逐渐减小。试件是否具有轴向静应力对应力波的传播影响较大,这主要体现在以下两个方面:无轴向静应力时,所有测点处应力波几乎没有出现拉伸波,而当试件具有轴向静应力时,每个测点应力波的下降沿尾部有拉伸波出现,轴向静应力越大,应力波尾部出现的拉伸波越大;随着轴向静应力的增加,相同测点处应力波的幅值逐渐减小。

2. 试验数据

对同一工况的三次试验,选取其中一次的试验数据进行分析,选取与 4.38m/s 最接近的冲击速度,且试验数据完整,选用的试验数据如表 3.1 所示。

在此需要强调的是,因初始孔隙压密和损伤演化效应,单轴压缩过程中岩石实时准确的变形模量难以确定,因此本书中应力波的单位用应变的单位表示。

3.2 具有轴向静应力岩石应力波传播衰减特性

3.2.1 应力波传播速度的变化规律

应力波传播速度是表示波在材料中传播快慢的物理量。根据应力波传播过程中材料的响应特性，应力波可以分为弹性波和塑性波，弹性波有两个基本类型的波：纵波和横波。本章在研究岩石的应力波传播特性时，暂不考虑应力波对岩石的损伤作用，因此统一将应力波传播速度用纵波波速表示。当岩石具有一定轴向静应力时，假定沿应力波传播方向上每一点的应力波传播速度都相同，根据不同轴向静应力工况下的时间-应力波数据，可以计算其纵波波速。如图 3.3(a)所示 0MPa 的工况，根据测点 E 和测点 A 处数据的起跳点对应的时间差 Δt，以及两测点之间的距离 Δl，可以计算该工况下的纵波波速。计算得到的不同轴向静应力工况下的纵波波速如图 3.4 所示。

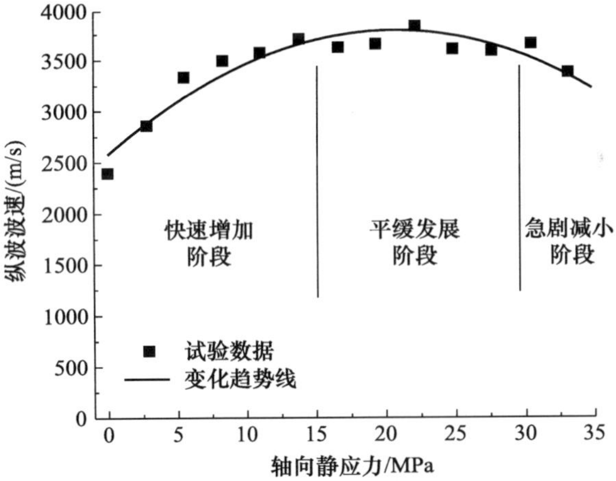

图 3.4　纵波波速与轴向静应力的关系

岩石单轴压缩试验时，试件的标准长径比为 2，而本章试验所用试件的长径比($\lambda \approx 65$)非常大，在单轴压缩过程中容易发生失稳现象，试验设计施加的最大轴向静应力远低于其单轴抗压强度。

从图 3.4 可以看出，随轴向静应力的增加，岩石试件中纵波波速呈现快速增加—平缓发展—急剧减小的趋势，这与文献[5]～[8]通过静力学试验得到的研究结果吻合。根据岩石单轴压缩过程中静应力对损伤的影响规律，以及图

3.4 中的变化趋势，可以推测随着轴向静应力的增加，纵波波速将进一步减小，直至其单轴抗压强度值时，纵波波速降为零。

由于岩石纵波波速与其密度有关，可以用纵波波速的变化反演岩石孔隙率或损伤程度的变化。从图 3.4 可以看出，本章选用的岩石试件在应力值与单轴抗压强度之比（下面统一表示为 σ_s/σ_c）小于 30%时，孔隙率随应力的增加而减小，属于原生孔隙被压密的过程。当 $30\% \leqslant \sigma_s/\sigma_c \leqslant 55\%$ 时，孔隙率变化不大，这主要是由于闭合孔隙量与萌生和扩展的孔隙量相抵消；当 $\sigma_s/\sigma_c > 55\%$ 时，随着应力继续增加，岩石内部微裂纹的萌生和扩展占据主要优势，导致岩石的损伤程度逐渐增大。由纵波波速和轴向静应力的关系以及纵波波速和密度具有正相关性，可以得到如下结论：随着轴向静应力的增加，岩石试件的波阻抗也呈现快速增加—平缓发展—急剧减小的趋势。

3.2.2　应力波幅值随传播距离的衰减

应力波幅值的变化是衡量应力波传播特性的重要参数。按照自变量的不同，主要有随空间和时间两种衰减形式，即时空衰减，得到的特征参数是空间和时间衰减系数。

图 3.5 是不同轴向静应力条件下应力波幅值随传播距离的变化规律。从图中可以看出，当轴向静应力大小确定时，随着传播距离的增加，应力波幅值逐渐减小，体现出应力波随空间变化的衰减性。尽管不同轴向静应力下应力波幅值随传播距离的增加呈减小的趋势，但衰减剧烈程度不同。

用空间衰减系数 α_x 表示应力波幅值随传播距离的衰减特性，其意义是应力波从空间 x 处传播到 $x+\Delta x$ 处时幅值的相对变化，可以表示为

$$\frac{\varepsilon_a(x+\Delta x)-\varepsilon_a(x)}{\varepsilon_a(x)}=-\alpha_x\Delta x \tag{3.1}$$

当 Δx 趋近于 0 时，式(3.1)变形为

$$\frac{\mathrm{d}\varepsilon_a(x)}{\mathrm{d}x}=-\alpha_x\varepsilon_a(x) \tag{3.2}$$

式(3.2)的解的形式为指数关系

$$\varepsilon_a(x)=\beta_1\mathrm{e}^{-\alpha_x x} \tag{3.3}$$

式中，$\varepsilon_a(x)$为应力波幅值，和应变的单位一致；x 为传播距离，m；β_1 表示在相同冲击速度下，在图 3.2 所示岩石试件右端（入射端）应力波的响应幅值，称为空间响应强度；α_x 为空间衰减系数，m^{-1}。

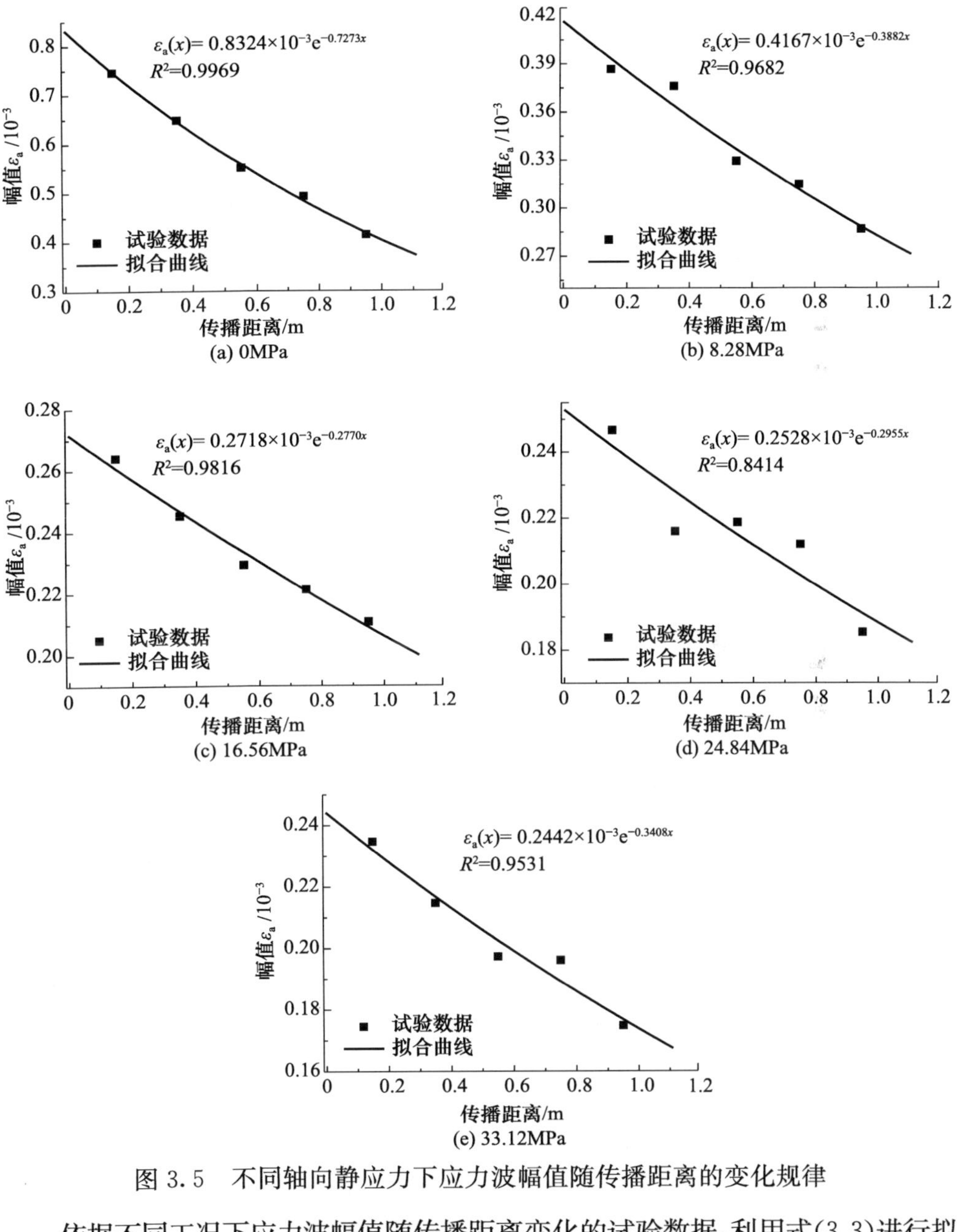

图 3.5　不同轴向静应力下应力波幅值随传播距离的变化规律

依据不同工况下应力波幅值随传播距离变化的试验数据，利用式(3.3)进行拟合，拟合结果如表 3.2 所示。从表中可以看出，拟合结果均较好，表明具有轴向静应力条件下的应力波幅值随空间衰减规律可以用式(3.3)所示的指数函数进行表征。

表 3.2　应力波幅值随传播距离的衰减拟合结果

轴向静应力/MPa	空间响应强度 $\beta_1/10^{-3}$	空间衰减系数 α_x/m^{-1}	相关系数 R^2
0	0.8324	0.7273	0.9969
2.76	0.6963	0.6733	0.9910
5.52	0.5498	0.5159	0.9886
8.28	0.4167	0.3882	0.9682
11.04	0.3415	0.3012	0.9662
13.81	0.3006	0.2613	0.9632
16.57	0.2718	0.2770	0.9816
19.33	0.2609	0.2486	0.8624
22.09	0.2585	0.2618	0.9246
24.85	0.2528	0.2955	0.8414
27.61	0.2490	0.2822	0.9690
30.37	0.2476	0.3226	0.9924
33.13	0.2442	0.3408	0.9531

根据表 3.2 的结果，可以得出空间响应强度 β_1 和空间衰减系数 α_x 随轴向静应力的变化趋势，如图 3.6 所示。

从图 3.6(a)可以看出，相同冲击速度时，随着轴向静应力的增加，岩石的空间响应强度越来越小，范新等[9]认为这是初始应力波和爆炸应力波相互叠加的结果。岩石处于不同静应力区间时，应力波空间响应强度的变化趋势不同，可以分为非线性段(前 7 个数据区段)和线性段(后 6 个数据区段)两部分，低应力区的变化比中间应力区的变化剧烈。这里的低应力区和中应力区的分界点与图 3.4 中快速增加—平缓发展的分界点基本重合，即 $\sigma_s/\sigma_c=30\%$。

导致该现象的原因在于，本书试验得到的应力波实际是用电压表示的应变波。当轴向静应力较小时，岩石试件的孔隙率相对较大，在动态应力作用下存在压密过程；且轴向静应力越大，岩石孔隙率越小，在相同的动态激励下，动态变形就越小，导致图 3.6(a)中非线性段的斜率越来越小。在中间应力区，岩石已经被压密，岩石呈现短暂的近似弹性变形阶段，在该过程中，岩石动态响应强度与轴向静应力间具有负线性相关性。

从图 3.6(b)可以看出，轴向静应力的大小对应力波空间的衰减有很大的影响；随着轴向静应力的增加，岩石空间衰减系数呈现快速减小—平稳发展—急剧增大的趋势。变化趋势中三个阶段静应力的分界点与图 3.4 中的分界点大致重合，分别为 $\sigma_s/\sigma_c=30\%$ 和 $\sigma_s/\sigma_c=55\%$。

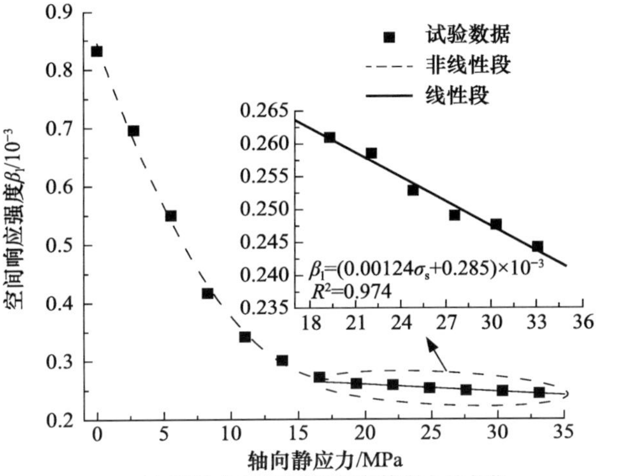

(a) 空间响应强度β_1随轴向静应力的变化

(b) 空间衰减系数α_x随轴向静应力的变化

图 3.6　空间响应强度和空间衰减系数随轴向静应力的变化

从机理上分析，空间衰减系数随轴向静应力的变化是由岩石波阻抗的变化引起的。由纵波波速和轴向静应力的关系可知，随着轴向静应力的增加，岩石的波阻抗以快速增加—平缓发展—急剧减小的趋势变化。波阻抗是衡量岩石传播应力波能力的属性参数；相同的应力波，波阻抗越大，穿过岩石界面的透射波的比例越大，反射波的比例越小，应力波幅值空间衰减系数就越小。

3.2.3　应力波幅值随传播时间的衰减

特定轴向载荷下，岩石具有确定的波阻抗和波速，应力波随着时间的变化也应有具体的传播规律。根据表 3.1 应力波幅值和对应时间的数据，可以得出应力波幅值随传播时间的变化规律，如图 3.7 所示。

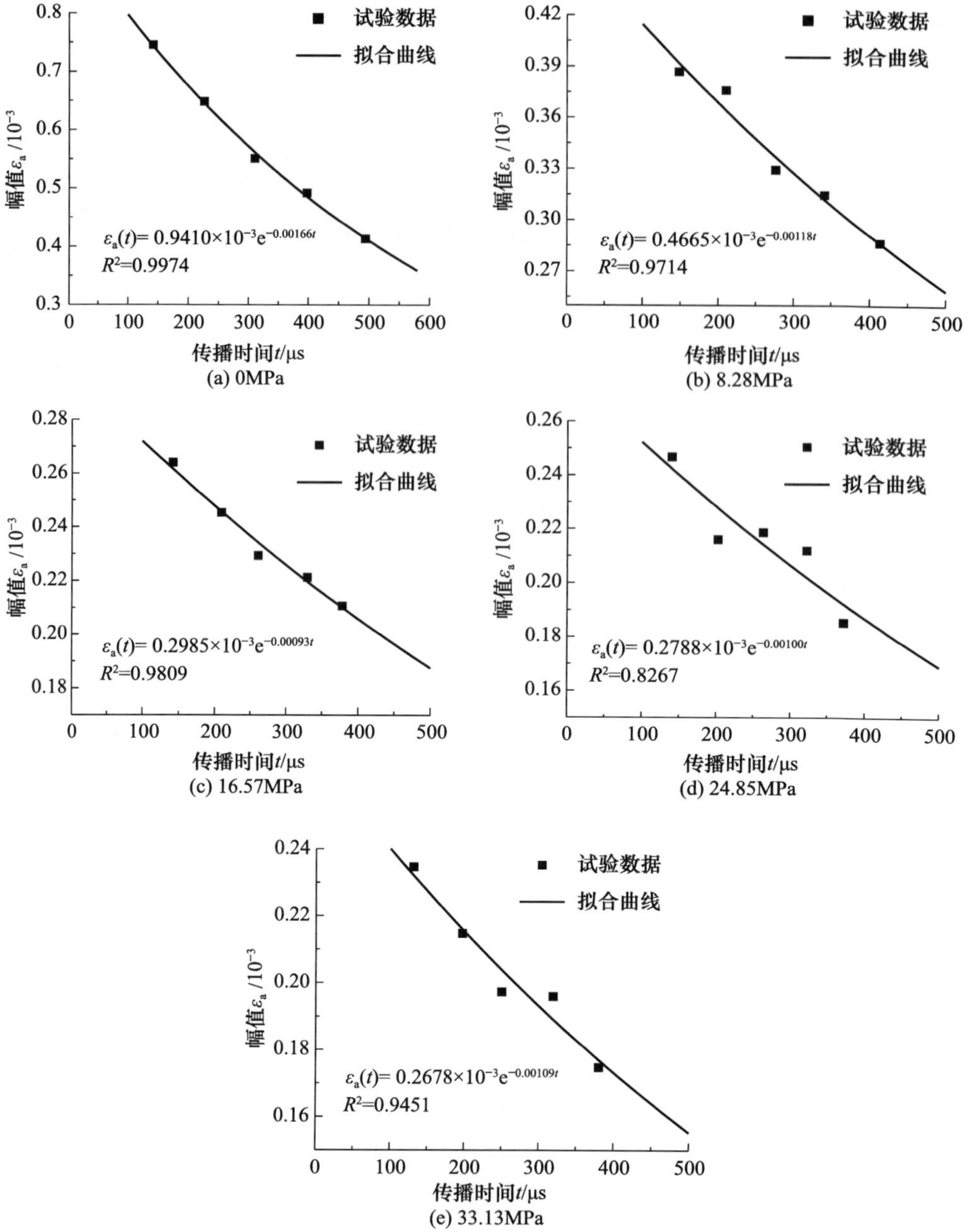

图 3.7　不同轴向静应力下应力波幅值随传播时间的变化规律

从图 3.7 可以看出，随着传播时间的增加，应力波幅值逐渐减小。参照空间衰减系数的定义方法，用时间衰减系数 α_t 表示应力波幅值随传播时间的衰减特性，其意义是应力波从时间 t 到 $t+\Delta t$ 时幅值的相对变化，可以表示为

$$\frac{\varepsilon_a(t+\Delta t)-\varepsilon_a(t)}{\varepsilon_a(t)}=-\alpha_t\Delta t \tag{3.4}$$

当 Δt 趋近于 0 时，式(3.4)变形为

$$\frac{d\varepsilon_a(t)}{dt}=-\alpha_t\varepsilon_a(t) \tag{3.5}$$

式(3.5)的解的形式为指数关系

$$\varepsilon_a(t)=\beta_t e^{-\alpha_t t} \tag{3.6}$$

式中，β_t 表示撞击初始时刻时应力波峰值，即在初始时刻，冲头撞击岩石试件入射端产生的应力波幅值，称为时间响应强度；α_t 表征确定轴向静应力情况下，应力波幅值随时间的衰减特性，称为时间衰减系数，μs^{-1}。

针对不同轴向情况下应力波幅值随时间变化的试验结果，利用式(3.6)所示的指数函数进行拟合，拟合的参数结果如表 3.3 所示。根据表 3.3 中的相关系数可知，具有轴向静应力岩石的应力波幅值随时间的衰减均满足式(3.6)表示的指数函数关系。

表 3.3　应力波幅值随传播时间的衰减拟合结果

轴向静应力/MPa	时间响应强度 $\beta_t/10^{-3}$	时间衰减系数 $\alpha_t/\mu s^{-1}$	相关系数 R^2
0	0.9410	0.00166	0.9974
2.76	0.8248	0.00180	0.9952
5.52	0.6350	0.00149	0.9935
8.28	0.4665	0.00118	0.9714
11.04	0.3730	0.00094	0.9523
13.81	0.3251	0.00084	0.9639
16.57	0.2985	0.00093	0.9809
19.33	0.2823	0.00083	0.8516
22.09	0.2813	0.00089	0.9283
24.85	0.2788	0.00100	0.8267
27.61	0.2721	0.00094	0.9141
30.37	0.2775	0.00111	0.9875
33.13	0.2678	0.00109	0.9451

根据表 3.3 的结果，可以得出时间响应强度 β_t 和时间衰减系数 α_t 随轴向静应力的变化趋势，如图 3.8 所示。

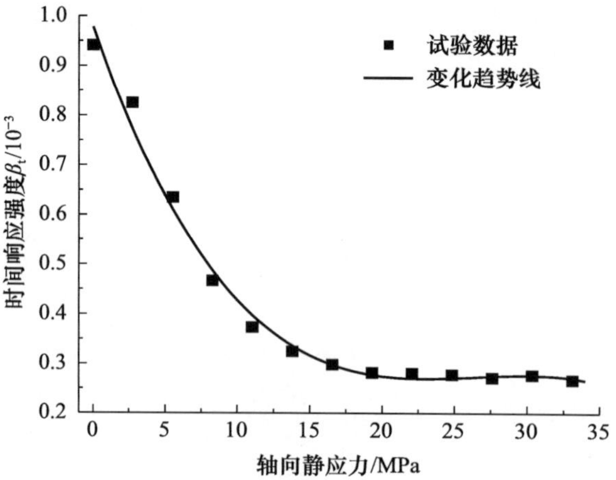

(a) 时间响应强度β_t随轴向静应力的变化

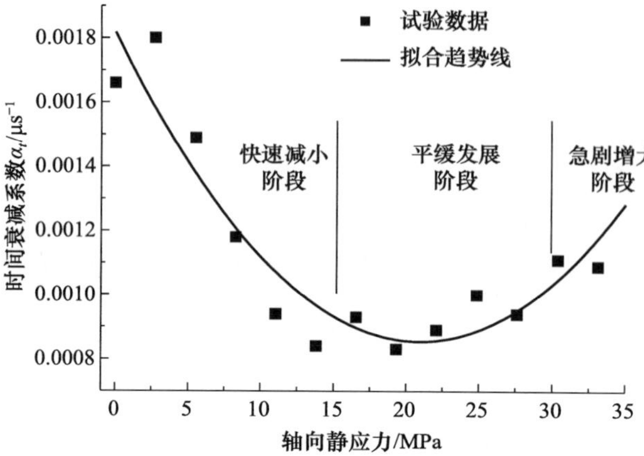

(b) 时间衰减系数α_t随轴向静应力的变化

图 3.8　时间响应强度和时间衰减系数随轴向静应力的变化

从图 3.8(b)可以发现，与空间衰减系数 α_x 的变化趋势类似，随着轴向静应力的增加，时间衰减系数 α_t 呈现快速减小—平缓发展—急剧增大的趋势，当轴向静应力在单轴抗压强度的 30%～55%时，时间衰减系数达到最小值，约为 0.00083μs^{-1}。

3.2.4　应力波幅值随轴向静应力的衰减

随着轴向静应力的增加，不同测点应力波幅值的变化如图 3.9 所示。由试验数据的变化趋势看，随着轴向静应力的增加，相同测点处的应力波幅值逐渐减小，且有先快速减小后缓慢变化的趋势。不同测点处的衰减剧烈程度不同，如图 3.9 所示，整体上，离撞击点越近的测点，其变化趋势线越陡峭，表示其衰减程度越大。这是由于宽频应力波在传播过程中不同频段的应力波衰减程度不同，一般认为高频应力波的衰减程度大于低频应力波的衰减程度；高频应力波经过前面测点的衰减，后面测点处应力波中的高频部分相对较少，进而导致其衰减程度降低。

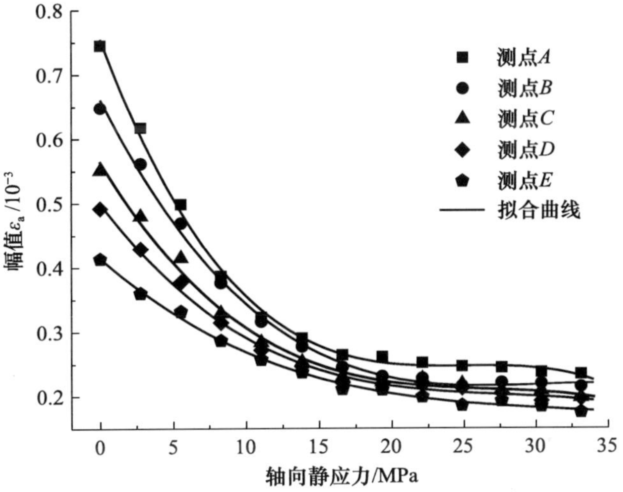

图 3.9　不同测点应力波幅值随轴向静应力的变化

为了定量研究轴向静应力对测点应力波幅值衰减的影响，定义应力波幅值随轴向静应力的衰减系数 $\alpha_{\sigma s}$ 为

$$\alpha_{\sigma s}=-\frac{\varepsilon_a(\sigma_s+\Delta\sigma_s)-\varepsilon_a(\sigma_s)}{\Delta\sigma_s\varepsilon_a(\sigma_s)} \tag{3.7}$$

式中，$\alpha_{\sigma s}$ 为幅值随轴向静应力衰减系数，表示轴向静应力对应力波幅值衰减的影响，MPa^{-1}。

图 3.10 给出了不同测点幅值随轴向静应力衰减系数 $\alpha_{\sigma s}$ 的变化趋势。从图中可以看出，相同测点处，$\alpha_{\sigma s}$ 随轴向静应力的增加均有先减小后增大的趋势。不同测点处衰减系数对轴向静应力的敏感度不同，越靠近撞击端测点的 $\alpha_{\sigma s}$ 曲线变化越陡峭。

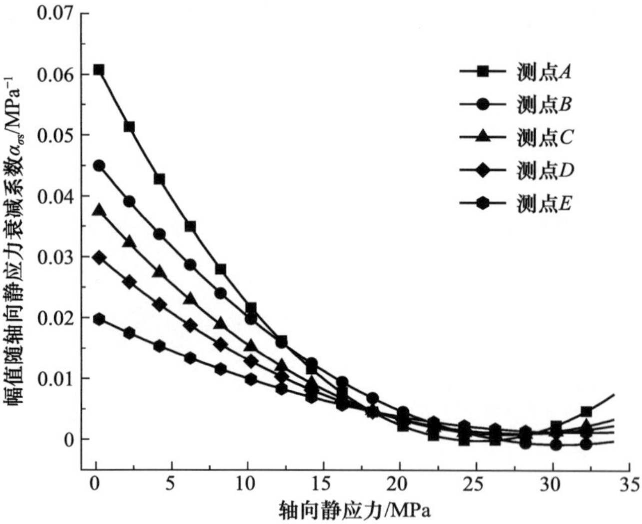

图 3.10 不同测点处幅值随轴向静应力衰减系数的变化趋势

3.3 本章小结

本章对岩石试件分别进行了不同轴向静应力下的应力波传播试验，分别通过纵波波速、幅值空间衰减系数、幅值时间衰减系数以及幅值随轴向静应力衰减系数，研究轴向静应力对应力波传播衰减的影响，主要结论如下：

(1) 相同轴向静应力情况下，随着传播距离的增加，不同测点处的应力波形状变化不大；相同测点不同轴向静应力下的应力波波形变化较大，轴向静应力越大，应力波尾部出现的拉伸波越大。

(2) 轴向静应力对岩石纵波波速影响较大，当轴向静应力与单轴抗压强度之比 $\sigma_s/\sigma_c<30\%$时，纵波波速随轴向静应力的增加而快速增大；当 $30\%\leqslant\sigma_s/\sigma_c\leqslant55\%$时，纵波波速变化平缓；当 $\sigma_s/\sigma_c>55\%$时，纵波波速随轴向静应力的增加而急剧减小。

(3) 随传播距离和传播时间的增加，应力波幅值均呈指数形式衰减。相同冲击速度时，随轴向静应力的增加，岩石空间响应强度和时间响应强度越来越小；岩石空间衰减系数和时间衰减系数都呈现快速减小—平缓发展—急剧增大的趋势。

(4) 随轴向静应力的增加,相同测点处的应力波幅值逐渐减小,具有先快速减小后缓慢变化再急剧减小的趋势;不同测点处的衰减剧烈程度不同,离冲击端越近测点处的 $\alpha_{\sigma s}$ 变化越敏感。相同测点处,随轴向静应力的增加,$\alpha_{\sigma s}$ 先减小后增大。

参 考 文 献

[1] 李新平,赵航,罗忆,等.深部裂隙岩体中弹性波传播与衰减规律试验研究[J].岩石力学与工程学报,2015,34(11):2319-2326.

[2] Fan L F, Sun H Y. Seismic wave propagation through an in-situ stressed rock mass [J]. Journal of Applied Geophysics, 2015, 121: 13-20.

[3] 魏晨慧,朱万成,白羽,等.不同节理角度和地应力条件下岩石双孔爆破的数值模拟[J].力学学报,2016,48(4):926-935.

[4] Li X B, Lok T S, Zhao J. Dynamic characteristics of granite subjected to intermediate loading rate[J]. Rock Mechanics and Rock Engineering. 2005, 38(1): 21-39.

[5] 蔡忠理,刘克,吴绵拔,等.单轴压缩过程中花岗岩声学特性的研究[J].岩土力学,1986,7(2):27-36.

[6] 赵明阶,徐蓉.岩石损伤特性与强度的超声波速研究[J].岩土工程学报,2000,22(6):720-722.

[7] 陈祥,孙进忠,谭朝爽,等.岩块波速-应力关系及其卸荷效应[J].岩土工程学报,2010,32(5):757-761.

[8] 巩思园,窦林名,徐晓菊,等.冲击倾向煤岩纵波波速与应力关系试验研究[J].采矿与安全工程学报,2012,29(1):67-71.

[9] 范新,王明洋,施存程.初始应力对应力波传播及块体运动规律影响研究[J].岩石力学与工程学报,2009,28(增2):3442-3446.

第 4 章　具有围压岩石的应力波传播特性

围压可以改变岩石内部微观结构，导致波阻抗发生变化，进而影响应力波在岩石中的透反射能力。本章研究围压对岩石应力波传播特性的影响，通过一维应力波理论推导，得到了岩石应力波透射系数和反射系数随波阻抗的变化关系。用红砂岩制备短试件和长试件，基于动静组合加载试验系统进行不同围压下的应力波传播试验，分析岩石的纵波波速、波阻抗、反射系数和透射系数与围压的关系。根据岩石波阻抗与围压的经验模型，结合理论分析所得的透射系数与波阻抗的关系，得到不同围压下透射系数的理论值，并与相应的试验值进行对比，证明理论分析结果的正确性。综合分析岩石的纵波波速、波阻抗、透射系数和反射系数与围压的关系，得到围压对岩石试件应力波传播衰减特性的影响规律。

4.1　应力波透反射系数与波阻抗之间的理论关系

岩体应力波透反射系数的大小取决于岩体的波阻抗，在进行岩体损伤检测和围岩稳定性分析时，常通过测试岩体应力波透反射系数反演波阻抗，进而得到岩体的纵波波速、密度等物理参数。因此，有必要从理论上探讨透反射系数与波阻抗之间的定量关系。为系统分析围压对岩石应力波传播特性的影响，基于 SHPB 试验装置中入射杆-岩石试件-透射杆的组成关系，并借助围压有助于提高岩石试件纵波波速 C 和密度 ρ 的结论，分析岩石试件波阻抗 ρC 的变化对岩石试件透反射系数的影响，从理论角度分析围压对岩石应力波传播的影响。

应力波在不同介质界面上的透反射过程如图 4.1 所示。图中杆 1 和杆 3 的材料相同，其波阻抗为 $\rho_e C_{p,e}$，杆 2 为具有围压的岩石试件，其波阻抗为 $\rho_s C_{p,s}$，长度为 L_s，杆 1、2 和 3 的横截面面积相同，J_1 和 J_2 分别表示杆 1 和 2 以及杆 2 和 3 的交界面。根据一维应力波理论，应力波 $\sigma_i(t)$ 由入射杆进入岩石试件时，由于二者波阻抗不同，在界面 J_1 处产生反射波 $\sigma_{r1}(t)$ 和透射波 $\sigma'_{t1}(t)$。透射波 $\sigma'_{t1}(t)$ 在试件与透射杆之间的界面 J_2 处产生反射波 $\sigma'_{r2}(t)$ 和透射波 $\sigma_{t1}(t)$。如此往复，应力波会在界面 J_1 和 J_2 处分别产生多次透反射，如图 4.1 所示，$\sigma_{ri}(t)$ 和 $\sigma_{ti}(t)$ 分别表示第 i 次的反射波和透射波。

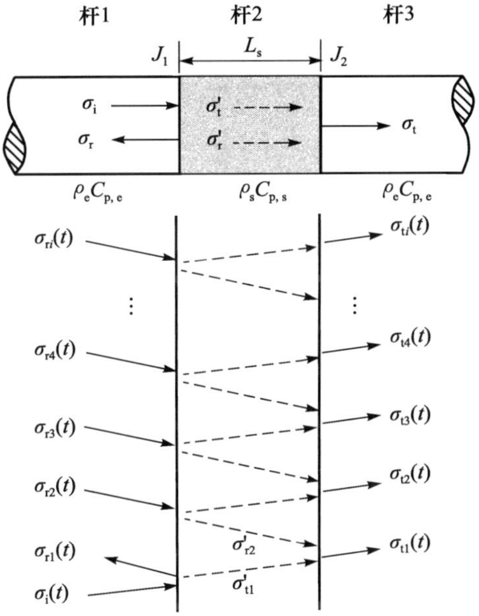

图 4.1　应力波在不同介质界面上的透反射过程

假设入射波为 $\sigma_i(t)=f(t)$，延续时间为 τ，入射波到达界面 J_1 的时刻为 0，则有

$$\sigma_i(t)=\begin{cases} f(t), & 0\leqslant t\leqslant\tau \\ 0, & t<0, t>\tau \end{cases} \tag{4.1}$$

根据一维应力波理论，入射波 $\sigma_i(t)$ 第一次经过界面 J_1 时，反射波和透射波分别为[1]

$$\sigma_{r1}(t)=\lambda f_i(t) \tag{4.2}$$

$$\sigma'_{t1}(t)=(1+\lambda)f_i(t) \tag{4.3}$$

$$\lambda=\frac{\rho_s C_{p,s}-\rho_e C_{p,e}}{\rho_s C_{p,s}+\rho_e C_{p,e}} \tag{4.4}$$

式中，λ 表示单次反射系数。

同理，应力波 $\sigma'_{t1}(t)$ 在界面 J_2 处的反射波和透射波分别为

$$\sigma'_{r2}(t)=(1+\lambda)(-\lambda)f_i\left(t-\frac{L_s}{C_{p,s}}\right) \tag{4.5}$$

$$\sigma_{t1}(t)=(1+\lambda)(1-\lambda)f_i\left(t-\frac{L_s}{C_{p,s}}\right) \tag{4.6}$$

反射波 $\sigma'_{r2}(t)$ 又在界面 J_1 处产生透反射，如此往复，界面 J_1 处的反射波 $\sigma_r(t)$ 应为多次反射波的叠加而成，界面 J_2 处的透射波 $\sigma_t(t)$ 应为多次透射波的叠加而成，分别为

$$\begin{aligned}\sigma_r(t)&=\sigma_{r1}(t)+\sigma_{r2}(t)+\sigma_{r3}(t)+\cdots\\&=\lambda f(t)+(1-\lambda^2)(-\lambda)f\left(t-\frac{2L_s}{C_{p,s}}\right)+(1-\lambda^2)(-\lambda)^3f\left(t-\frac{4L_s}{C_{p,s}}\right)+\cdots\end{aligned} \tag{4.7}$$

$$\begin{aligned}\sigma_t(t)&=\sigma_{t1}(t)+\sigma_{t2}(t)+\sigma_{t3}(t)+\cdots\\&=(1-\lambda^2)f\left(t-\frac{L_s}{C_{p,s}}\right)+(1-\lambda^2)(-\lambda)^2f\left(t-\frac{3L_s}{C_{p,s}}\right)\\&\quad+(1-\lambda^2)(-\lambda)^4f\left(t-\frac{5L_s}{C_{p,s}}\right)+\cdots\end{aligned} \tag{4.8}$$

若入射波 $f(t)$ 为矩形波，在延续时间 τ 内，任何时刻的入射波相等，式(4.7)和式(4.8)中 $f(t)=f(t-L_s/C_{p,s})=f(t-2L_s/C_{p,s})=f(t-3L_s/C_{p,s})=f(t-4L_s/C_{p,s})=\cdots$。而当 $f(t)$ 为半正弦波和三角形波时，在其延续时间内，应力波值随时在变化，多次反射波 $\sigma_{r2}(t)$、$\sigma_{r3}(t)$、…的幅值与一次反射波的幅值没有重叠在一起。同理，多次透射波的幅值也不会与一次透射波的幅值重叠，即 $f(t)\neq f(t-L_s/C_{p,s})\neq f(t-2L_s/C_{p,s})\neq f(t-3L_s/C_{p,s})\neq f(t-4L_s/C_{p,s})\neq\cdots$。因此，当通过反射波和透射波与入射波幅值之比研究应力波的传播特性时，若入射波是非矩形波，式(4.7)和式(4.8)中不应考虑多次透射波和反射波的影响，即应力波的反射系数 R_t 和透射系数 T_t 分别为

$$R_t=\frac{\sigma_r(t)}{\sigma_i(t)}=\lambda \tag{4.9}$$

$$T_t=\frac{\sigma_t(t)}{\sigma_i(t)}=1-\lambda^2 \tag{4.10}$$

式中，R_t、T_t 分别为用理论方法得到的反射系数和透射系数。

根据式(4.9)和式(4.10)，反射系数 R_t 和透射系数 T_t 与波阻抗比值 $\rho_s C_{p,s}/(\rho_e C_{p,e})$ 的关系如图 4.2 和图 4.3 所示。

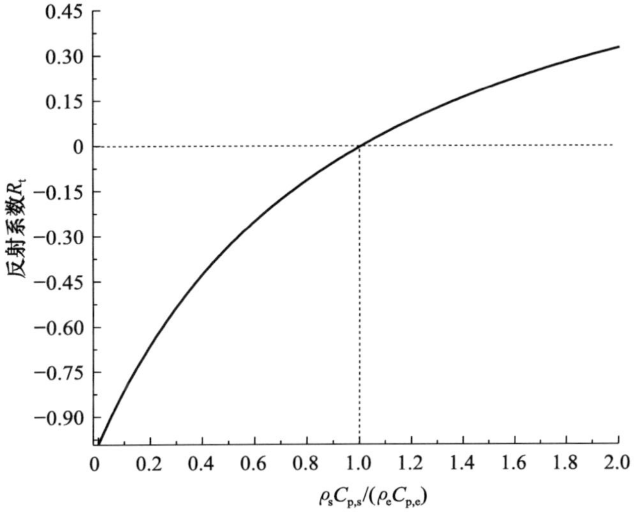

图 4.2　反射系数 R_t 与波阻抗比值 $\rho_s C_{p,s}/(\rho_e C_{p,e})$ 的关系

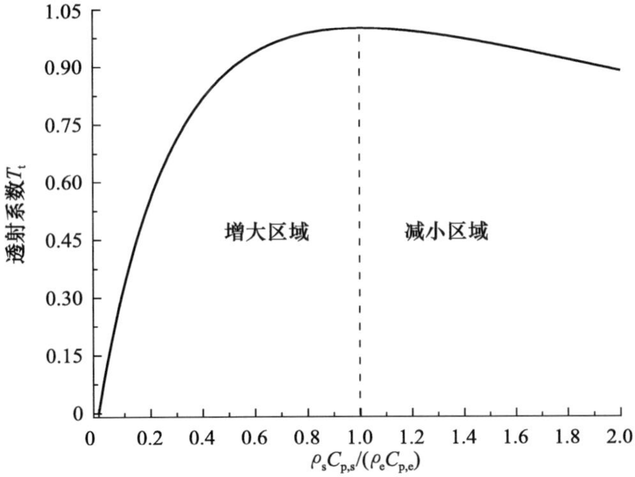

图 4.3　透射系数 T_t 与波阻抗比值 $\rho_s C_{p,s}/(\rho_e C_{p,e})$ 的关系

从图 4.2 可以看出，当 $\rho_s C_{p,s}/(\rho_e C_{p,e})<1$ 时，反射系数 R_t 为负值，表示反射波和入射波方向相反。随着 $\rho_s C_{p,s}/(\rho_e C_{p,e})$ 的增加，反射系数 R_t 的绝对值逐渐减小，表示反射波幅值越来越小。当 $\rho_s C_{p,s}/(\rho_e C_{p,e})>1$ 时，反射系数 R_t 为正

值，表示反射波与入射波方向相同，随波阻抗比值的增加，反射系数 R_t 逐渐增大，表示反射波幅值越来越大。$\rho_s C_{p,s}/(\rho_e C_{p,e})$ 越接近 1，反射波幅值越小。

从图 4.3 可以看出，当 $\rho_s C_{p,s}/(\rho_e C_{p,e})<1$ 时，透射系数 T_t 随着 $\rho_s C_{p,s}/(\rho_e C_{p,e})$ 的增大逐渐增大，但增大趋势越来越小；当 $\rho_s C_{p,s}/(\rho_e C_{p,e})>1$ 时，透射系数 T_t 随波阻抗比值的增大逐渐减小；当 $\rho_s C_{p,s}/(\rho_e C_{p,e})=1$ 时，即岩石试件与入射杆和透射杆的波阻抗相同，应力波的衰减系数为 1，表示应力波不会发生透反射，可以无衰减地通过试件。

4.2 具有围压岩石的应力波传播试验

1. 岩石试件制备

试件选用赣州红砂岩制成，其均质性较好且孔隙率较大。其纵波波速为 2390m/s，单轴抗压强度为 52MPa，密度为 2.53g/cm^3，孔隙率为 5.22%。在研究围压对岩石应力波传播特性的影响时，基于动静组合加载试验系统，可以用两种长径比的试件进行试验：一是短试件，图 4.1 中的杆 1 和杆 3 分别是加载试验系统中弹性入射杆和透射杆，杆 2 为岩石试件，其尺寸为 ϕ50mm×100mm；二是长试件，图 4.1 中的杆 1、2 和 3 为同一岩石试件，仅是在杆 2 部分施加围压，其尺寸为 ϕ50mm×1500mm。对岩石试件的两端面进行研磨，保证其不平行度和不垂直度均小于 0.02mm。

应变片尺寸为 2mm×1mm，电阻为(120±0.1)Ω。为最大限度消除偏心压缩对试验应力波信号的影响，每一测点处纵向轴对称粘贴两个应变片。对于 ϕ50mm×1500mm 的岩石长试件，两组应变片都粘贴在岩石试件上，第一组应变片粘贴在距离岩石试件入射端 200mm 处，第二组应变片粘贴在距离岩石试件末端 1000mm 处。对于尺寸为 ϕ50mm×100mm 的岩石短试件，两组应变片分别粘贴在入射杆和透射杆上，入射杆应变片距离短试件 900mm，透射杆应变片距离岩石短试件 600mm，其示意图如图 4.4 所示。

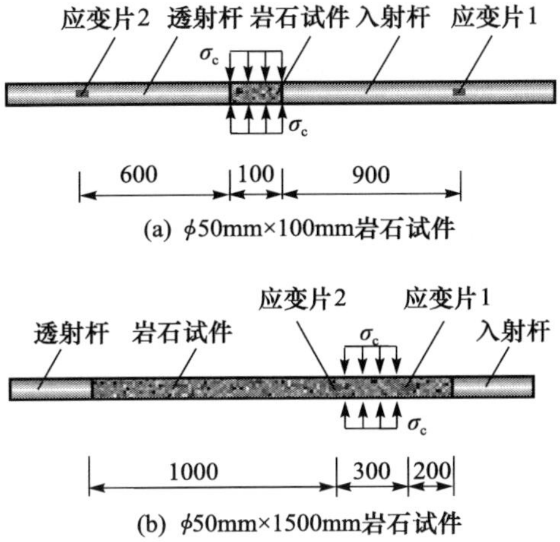

图 4.4　围压试件尺寸及应变片位置示意图(单位:mm)

2. 试验装置

采用基于 SHPB 试验装置的动静组合加载试验系统。将岩石试件在两端面均匀涂抹黄油后水平放置在动静组合加载试验系统入射杆和透射杆之间,最大限度保证入射杆、岩石试件和透射杆轴向重合,以 ϕ50mm×1500mm 岩石试件为例,其示意图如图 4.5 所示。

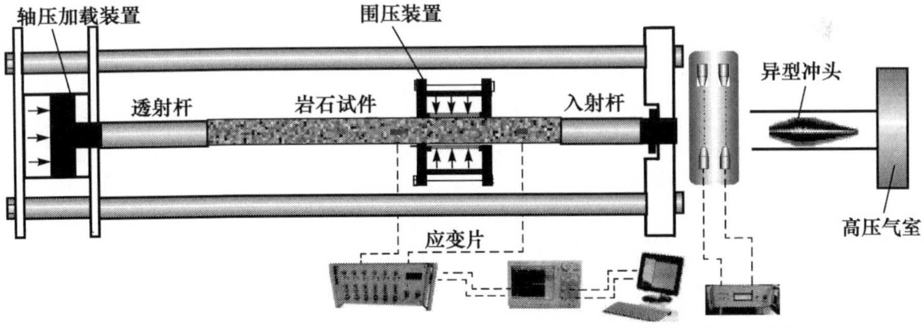

图 4.5　具有围压作用的岩石应力波传播试验系统示意图

3. 试验方法

试验过程中轴向静应力为 0MPa,围压设置 10 个等级,分别为 0MPa、

4MPa、8MPa、12MPa、16MPa、20MPa、24MPa、28MPa、32MPa 和 36MPa，分别对不同试件进行试验，长、短两类岩石试件的数量均为 30 个，每种围压工况使用 3 个岩石试件，每个岩石试件冲击 1 次。为了使不同工况下的试验结果具有可比性，两种尺寸的岩石试件在所有围压工况下的试验最大限度保证弹性入射杆上的入射波幅值相等。实现方法是固定冲击气压值以及冲头在腔膛中的起始位置，保证冲头以相同冲击速度撞击入射杆。冲头的冲击速度由激光测速仪测定。

4.3　具有围压岩石的应力波传播衰减特性

4.3.1　围压对岩石应力波波形的影响

通过试验可以测得岩石长试件和短试件在不同围压情况下的应力波数据，图 4.6 和图 4.7 仅给出两类岩石试件在三种围压下的应力波时程曲线。从

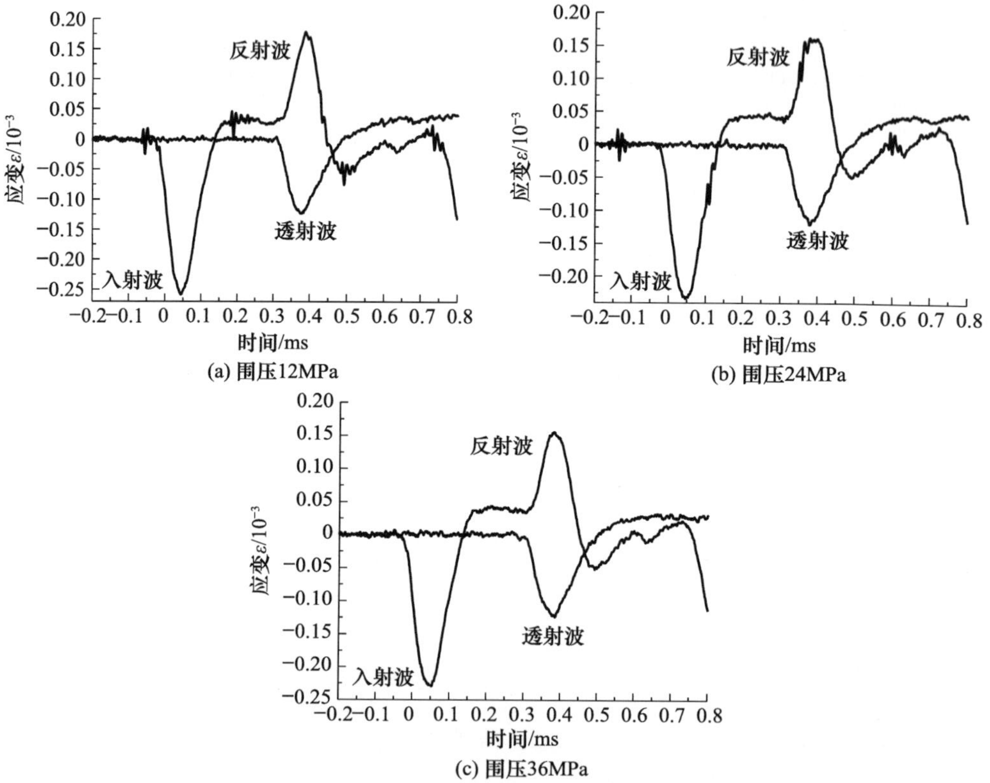

图 4.6　不同围压下岩石短试件中的应力波时程曲线(ϕ50mm×100mm)

图 4.6 和图 4.7 可以看出，当岩石试件的长径比相同时，随着围压的增加，应力波形状一致。对于岩石短试件，两组应变片都粘贴在弹性杆上，且距界面 J_1 和 J_2 的距离较大，可以得到完整的反射波和透射波。对于岩石长试件，两组应变片都粘贴在岩石试件上，且应变片 1 距界面 J_1 仅 100mm，J_1 处的反射波与入射波叠加，致使图 4.7 中没有明显的反射波。图 4.7 中的入射波和透射波是图 4.4(b)所示工况下岩石试件应力波的真实表现，不影响用透射系数来表征其应力波传播特性。

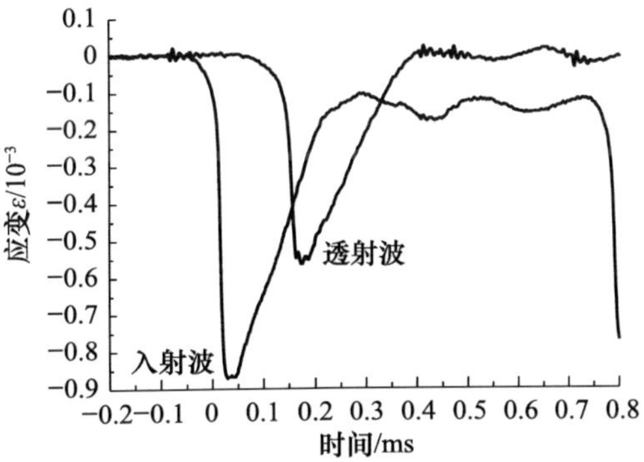

(a) 围压12MPa

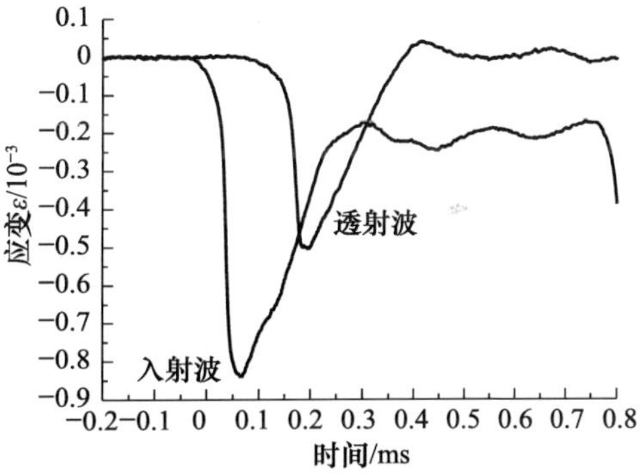

(b) 围压24MPa

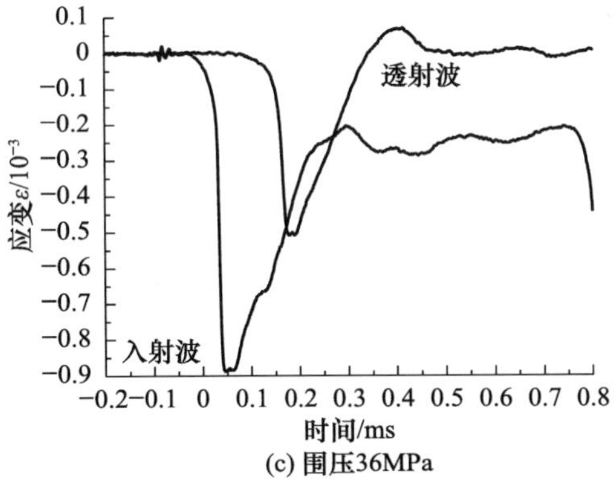

(c) 围压36MPa

图 4.7　不同围压下岩石长试件中的应力波时程曲线(ϕ50mm×1500mm)

表 4.1 和表 4.2 分别给出了两类岩石试件不同围压情况下应变片 1 和应变片 2 处应力波幅值和起跳点对应的时间，其中 $\varepsilon_{i,a}$ 和 $\varepsilon_{t,a}$ 分别表示入射波和透射波的幅值，t_1 和 t_2 分别表示入射波和透射波起跳点对应的时间，$\varepsilon_{r,a}$ 表示短试

件时反射波的幅值。

表 4.1　岩石短试件试验数据(ϕ50mm×100mm)

围压/MPa	入射波		透射波		反射波	纵波波速 C_p/(m/s)	试验透射系数 T_e	试验反射系数 R_e
	$\varepsilon_{i,a}/10^{-3}$	$t_1/\mu s$	$\varepsilon_{t,a}/10^{-3}$	$t_2/\mu s$	$\varepsilon_{r,a}/10^{-3}$			
0	−0.2800	183	−0.1152	504	0.2023	2314	0.4117	−0.7225
4	−0.2648	191	−0.1160	509	0.1772	2486	0.4386	−0.6692
8	−0.2672	177	−0.1228	493	0.1835	2616	0.4600	−0.6866
12	−0.2788	188	−0.1324	503	0.1610	2687	0.4755	−0.5774
16	−0.2556	190	−0.1256	504	0.1676	2761	0.4911	−0.6556
20	−0.2480	193	−0.1240	506	0.1301	2839	0.5007	−0.5247
24	−0.2336	192	−0.1204	504	0.1206	2922	0.5149	−0.5164
28	−0.2352	189	−0.1240	501	0.1202	2922	0.5275	−0.5111
32	−0.2444	185	−0.1292	496	0.1272	3010	0.5364	−0.5203
36	−0.2296	190	−0.1240	500	0.1162	3103	0.5407	−0.5063

表 4.2　岩石长试件试验数据(ϕ50mm×1500mm)

围压/MPa	入射波		透射波		纵波波速 C_p/(m/s)	试验透射系数 T_e
	$\varepsilon_{i,a}/10^{-3}$	$t_1/\mu s$	$\varepsilon_{t,a}/10^{-3}$	$t_2/\mu s$		
0	−0.8480	175	−0.6160	302	2309	0.8402
4	−0.9176	182	−0.6348	307	2420	0.8001
8	−0.8348	180	−0.5580	302	2610	0.7731
12	−0.8700	148	−0.5636	269	2680	0.7492
16	−0.9328	161	−0.6048	281	2753	0.7499
20	−0.9572	186	−0.5868	305	2831	0.7090
24	−0.8804	173	−0.5272	291	2914	0.6926
28	−0.9100	173	−0.5380	290	3001	0.6838
32	−0.8876	179	−0.5144	296	3001	0.6703
36	−0.8888	178	−0.5068	294	3094	0.6595

4.3.2　围压对岩石应力波传播速度的影响

纵波波速是表征应力波传播特性的一个重要参数，能很好地反映材料孔隙率和损伤度的大小。当岩石中的应力波属于弹性波的范围时，应力波的传播速度可以认为与纵波波速一致。根据不同围压等级情况下应力波-时间数据，按照式(4.11)和式(4.12)可以分别计算出岩石长试件和短试件在不同围压工况下的纵波波速：

$$C_p = \begin{cases} \dfrac{l_1}{t_2 - t_1 - \dfrac{l_2}{C_{p0}}}, & \text{岩石长试件} \\ \dfrac{l_1}{t_2 - t_1 - \dfrac{l_3}{C_{p1}}}, & \text{岩石短试件} \end{cases} \tag{4.11}$$

式中，C_p 为岩石在围压状态下的应力波纵波波速；C_{p0} 为岩石在无应力状态时的纵波波速；C_{p1} 为弹性杆纵波波速；l_1 为岩石试件围压作用的有效长度，本章岩石长试件和短试件都为 100mm；l_2 为图 4.4(b)所示的应变片 1 和应变片 2 的间距减去 l_1，其值为 200mm；l_3 为图 4.4(a)所示的测点 1 和测点 2 间弹性杆的长度，其值为 1500mm；t_1 和 t_2 见表 4.1 和表 4.2。

计算得到的纵波波速如表 4.1 和表 4.2 所示，纵波波速与围压的关系如图 4.8 所示。

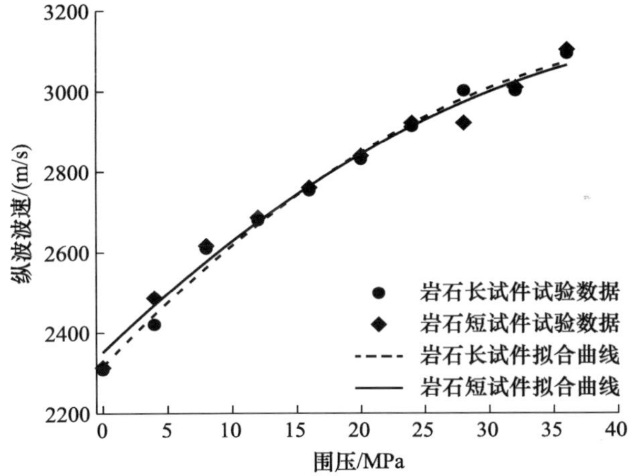

图 4.8　不同围压情况下岩石试件的纵波波速

从图 4.8 可以看出，随围压的增加，岩石纵波波速逐渐增加，这与采用静载试验方法得到的其他岩性的结果一致[2,3]。纵波波速与围压之间具有良好的二次函数关系，岩石长试件和短试件的经验模型关系分别为

$$C_p = \begin{cases} -0.34838\sigma_c^2 + 33.57\sigma_c + 2316, & \text{岩石长试件} \\ -0.30038\sigma_c^2 + 30.646\sigma_c + 2351.4, & \text{岩石短试件} \end{cases} \tag{4.12}$$

式(4.12)的相关系数分别为0.988和0.981。根据纵波波速与岩石孔隙率或损伤度的定性关系，从图4.8可以看出，随着围压的增加，岩石的初始孔隙逐渐被压密，密度逐渐增加，即围压有助于岩石孔隙的压密及密度的增加。岩石的纵波波速与密度之间具有正相关性。根据式(4.12)，在工程实际中，可以通过监测纵波波速反演工程岩体围压大小的变化，以及围岩体的稳定性。

从图4.8还可以看出，长试件和短试件纵波波速相差较小，利用图中所示的两个拟合关系计算出的纵波波速相差小于2%。因此，采用长试件和短试件都可以测得岩石在不同围压下的纵波波速。

4.3.3　围压对岩石波阻抗的影响

岩石的纵波波速与密度间具有良好的正相关关系[4-6]。Gardner等[4]和朱广生等[5]的研究都认为，岩石的密度与纵波波速间具有幂函数关系，前者是基于盐水饱和岩石试验值及野外资料统计得出的结果；后者是针对砂岩和泥岩并通过全波声波测井和密度测井建立的经验模型，其函数关系为

$$\rho = 0.414C_{\mathrm{p}}^{0.214} \tag{4.13}$$

$$Z = \rho C_{\mathrm{p}} \tag{4.14}$$

应用式(4.12)所示的纵波波速和围压的经验关系，以及式(4.13)的关系，可以得到不同围压情况下岩石的波阻抗，如图4.9所示。

从图4.9可以看出，随着围压的增大，波阻抗逐渐增大。岩石的初始孔隙和微裂隙在围压作用下逐渐被压密，增大了岩石的密度和纵波波速，因此波阻抗会随围压的增大而增大。由式(4.12)和式(4.13)直接得到的关系式比较复杂，不便于应用。将图4.9中的波阻抗与围压的关系进行拟合，由拟合结果可以看出，围压区段岩石的波阻抗与围压具有良好的二次函数关系。实际应用中，根据波阻抗与围压的经验模型关系，可以利用其中的某些参数反演另外一些参数，如利用波阻抗反演围岩体的围压大小。

4.3.4　围压对岩石透反射系数的影响

为定量分析围压对应力波传播衰减的影响，且与4.1节的理论分析结果对

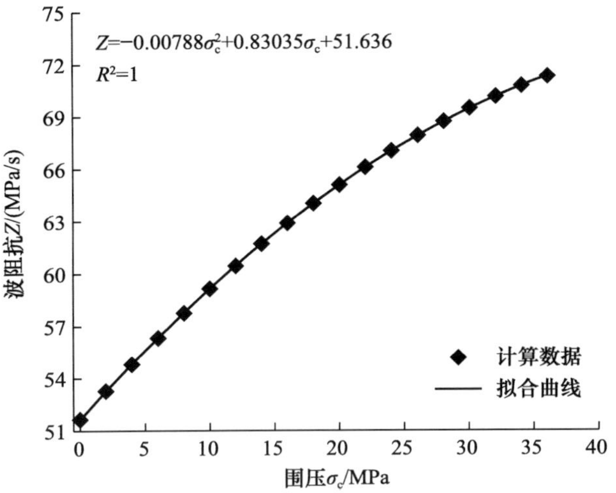

图 4.9　围压与波阻抗的关系

应，分别应用透射系数 T_e 和反射系数 R_e 表征应力波幅值的衰减比例。当应用图 4.4(a)所示短试件的试验数据时，忽略弹性杆中应力波的衰减，利用图 4.6 所示的入射波、反射波和透射波幅值，可以分别计算反射系数 R_e 和透射系数 T_e：

$$R_e=\frac{\varepsilon_{r,a}}{\varepsilon_{i,a}} \tag{4.15}$$

$$T_e=\frac{\varepsilon_{t,a}}{\varepsilon_{i,a}} \tag{4.16}$$

式中，R_e、T_e 分别为用试验方法得到的反射系数和透射系数；$\varepsilon_{i,a}$、$\varepsilon_{r,a}$和 $\varepsilon_{t,a}$分别为入射波、反射波和透射波的幅值。

当应用图 4.4(b)所示长试件进行试验时，测点 1 处的应变片离围压界面较近，不能测得反射波，因此不能得到反射系数 R_e，只能得到透射系数 T_e。测点 1 和测点 2 到围压边界还各有 100mm 的距离，岩石试件在这两段的轴向静应力和围压都为零。当计算应力波的透射系数时，应剔除这两段对透射系数的影响。本章与第 3 章使用相同的红砂岩进行试验研究，根据第 3 章中岩石试件在不同轴向静应力下的应力波传播衰减参数，使用长试件试验时应力波透射系数 T_e 的计算公式为

$$T_e = \frac{\left|\dfrac{\varepsilon_{t,a}}{\exp(-\alpha_0 d_2)}\right|}{|\varepsilon_{i,a}\exp(-\alpha_0 d_1)|} \tag{4.17}$$

式中，d_1 为图 4.4(b)中应变片 1 距围压右侧界面的距离，其值为 100mm；d_2 为图 4.4(b)中应变片 2 距围压左侧界面的距离，其值为 100mm；α_0 为无轴向静应力无围压时岩石试件的空间衰减系数，其值为 0.7273m^{-1}。

利用式(4.15)～式(4.17)，可以计算得到短试件在不同围压工况下的反射系数和透射系数，以及长试件的透射系数，如表 4.1 和表 4.2 所示。根据表 4.1 的计算结果，不同围压工况下试件的反射系数和透射系数如图 4.10 所示。

从图 4.10(a)可以看出，当岩石试件的尺寸为 ϕ50mm×100mm 时，应力波反射系数 R_e 始终为负值，随着围压的增加，反射系数 R_e 的绝对值逐渐减小，二者间呈二次函数关系。这是由于随着围压的增大，岩石内部孔隙和微裂隙逐渐被压密，增大了岩石的密度，缩小了岩石试件与入射杆的波阻抗差距，被反射的应力波逐渐减少。反射系数 R_e 随围压的变化趋势与图 4.2 所示的理论结果趋势一致，证明前面理论分析的正确性。

从图 4.10(b)可以看出，随着围压的增加，岩石短试件得到的透射系数都为正值，且越来越大，二者也满足二次函数关系。当围压增大时，岩石被压实挤密，导致密度增大，岩石短试件的波阻抗增大并且与入射杆、透射杆的波阻抗差距不断减小，发生透射的应力波逐渐增大。这表明，增加围压有助于提高岩石的波阻抗，使应力波穿过岩石的比例越来越大，从而增强岩石应力波的穿透能力，减小其衰减率。此种情况下，图 4.3 中的 $\rho_s C_{p,s}$ 表示岩石试件的波阻抗，$\rho_e C_{p,e}$ 表示弹性杆的波阻抗。根据图 4.9 的关系，$\rho_s C_{p,s}/(\rho_e C_{p,e})$ 随着围压的增加而增大。图 4.3 中的透射系数位于增大区域内，其值越来越大。证明理论结果和试验结果具有一致性。

从图 4.10(c)可以看出，当试件的尺寸为 ϕ50mm×1500mm 时，随围压的增加，应力波透射系数 T_e 逐渐减小。围压区段岩石密度会随着围压的增大而增大，使其波阻抗与相邻区段岩石的波阻抗差距越来越大，导致发生透射的应力波逐渐减小。此种情况下，图 4.3 中的 $\rho_e C_{p,e}$ 表示有围压段试件的波阻抗，$\rho_e C_{p,e}$ 表示无围压段试件的波阻抗。结合图 4.9 的结果，有围压段岩石试

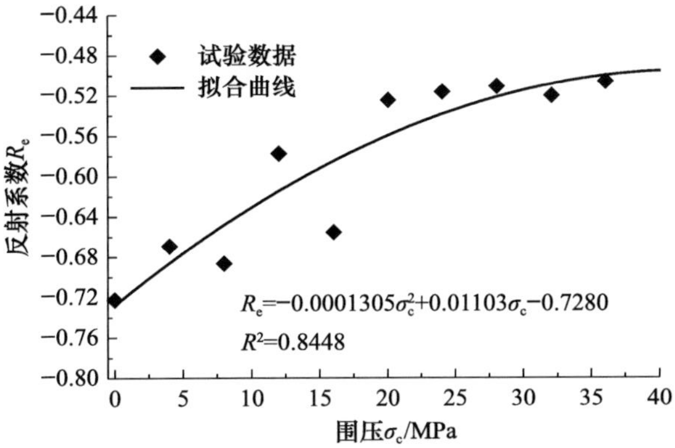

(a) 不同围压下岩石短试件的反射系数

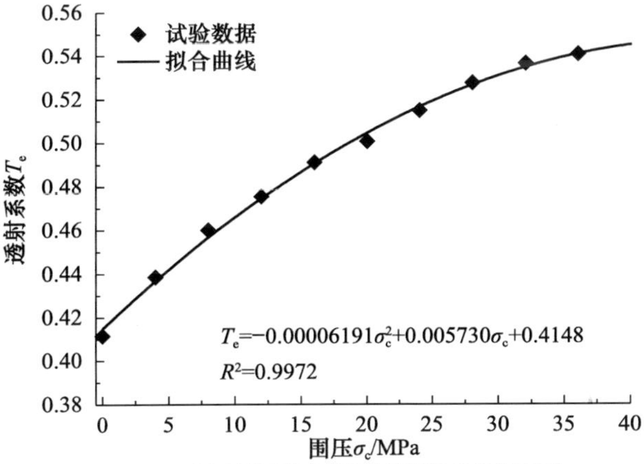

(b) 不同围压下岩石短试件的透射系数

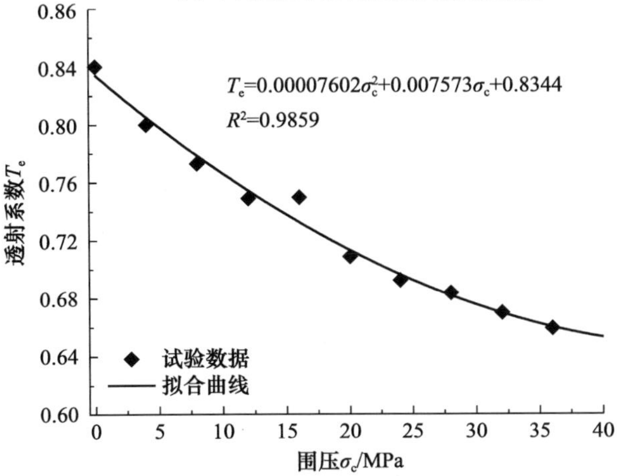

(c) 不同围压下岩石长试件的透射系数

图 4.10　不同围压工况下岩石试件的反射系数和透射系数

件的波阻抗 $\rho_s C_{p,s}$ 大于无围压时的 $\rho_e C_{p,e}$，随着围压的增加，$\rho_s C_{p,s}/(\rho_e C_{p,e})$ 越来越大。这也意味着，随围压的增加，图 4.3 中的透射系数位于减小区域内，其值越来越小。这也能证明理论结果和试验结果具有一致性。

关于图 4.10 所示的围压对岩石透反射系数的影响规律，主要是由围压改变岩石波阻抗引起的，其原因如下：围压与岩石纵波波速是正相关的，岩石的纵波波速与密度也是正相关的[4-6]，进而可得岩石波阻抗随围压的增加而增大。波阻抗是反映岩石材料应力波传播特性的重要力学参数，波阻抗越大，越有利于应力波传播，透射系数增大，反射系数减小。在实际应用中，可以根据工程场地的地应力条件预测围岩的应力波透反射能力，为爆破方案设计提供理论参考依据。

4.3.5　试验结果与理论分析结果的对比

利用图 4.9 中围压和波阻抗的经验关系，结合式(4.10)透射系数的理论模型，可以得到不同围压下透射系数的理论值。为了对比理论分析结果与试验结果，将短试件在不同围压下透射系数的理论值及试验值显示在图 4.11 中。应用 δ 衡量试验值与理论值的偏离程度：

$$\delta=\frac{|T_e - T_t|}{T_e}\times 100\% \tag{4.18}$$

式中，T_e 和 T_t 分别为用试验方法和理论方法得到的透射系数。

从图 4.11 可以看出，随着围压的增加，透射系数的理论值和试验值都逐渐增加，二者的变化趋势相同。在整个围压变化过程中，透射系数的理论值和试验值没有完全重合，这主要是因为理论分析中仅考虑了应力波在两分界面 J_1 和 J_2 处的透反射引起的幅值衰减，并没有考虑两分界面之间岩石材料本身造成的物理衰减；且由式(4.7)和式(4.8)到式(4.9)和式(4.10)的过程中，仅考虑了一次透反射过程，没有考虑多次透反射过程对反射系数和透射系数的影响；此外，试验数据也具有一定的离散性，因此理论方法与试验方法得到的透射系数必然存在一定差异。然而，只要二者随围压的变化趋势一致，即可得到不同围压工况下岩石应力波幅值的衰减规律，且二者 $\delta<7.2\%$，差别较小。这表明理论结果与试验结果的吻合度较高，结合不同围压工况下岩石波阻抗的变化关

系，应用 4.1 节的理论分析结果，可以研究不同围压工况下岩石应力波的衰减规律。

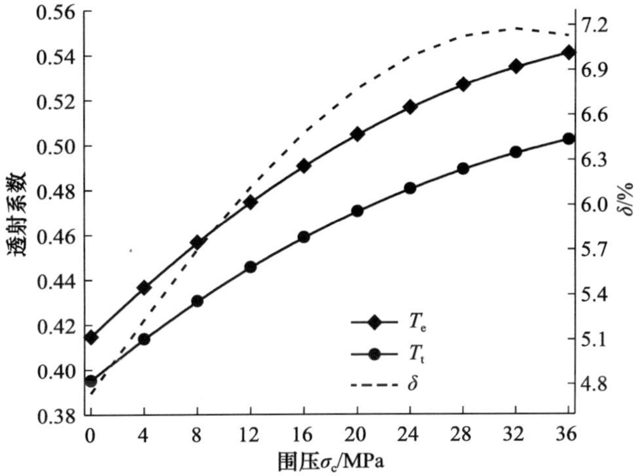

图 4.11　不同围压下岩石短试件透射系数的理论值和试验值对比

4.4　本 章 小 结

本章从理论分析和试验两个角度探索围压对岩石应力波传播特性的影响，得到以下结论：

(1) 理论研究结果表明，当 $\rho_s C_{p,s}/(\rho_e C_{p,e})<1$ 时，反射系数 R_t 为负值，随着 $\rho_s C_{p,s}/(\rho_e C_{p,e})$ 逐渐增大，反射系数 R_t 的绝对值逐渐减小，表示反射波幅值越来越小；当波 $\rho_s C_{p,s}/(\rho_e C_{p,e})>1$ 时，反射系数 R_t 为正值，随着 $\rho_s C_{p,s}/(\rho_e C_{p,e})$ 的增大，反射系数 R_t 逐渐增大，表示反射波幅值越来越大。随着 $\rho_s C_{p,s}/(\rho_e C_{p,e})$ 逐渐增大，透射系数 T_t 始终为正值，其值先增加后减小。

(2) 试验结果表明，随着围压的增加，岩石纵波波速和波阻抗都逐渐增加，二者与围压均满足二次函数关系。岩石短试件和长试件所得结果相差较小。

(3) 在设置围压范围内，岩石短试件的反射系数都为负值，随围压的增加，反射系数和透射系数均逐渐增大。长试件的透射系数随围压的增加而逐渐减小。增加围压有助于提高岩石应力波的穿透性，减小其衰减率。反射系数与透射系数均与围压呈二次函数关系。

(4) 试验和理论分析所得不同围压下岩石的透射系数吻合度较高，证明理论分析结果的正确性。

参考文献

[1] 王礼立. 应力波基础[M]. 2版. 北京：国防工业出版社，2005.

[2] 嵇少丞，王茜，Marcotte D，等. 苏鲁超高压变质岩中地震波速随围压的变化规律[J]. 地质学报，2006，80(12)：1807-1812.

[3] 李阿伟，孙东生，王红才. 致密砂岩波速各向异性及弹性参数随围压变化规律的实验研究[J]. 地球物理学进展，2014，29(2)：754-760.

[4] Gardner G H F，Gardner L W，Gregory A R. Formation velocity and density the diagnostic basics for stratigraphic traps[J]. Geophysics，1974，39(6)：770-780.

[5] 朱广生，桂志先，熊新斌，等. 密度与纵横波速度关系[J]. 地球物理学报，1995，38(增1)：260-264.

[6] 孟召平，张吉昌，Tiedemann J. 煤系岩石物理力学参数与声波速度之间的关系[J]. 地球物理学报，2006，49(5)：1505-1510.

第 5 章　岩石循环冲击时的应力波和应力-应变特性

第 2～4 章研究了静应力对弹性体和岩石应力波传播的影响特性，后面将研究承受静应力岩石在循环冲击载荷作用下的疲劳力学性能。在第 2 章研究的基础上，本章利用动静组合加载试验系统进行试验时，当具有不同轴向静应力时，可以通过调节冲头的冲击速度实现等幅的入射波，为进行相同大小应力波循环冲击试验奠定基础。本章对承受静应力的岩石进行相同大小的应力波循环作用，分别研究反射波和透射波的变化特性以及岩石的动态应力-应变曲线。从应力波(即反射波和透射波)变化规律的角度，反演岩石疲劳力学性能，对岩石承受循环冲击过程中动态应力-应变曲线进行研究，表征出其关键力学参数，为深入研究岩石在循环冲击过程中的强度劣化、疲劳变形、能量耗散、累积损伤演化和破坏模式及机理奠定基础。

5.1　SHPB 及动静组合加载试验系统的试验原理

下面先将 SHPB 试验装置的工作原理给予简单介绍。重点给出由试验测得的入射应变波 $\varepsilon_i(t)$、反射应变波 $\varepsilon_r(t)$ 和透射应变波 $\varepsilon_t(t)$ 计算岩石试件的动态应力 $\sigma_d(t)$、动态应变 $\varepsilon_d(t)$ 和动态应变率 $\dot{\varepsilon}_d(t)$。

5.1.1　三波法

图 5.1 为 SHPB 试验装置组成示意图。从图中可以看出，SHPB 试验装置由冲头、入射杆和透射杆组成，试件夹持在入射杆和透射杆中间。具有一定动量(或动能)的冲头撞击入射杆的入射端产生入射波 $\sigma_i(t)$，$\sigma_i(t)$ 幅值由冲头入射速度控制，其历时由冲头长度确定，其波形形状由冲头形状制约(如圆柱形冲头产生方波，纺锤形冲头产生近似的半正弦波)。

冲头、入射杆和透射杆一般都是由强度较高的特种钢制作，完全能保证在入射波传播时，其处于弹性状态，且其直径 D、弹性模量 E_e 和波阻抗 $\rho_e C_{p,e}$ 均相等。当入射波传播至入射杆和试件的界面 J_1 处时，由于岩石的波阻抗 $\rho_s C_{p,s}$ 小于入射杆的波阻抗 $\rho_e C_{p,e}$，在界面 J_1 处必然产生反射波 $\sigma_r(t)$；当应力波传播到界面 J_2 时，在透射杆中产生透射波 $\sigma_t(t)$。入射波 $\sigma_i(t)$ 和反射波 $\sigma_r(t)$ 由入射杆上的应变片 1 测到入射应变 $\varepsilon_i(t)$ 和反射应变 $\varepsilon_r(t)$ 而得；透射波 $\sigma_t(t)$ 由透射杆上的应变片 2 测到透射应变 $\varepsilon_t(t)$ 而得。

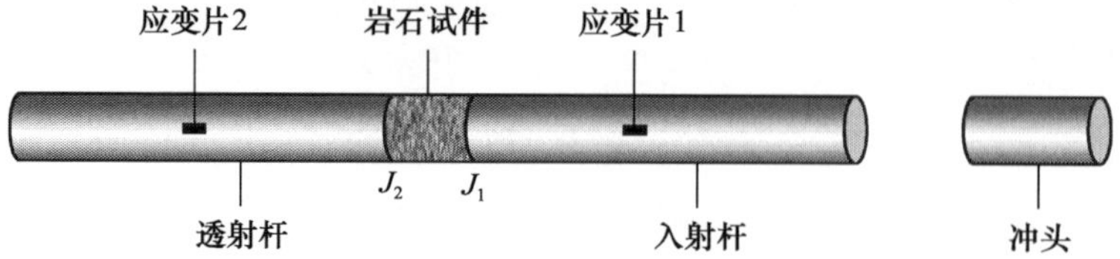

图 5.1 SHPB 试验装置组成示意图

SHPB 试验装置必须满足两个基本条件：①界面 J_1 和 J_2 两侧质点的位移和振动速度必须连续；②界面 J_1 和 J_2 两侧杆的内力必须相等。

根据一维应力波理论和第一个基本条件，试件两端面 A_1 和 A_2 的位移 u_1 和 u_2 可表示为

$$u_1 = \int_0^\tau C_{p,e}\varepsilon_1(t)\,dt \tag{5.1}$$

$$u_2 = \int_0^\tau C_{p,e}\varepsilon_2(t)\,dt \tag{5.2}$$

式中，$\varepsilon_1(t)$ 和 $\varepsilon_2(t)$ 分别为试件两端面的应变，其中，$\varepsilon_1(t)$ 是入射波 $\sigma_i(t)$ 和反射波 $\sigma_r(t)$ 共同作用的结果，而 $\varepsilon_2(t)$ 仅与透射波 $\sigma_t(t)$ 有关；τ 为应力波历时。

因此，位移 u_1 和 u_2 又可表示为

$$u_1 = C_{p,e}\int_0^\tau (\varepsilon_i(t) - \varepsilon_r(t))\,dt \tag{5.3}$$

$$u_2 = C_{p,e}\int_0^\tau \varepsilon_t(t)\,dt \tag{5.4}$$

岩石试件的平均应变可表示为

$$\varepsilon_s(t) = \frac{u_1 - u_2}{L_s} \tag{5.5}$$

式中，L_s 为岩石试件的长度。

将式(5.3)和式(5.4)代入式(5.5)，可得

$$\varepsilon_s(t)=\frac{C_{p,e}}{L_s}\int_0^{\tau}(\varepsilon_i(t)-\varepsilon_r(t)-\varepsilon_t(t))\mathrm{d}t \tag{5.6}$$

将式(5.6)对时间求导，可得应变率的表达式为

$$\dot{\varepsilon}_s(t)=\frac{C_{p,e}}{L_s}(\varepsilon_i(t)-\varepsilon_r(t)-\varepsilon_t(t)) \tag{5.7}$$

根据第二个基本条件，试件端面 A_1 和 A_2 处的载荷 $F_1(t)$ 和 $F_2(t)$ 分别为

$$F_1(t)=E_eA_e(\varepsilon_i(t)+\varepsilon_r(t)) \tag{5.8}$$

$$F_2(t)=E_eA_e\varepsilon_t(t) \tag{5.9}$$

式中，E_e 和 A_e 分别为弹性杆的弹性模量和横截面面积。

试件的平均应力为

$$\sigma_s(t)=\frac{F_1(t)+F_2(t)}{2A_s}=\frac{E_eA_e}{2A_s}(\varepsilon_i(t)+\varepsilon_r(t)+\varepsilon_t(t)) \tag{5.10}$$

式中，A_s 为岩石试件横截面面积。

根据试验过程中应变片 1 和应变片 2 测得的入射波 $\varepsilon_i(t)$、反射波 $\varepsilon_r(t)$ 和透射波 $\varepsilon_t(t)$，结合式(5.6)、式(5.7)和式(5.10)可求得试件的应变、应变率和应力。

综上所述，在计算试件的动态应力、应变以及应变率时，使用了入射波 $\varepsilon_i(t)$、反射波 $\varepsilon_r(t)$ 和透射波 $\varepsilon_t(t)$ 这三个应力波数据，因此这个方法简称为三波法。三波法的优点是充分利用试验数据，计算得到的材料动态参数值较准确。

5.1.2　两波法

为使岩石在冲击过程中易达到应力平衡状态，岩石的长径比一般较小，引入均匀性假设 $\varepsilon_i(t)+\varepsilon_r(t)=\varepsilon_t(t)$，则式(5.6)、式(5.7)和式(5.10)又可表示为

$$\varepsilon_s(t)=-\frac{2C_{p,e}}{L_s}\int_0^{\tau}\varepsilon_r(t)\mathrm{d}t \tag{5.11}$$

$$\dot{\varepsilon}_s(t)=-\frac{2C_{p,e}}{L_s}\varepsilon_r(t) \tag{5.12}$$

$$\sigma_s(t)=\frac{E_eA_e}{A_s}\varepsilon_t(t) \tag{5.13}$$

由式(5.11)～式(5.13)可以看出，除三波法外，也可以仅利用反射波 $\varepsilon_r(t)$ 分析计算试件的动态应变和应变率，利用透射波 $\varepsilon_t(t)$ 分析计算试件的动态应力，仅用到了两个应力波进行计算和分析，这个方法称为两波法。与三波法相比，两波法可以仅用反射波和透射波简单分析试件应变与应力的变化特征，具有简单、直观的特点。

5.1.3　动静组合加载试验系统的试验原理

基于动静组合加载试验系统，对岩石试件进行动静组合加载时，弹性杆具有轴向静应力，Li 等[1]已经证明此时弹性杆仍然满足一维应力波理论。原因如下，对一维弹性杆，如图 5.2(a)所示，其上具有轴向均匀预应力 σ_s 时，压缩应力波 σ_d 沿其轴线传播。任取一单位长度 Δx 进行受力分析，由于轴向静应力 σ_s 为均匀静应力，即 σ_s 在岩石杆的轴向方向为定值，单位长度杆受力示意图如图 5.2(b)所示。

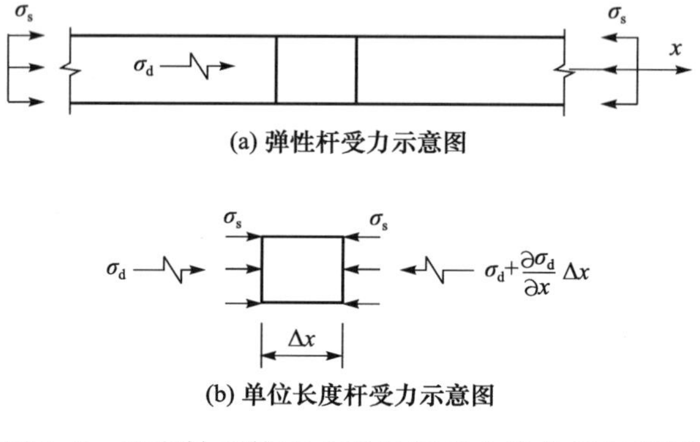

图 5.2　具有轴向静应力弹性杆应力波传播示意图

当忽略应力波传播过程中弹性杆的横向惯性效应时，对图 5.2(b)所示单位长度杆的受力，根据牛顿第二定律可得

$$A_e(\sigma_s+\sigma_d)-A_e\left(\sigma_s+\sigma_d+\frac{\partial\sigma_d}{\partial x}\Delta x\right)=\rho_e A_e\Delta x\frac{\partial^2 u}{\partial t^2} \tag{5.14}$$

式中，A_e 为弹性杆横截面面积；u 为位移；σ_s 为作用于弹性杆轴向的均匀静应力；σ_d 为应力波值；ρ_e 为弹性杆的密度。

假设在应力波传播的整个过程中，杆的变形全部为弹性变形，根据胡克定律和应变-位移的关系，式(5.14)可化简为

$$\rho\frac{\partial^2 u}{\partial t^2}+E\frac{\partial^2 u}{\partial x^2}=0 \tag{5.15}$$

由式(5.15)可以发现，具有轴向均匀静应力的弹性杆的波动方程与常规弹性杆的波动方程一样，这表明应力波在具有轴向均匀静应力弹性杆中的传播也是无衰减、无畸变，即在动静组合加载试验系统中，入射杆和透射杆中间任意位置处的应力波与试件两端面接触位置处的应力波一样，可以将应变片粘贴在入射杆和透射杆中间位置。

需要说明的是，上述结论仅说明已经进入弹性杆的应力波在半无限长弹性杆中传播时，轴向静应力对应力波的传播无影响。但由第 2 章中轴向静应力影响应力波幅值的结论可知，弹性杆中轴向静应力的大小会影响弹性杆入射端应力波的产生。

5.2　循环冲击作用过程岩石动态疲劳力学性能的理论分析

5.2.1　反射波和透射波与岩石波阻抗的关系

从图 4.1 所示的应力波多次透反射过程示意图，根据一维应力波理论可推得多次反射波 $\sigma_{r1}(t)$、$\sigma_{r2}(t)$、$\sigma_{r3}(t)$、…、$\sigma_{rn}(t)$和多次透射波 $\sigma_{t1}(t)$、$\sigma_{t2}(t)$、$\sigma_{t3}(t)$、…、$\sigma_{tn}(t)$分别为

$$\begin{cases}\sigma_{r1}(t)=\lambda f(t)\\ \sigma_{r2}(t)=(1-\lambda^2)(-\lambda)f\left(t-\dfrac{2L_s}{C_{p,s}}\right)\\ \sigma_{r3}(t)=(1-\lambda^2)(-\lambda)^3 f\left(t-\dfrac{4L_s}{C_{p,s}}\right)\\ \cdots\\ \sigma_{rn}(t)=(1-\lambda^2)(-\lambda)^{2n-3}f\left(t-\dfrac{(2n-2)L_s}{C_{p,s}}\right)\end{cases} \tag{5.16}$$

$$\begin{cases}\sigma_{t1}(t)=(1-\lambda^2)f\left(t-\dfrac{L_s}{C_{p,s}}\right)\\ \sigma_{t2}(t)=(1-\lambda^2)(-\lambda)^2f\left(t-\dfrac{3L_s}{C_{p,s}}\right)\\ \sigma_{t3}(t)=(1-\lambda^2)(-\lambda)^4f\left(t-\dfrac{5L_s}{C_{p,s}}\right)\\ \qquad\cdots\\ \sigma_{tn}(t)=(1-\lambda^2)(-\lambda)^{2n-2}f\left(t-\dfrac{(2n-1)L_s}{C_{p,s}}\right)\end{cases}\tag{5.17}$$

式中，$\lambda=(\rho_sC_{p,s}-\rho_eC_{p,e})/(\rho_sC_{p,s}+\rho_eC_{p,e})$；$\rho_sC_{p,s}$为岩石试件的波阻抗；$\rho_eC_{p,e}$为弹性杆的波阻抗。

在单次冲击过程中，岩石试件的波阻抗$\rho_sC_{p,s}$不是定值，为研究循环冲击过程中岩石动态力学特性与循环冲击次数的关系，在此不妨假设试件的波阻抗在单次冲击过程中为定值(也可以理解为波阻抗的平均值)，亦即反射系数λ为定值，则式(5.16)和式(5.17)中多次反射波和透射波可简化为入射波$f(t)$和以λ为变量的函数的乘积，在此分别定义以λ为变量的函数值为多次反射系数和透射系数。图5.3和图5.4分别为多次反射系数和透射系数与波阻抗的关系。

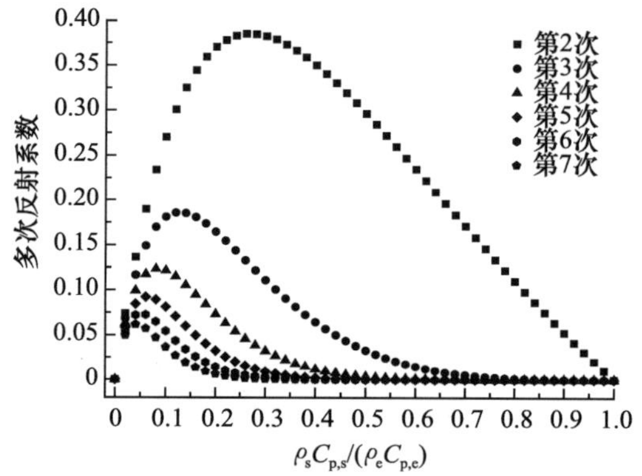

图5.3　多次反射系数与波阻抗的关系

从图5.3和图5.4可以看出，相同波阻抗条件下，反射次数越高的反射系数和透射系数越小。当岩石的波阻抗为弹性杆的0.2倍时，第2次、第3

次和第 4 次反射系数分别为 0.37、0.16 和 0.07，即第 4 次反射系数比第 2 次和第 3 次小一个数量级，因此第 4 次及更高次的反射波可以忽略不计；同理，第 4 次及更高次透射系数比第 1 次和第 2 次小一数量级，也忽略不计。

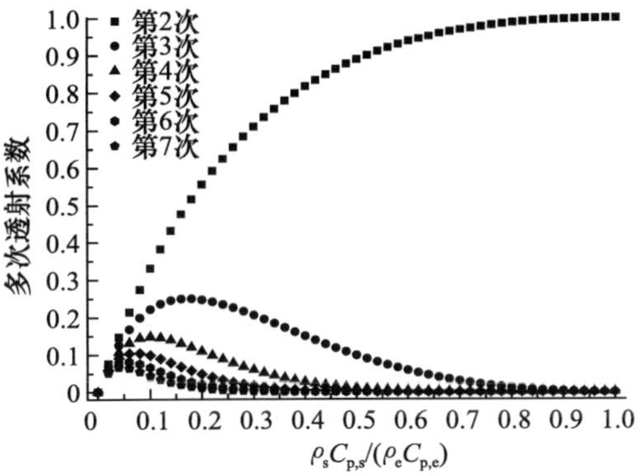

图 5.4　多次透射系数与波阻抗的关系

式(5.16)和式(5.17)中 $f(t-L_s/C_{p,s})$、$f(t-2L_s/C_{p,s})$、$f(t-3L_s/C_{p,s})$、$f(t-4L_s/C_{p,s})$和 $f(t-5L_s/C_{p,s})$不便计量，并且当岩石试件的长度为 5cm，试件波速均为 3600m/s，$L_s/C_{p,s}$、$2L_s/C_{p,s}$、$3L_s/C_{p,s}$、$4L_s/C_{p,s}$ 和 $5L_s/C_{p,s}$ 分别为 0.01388ms、0.02776ms、0.04164ms、0.05552ms 和 0.0694ms，比入射波延时 τ(约为 0.2ms)小一数量级，为简单起见，将 $f(t-L_s/C_{p,s})$、$f(t-2L_s/C_{p,s})$、$f(t-3L_s/C_{p,s})$、$f(t-4L_s/C_{p,s})$和 $f(t-5L_s/C_{p,s})$等统一简化为 $f(t)$。另外，本章主要研究岩石在相同大小的冲击载荷 $f(t)$循环作用下的力学特性，由于入射波 $f(t)$为定值，则不同冲击次数得到的反射波和透射波仅与岩石的波阻抗有关。将整个循环冲击过程中每次冲击的 $f(t-L_s/C_{p,s})$、$f(t-2L_s/C_{p,s})$、$f(t-3L_s/C_{p,s})$、$f(t-4L_s/C_{p,s})$和 $f(t-5L_s/C_{p,s})$简化为 $f(t)$，在不同冲击次数中导致的误差方向一致。因此，在定性讨论岩石在相同大小冲击载荷循环作用过程中的力学特性时，进行上述的简化是可行的。

因此，根据式(5.16)和式(5.17)，在单次冲击过程中，反射波和透射波可近似表示为

$$\sigma_r(t) \doteq [\lambda + (1-\lambda^2)(-\lambda) + (1-\lambda^2)(-\lambda)^3] f(t) \tag{5.18}$$

$$\sigma_t(t) \doteq [(1-\lambda^2)+(1-\lambda^2)(-\lambda)^2+(1-\lambda^2)(-\lambda)^4]f(t) \quad (5.19)$$

对式(5.18)和式(5.19)进一步简化,可得

$$\sigma_r(t) \doteq \lambda^5 f(t) \quad (5.20)$$

$$\sigma_t(t) \doteq (1-\lambda^6)f(t) \quad (5.21)$$

根据式(5.20)和式(5.21),在相同入射波 $f(t)$作用下,反射波和透射波的大小仅与 λ^5 和 $1-\lambda^6$ 有关,在此分别定义 λ^5 和 $1-\lambda^6$ 为岩石反射系数和透射系数。图 5.5 表示在循环冲击过程中岩石的反射系数和透射系数的变化规律,图中以压应力波为正,以拉应力波为负。

从图 5.5 可以看出,随着岩石试件与弹性杆波阻抗的比值 $\rho_s C_s/(\rho_e C_e)$的减小,反射系数的绝对值逐渐增大,透射系数逐渐减小。在循环冲击过程中,岩石的平均波阻抗逐渐减小,即在相同大小的冲击载荷(即入射波)循环作用下,随着循环冲击次数的增加,反射波幅值越来越大,而透射波幅值越来越小。

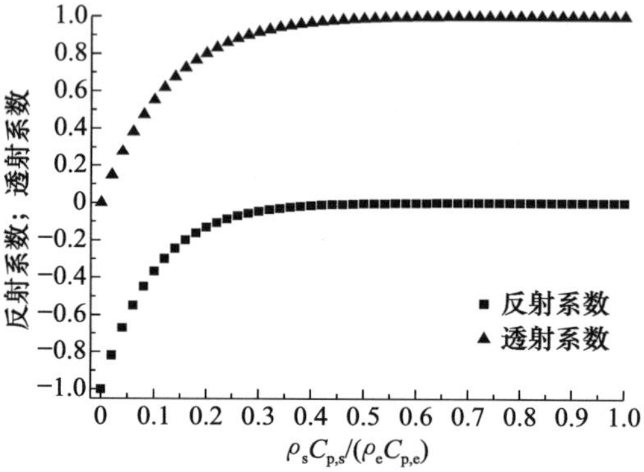

图 5.5 反射系数和透射系数与波阻抗的关系

5.2.2 岩石应变率与波阻抗的关系

将式(5.20)和式(5.21)中的反射波和透射波分别用应变波表示,并代入应变率的表达式(5.7),可得

$$\dot{\varepsilon}(t) = (\lambda^6 - \lambda^5)\frac{C_{p,e}}{L_s}\varepsilon_i(t) \quad (5.22)$$

式中,对同一试件的循环冲击过程中 $\varepsilon_i(t)$为定值;$C_{p,e}$为弹性杆的波速;L_s 为试

件长度，其大小在循环冲击过程中可认为没有变化。

从式(5.22)可以看出，应变率仅与岩石波阻抗相关的系数($\lambda^6-\lambda^5$)有关，而平均应变率是岩石在单次冲击中应变率的平均值，因此也只与($\lambda^6-\lambda^5$)有关，($\lambda^6-\lambda^5$)简称为平均应变率的关联系数。用岩石试件波阻抗与弹性杆波阻抗的比值 $\rho_s C_{p,s}/(\rho_e/C_{p,e})$表示岩石波阻抗的变化趋势，图 5.6 为平均应变率的关联系数与岩石波阻抗的关系。

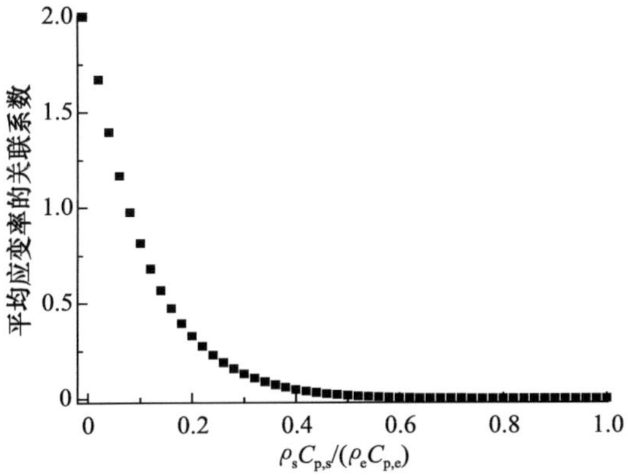

图 5.6　平均应变率的关联系数与波阻抗的关系

从图 5.6 可以看出，随着试件波阻抗的减小，试件在相同大小冲击载荷作用下的平均应变率逐渐增大。常见岩石在没有承受载荷时的波阻抗一般为弹性杆波阻抗($\rho_e C_{p,e}$=421.1MPa/s)的 0.2 倍左右，在实际循环冲击过程中，岩石试件与弹性杆波阻抗的比值 $\rho_s C_{p,s}/(\rho_e C_{p,e})$降低至 0.1 左右时已经发生宏观破坏。因此，在循环冲击过程中，岩石平均应变率的关联系数一般小于 1.0。

5.3　岩石循环冲击试验

试件采用完整性和均质性较好的砂岩，根据应力波作用下岩石试件应力均匀的条件，岩石试件的长径比为 1∶1，尺寸为 ϕ50mm×50mm，对岩石试件的两端面进行研磨，两横截面的不平行度和不垂直度均小于 0.02mm。在 RMT-150B 试验机上进行单轴抗压试验，测出其平均单轴抗压强度为 96MPa。

试验装置采用动静组合加载试验系统。在整个循环冲击过程中，同一个试件承受固定不变的静应力；纺锤形冲头的起始位置始终不变，都在气腔的最里端，高压气室的气压都为 1.1MPa。

5.4 岩石动态疲劳力学特性

5.4.1 岩石动态疲劳过程中典型的应力-应变曲线

当试件的轴向静应力为 49MPa、围压为 4MPa 时，循环冲击过程中单次冲击得到的典型动态应力-应变曲线如图 5.7 所示。从图中可以看出，应力-应变曲线大致可以分为 5 个阶段：*OA* 段、*AB* 段、*BC* 段、*CD* 段和 *DE* 段。

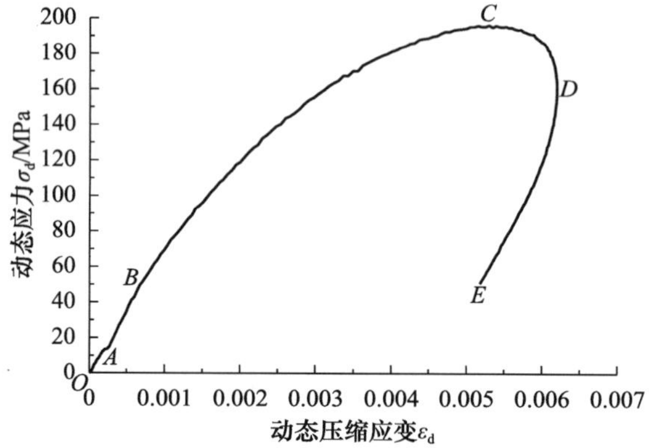

图 5.7 循环冲击中典型的应力-应变曲线

1. 压密阶段

第一阶段为 *OA* 段，该段延续的时间约为应力波在岩石试件内传播一次所需的时间，该段应力-应变曲线的斜率整体上小于后面的 *AB* 段，认为岩石试件在应力波作用下逐渐被压密，这与岩石在静态压缩试验时有压密过程一致。

下面证明在冲击过程中，岩石试件确实有一段被压密的过程。根据式(5.21)以及弹性杆的波阻抗值，基于入射波 $\sigma_i(t)$ 和透射波 $\sigma_t(t)$ 的试验值，可以计算出岩石试件在不同时刻的波阻抗值。对同一岩石试件，其波阻抗可以反映岩石的致密程度，波阻抗越大表示岩石越致密。图 5.8 为岩石试件在图 5.7 所示的冲击过程中波阻抗随时间的变化曲线(部分)。从图中可以看出，岩石试件波阻抗的大小在前 13μs(即应力在岩石试件中传播一次所需的时间)，即图 5.7 中 *OA* 段逐渐增加，证明岩石试件在此阶段是逐渐被压密的。

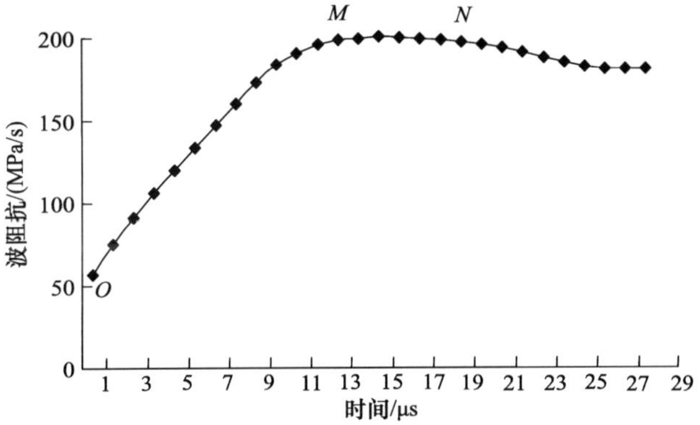

图 5.8　岩石试件波阻抗随时间的变化曲线

2. 弹性阶段

第二阶段为 *AB* 段，此段应力-应变曲线近似呈直线型，认为是岩石发生了弹性变形。从图 5.8 中 *MN* 段波阻抗的变化也可以看出，在此阶段岩石波阻抗大小基本没有变化，证明岩石仅发生了弹性变形。

3. 微裂纹扩展的加载阶段

第三阶段为 *BC* 段，该阶段应力-应变曲线的切线斜率有逐渐降低的趋势，但变化较小，表明岩石试件内部裂隙在不断扩展，但发展比较稳定。*C* 点为该次冲击过程中施加给岩石试件的最大冲击应力，在此简称为峰值应力。峰值应力的大小也反映了在单次冲击过程中岩石对外部动载荷的最大抵抗力，对同一岩石试件，峰值应力与外部载荷及岩石内部损伤程度有关。在外部载荷大小一定的情况下，峰值应力越大表明岩石内部损伤程度越小，对外部冲击的抵抗能力越强。

在 OA、AB 和 BC 三个阶段中，岩石动态应力始终是逐渐增大的，统称为加载阶段。从图 5.7 可以看出，无论是应力的变化范围还是应变的变化范围，BC 段占整个加载段的大部分，Li 等[2]对无轴向静应力的花岗岩进行循环冲击得到的应力-应变曲线也有如此特征，如图 5.9 所示（图中 R27 表示试件编号，后面的 1、2、3 分别表示第 1 次、第 2 次和第 3 次冲击）。

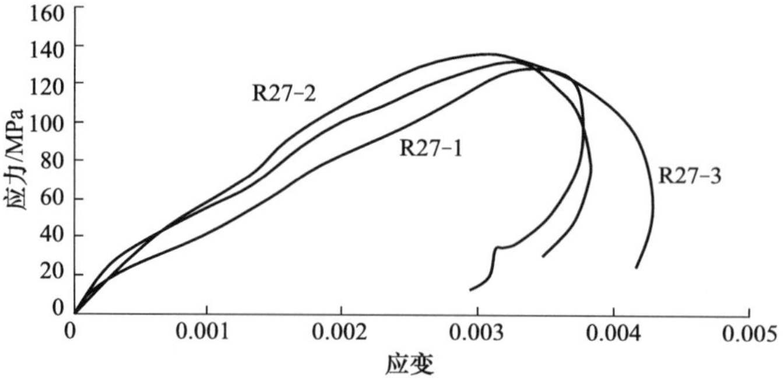

图 5.9　花岗岩在循环冲击过程中的应力-应变曲线[2]

4. 第一卸载阶段

第四阶段为 CD 段，当越过 C 点后，外部动载荷逐渐变小，岩石试件的变形没有立即回弹，应变继续增加，直至到最大应变 D 处，文献[2]得出的应力-应变曲线此段也较明显，如图 5.9 所示。这表明在此阶段岩石试件内部裂隙继续扩展，岩石的变形模量变小，内部已经形成塑性变形，甚至岩石的基体已发生塑性或开裂等不可逆变形，这也说明岩石试件内累积损伤程度逐渐加大。由于此过程中施加在岩石试件上的动载荷逐渐降低，而应变继续增加，相对于下一阶段 DE 过程，定义 CD 段为第一卸载阶段。点 C 和点 D 间割线斜率大小表示此时岩石试件变形的难易，斜率绝对值越大意味着在相同应力变化的前提下应变变化较小，即岩石试件在此阶段有较强的抵抗外界变形的能力，或者说岩石试件还具有较高的承受动载荷的能力，也表明岩石试件内部损伤程度相对较低；斜率绝对值越小意味着在相同应力变化的前提下应变变化较大，表示岩石试件抵抗外界变形的能力较小，岩石试件内部损伤程度已较大。在此定义点 C 和点 D 间割线斜率大小为第一卸载阶段的变形模量。

在对岩石试件进行静态或准静态循环试验时，前若干次循环加卸载时，应力-应变曲线没有出现明显的类似 CD 的卸载段，当接近疲劳破坏时才出现这样的阶段，如图 5.10 所示[3]。这主要是因为静态循环载荷作用下，前若干次循环过程中岩石处于压密或弹性阶段，当岩石接近疲劳破坏时才会出现较大的塑性变形，就有类似图 5.7 中 CD 段的发生。

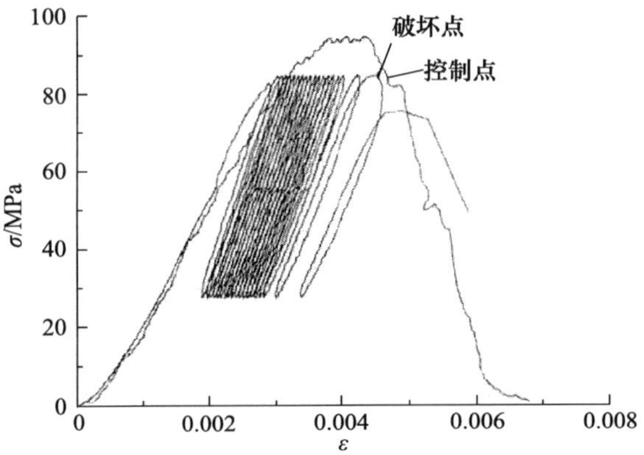

图 5.10　岩石试件在静态循环载荷作用下应力-应变曲线演化[3]

定义 D 点的应变为峰值应变。在卸载阶段大于 D 点的应力值时，尽管应力在逐渐降低，应变还是在增加，而小于此应力值时，应变即开始降低，即 D 点对应的应力有临界的概念，定义 D 点的应力值为临界卸载应力。

5. 第二卸载阶段

第五阶段为 DE 段，当外部应力降低到 D 点时，由于岩石试件没有发生宏观破坏，当入射波由峰值应力逐渐减小时，对应的应变也呈逐渐减小趋势，此阶段称为第二卸载阶段。此段曲线的斜率表示经过此次冲击后岩石试件的变形模量大小。在静态循环加卸载试验中，卸载曲线的平均斜率一般与加载曲线直线段的斜率相同，而循环冲击中卸载段 DE 和直线段 AB 的斜率接近但不相等，分析认为在静态试验时，整个过程中岩石试件的应变率是恒定的。利用动静组合加载试验系统尽管能满足恒应变率加载(即应力波加载的中间段为恒应变率),而在应力波加载的开始段和结束段,岩石应变率的变化比较大,即对应图 5.7 中 AB 段的应变率与 DE 段的应变率不同,因此两部分对应的变形模量大小不一致。点 D 到点 E 间应变的变化量是此次冲击过程中恢复的弹性应变,其与峰值应变之比反映岩石试件在此次冲击后的弹性变形能力,其值越大表示岩石试件的弹性变形能力越好,反之表示岩石试件内部发生的塑性变形越大。同理,点 D 到点 E 间应力的变化量与临界卸载应力之比反映了在此次冲击过程中由弹性变形所承受的动载荷能力。当比值接近 0 时,点 E 与点 D 重合,表明岩石试件完全破坏。定义点 D 与点 E 之间的斜率为第二卸载阶段的变形模量。

为了从多个角度表征岩石的动态疲劳力学特性,基于上述分析,定义弹性应变占比和弹性应力占比为

$$n_\varepsilon = \frac{\varepsilon_D - \varepsilon_E}{\varepsilon_D} \tag{5.23}$$

$$n_\sigma = \frac{\sigma_C - \sigma_E}{\sigma_C} \tag{5.24}$$

式中,ε_D 和 ε_E 分别为图 5.7 中点 D 和点 E 对应的应变,即单次冲击时的峰值应变和卸载后的应变;σ_C 和 σ_E 分别为图5.7 中点 C 和点 E 对应的应力,即单次冲击时的峰值应力和卸载后的应力。

5.4.2 岩石动态疲劳过程中的应力波特性

1. 反射波和透射波的变化规律

当试件轴向静应力分别为 0MPa 和 49MPa,循环冲击载荷大小近似相等时,循环冲击过程中岩石反射波和透射波的变化规律如图 5.11 所示。

从图 5.11 可以看出,对同一岩石试件,在近似相等冲击载荷循环作用过程中,入射波形状相同(包括幅值和波长),但反射波和透射波幅值和波形均有较大的变化。随循环冲击次数的增加,透射波幅值越来越小,反射波的幅值越来越大,这与图 5.5 所示的理论分析结果一致,也证明了理论分析结果的可行性。

随循环冲击次数的增加，透射波峰值出现的时间越来越早，而反射波峰值出现的时间越来越晚。

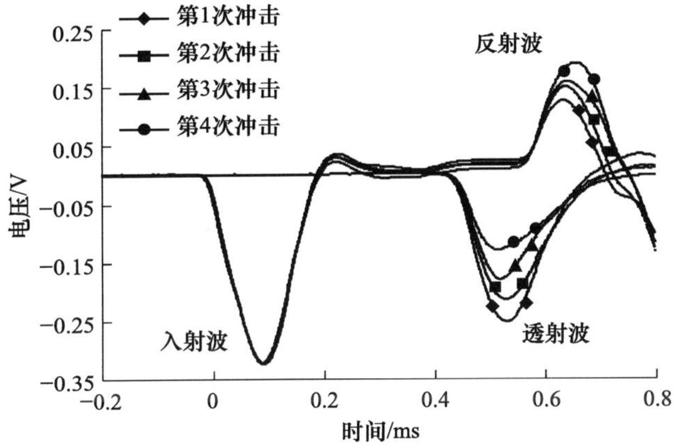

(a) 轴向静应力为0MPa

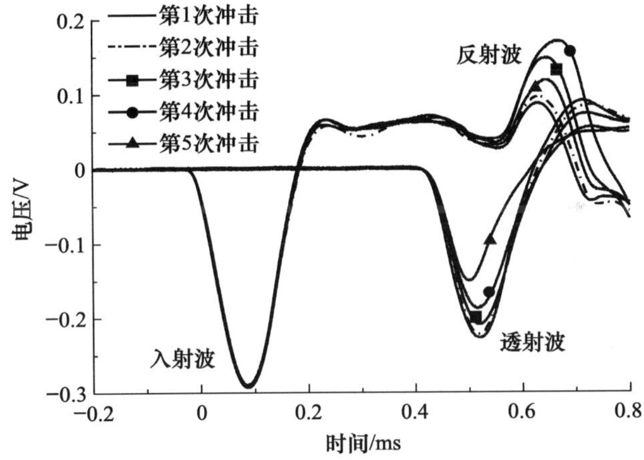

(b) 轴向静应力为49MPa

图 5.11　循环冲击过程中岩石应力波的变化规律

鞠杨等[4]通过数值模拟研究了在相同入射波（模拟三角形入射波）的情况下，反射波和透射波随岩石孔隙率的变化规律，如图 5.12 所示。对同一岩石试件，随着循环冲击的进行，岩石内部孔隙率只会逐渐增加，因此图 5.12 模拟的结果在一定程度上也可以反映反射波和透射波在循环冲击过程中的变化规律。从图 5.12 可以看出，在相同入射波作用下，反射波和透射波的变化规律与图

5.11 类似，这表明图 5.11 中所示的变化规律具有普遍性。

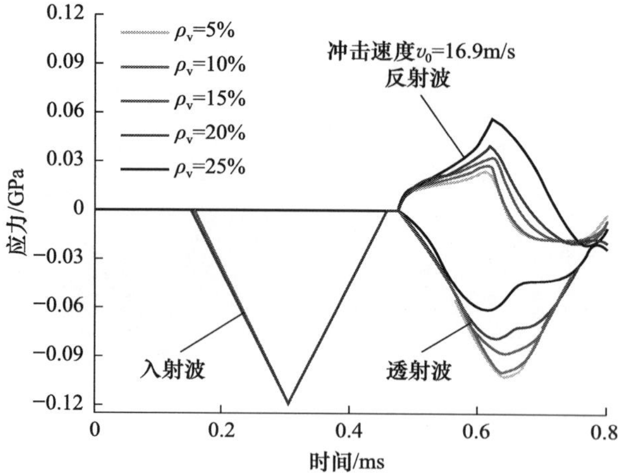

图 5.12　应力波随介质孔隙率的变化规律[4]

ρ_v. 孔隙率

2. 反射波和透射波的变化机理

当冲击载荷达到一定值时，随循环冲击次数的增加，岩石内部损伤程度不可避免地逐渐增大，岩石内部损伤逐渐累积意味着其波阻抗逐渐减小。由式(5.20)可以看出，当入射波 $\sigma_i(t)$ 大小相等时，随循环冲击次数的增加，岩石波阻抗越来越小，其反射波幅值必然呈越来越大的趋势。同理，由式(5.21)可以看出，当入射波大小一定时，随岩石波阻抗逐渐减小，透射波幅值必然呈逐渐减小的趋势。这就是循环冲击过程中，岩石反射波幅值逐渐增加而透射波幅值逐渐减小的原因。

由式(5.13)可知，在冲击过程中，岩石试件的应力与透射波绝对值大小成正比，随循环冲击次数的增加，透射波幅值越来越小，意味着岩石试件对循环冲击的抵抗能力逐渐降低，体现出岩石动态强度劣化的特性。由式(5.12)可以看出，岩石试件瞬时应变率的大小与其反射波的大小成正比，随循环冲击次数的增加，反射波幅值越来越大，意味着岩石试件产生的应变率也越来越大。由式(5.11)和式(5.12)可以看出，岩石应变与其应变率是积分关系，因此随着循环冲击次数的增加,岩石试件的应变也逐渐增大,体现出岩石动态疲劳变形的特性。

从图 4.1 所示的应力波传播过程可以看出,假设岩石与弹性杆间仅有一次反射波和透射波,在相同入射波的情况下,反射波和透射波各自峰值出现的时间不会随岩石的波阻抗变化,即不会随循环冲击次数的增加而改变,但实际测试得到的反射波和透射波是多次透反射应力波的叠加。随着循环冲击次数的增加,岩石的波阻抗逐渐降低,不同循环冲击次数相对应的时刻,多次反射波和透射波的绝对值逐渐降低,并且多次反射波与第一次反射波的方向相反,这就导致反射波的峰值出现的时间越来越晚;同理,多次透射波与第一次透射波的方向一致,始终为压缩波,导致透射波峰值出现的时间越来越早。

综上所述,上述反射波和透射波演化规律都是由于循环冲击过程中,岩石波阻抗逐渐减小,而岩石波阻抗的减小意味着内部损伤程度的增加。因此,可以通过循环冲击过程中反射波和透射波的变化规律表征岩石动态疲劳力学特性。

5.5　本章小结

本章在给出动静组合加载系统的试验原理的基础上,分析了循环冲击作用过程中岩石反射波、透射波和应变率与波阻抗之间的理论关系,进行了岩石循环冲击试验,重点探索了循环冲击过程中岩石典型的应力一应变曲线特性,以及反射波和透射波随循环冲击次数的演化特性。主要研究结论如下:

(1) 根据应变和应变率的变化规律,在循环冲击过程中,单次冲击得到的典型动态应力-应变曲线可分为 5 个阶段:压密阶段、弹性阶段、微裂纹扩展的加载阶段、第一卸载阶段和第二卸载阶段。

(2) 随着循环冲击次数的增加,反射波峰值强度逐渐增加,而透射波峰值强度持续减小。这些表明,岩石对外部冲击载荷的抵抗能力逐步降低。

(3) 随着循环冲击次数的增加,透射波峰值出现的时间越来越早,而反射波峰值出现的时间越来越晚。通过对应力波的多次透反射进行分析,岩石波阻抗的持续降低和高次反射波和透射波与第一次反射波和透射波传播方向的不同是发生这些现象的主要因素。

(4) 随着循环冲击次数的增加，岩石反射波和透射波的变化规律是由岩石波阻抗逐渐减小引起的，表明循环冲击过程中岩石累积损伤演化的特性。

参考文献

[1] Li X B, Zhou Z L, Lok T S, et al. Innovative testing technique of rock subjected to coupled static and dynamic loads[J]. International Journal of Rock Mechanics and Mining Sciences, 2008, 45(5): 739-748.

[2] Li X B, Lok T S, Zhao J. Dynamic characteristics of granite subjected to intermediate loading rate[J]. Rock Mechanics and Rock Engineering, 2005, 38(1): 21-39.

[3] 李树春. 周期荷载作用下岩石变形与损伤规律及其非线性特征[D]. 重庆：重庆大学，2008.

[4] 鞠杨，王会杰，杨永明，等. 应力波作用下岩石类孔隙介质变形破坏与能量耗散机制的数值模拟研究[J]. 中国科学：技术科学，2010，40(6)：711-726.

第 6 章　轴向受载岩石的动态疲劳力学特性

在地下岩体工程中，不同位置处的围岩体承受地应力的形式也不同，在图 1.2 中的矿柱主要承受竖直方向的地应力，即一维静应力(轴向静应力)的作用，而远离巷道的围岩体承受三维地应力的作用。为了便于研究，本章分别研究承受轴向静应力和三维静应力岩石的动态疲劳力学特性。基于动静组合加载试验系统，对承受不同静应力岩石进行循环冲击试验，通过研究循环冲击作用过程中岩石强度劣化、疲劳变形、能量耗散、累积损伤演化、破坏模式和机理，探索受载岩石在循环冲击作用过程中的力学特性。本章主要研究轴向静应力和循环冲击次数对岩石动态力学特性的影响，重点探索岩石强度和变形特性的演化关系。

6.1　轴向受载岩石循环冲击试验

1. 试件制备及试验装置

岩石试件采用完整性和均质性较好的砂岩制备，其单轴抗压强度为 96MPa。岩石试件为圆柱体，尺寸为 ϕ50mm×50mm，对岩石试件的两端面进行研磨，两横截面的不平行度和不垂直度均小于 0.02mm。试验装置采用动静组合加载试验系统，示意图如图 2.1 所示。

2. 试验方法

岩石承受不同的轴向静应力，将有不同的变形和损伤程度。基于砂岩的单轴抗压强度值，轴向静应力分别设置为 0MPa、21MPa、49MPa、63MPa 和 84MPa，分别对应单轴抗压强度的 0%、22%、51%、65%和 87%。在循环冲击试验中，应严格保证每次冲击时的轴向静应力等于其设定的轴向静应力值。每种轴向静应力情况做 4 个试件的试验。根据 Li 等[1]的研究结果，对轴向静应力为零的岩石试件，当冲击载荷低于岩石静态单轴抗压强度的60%～70%时，冲击对岩石内部的损伤影响非常小。轴向静应力为0MPa、21MPa、49MPa、63MPa和84MPa时高压气室的气压分别为0.5MPa、0.6MPa、0.7MPa、0.8MPa和0.9MPa，并经过多次试验调整异型冲头在气腔内的位置，以保证不同轴向静应力时在入射杆上得到的入射波峰值近似相等。试验时试件两端面涂抹适量黄油，确保试件两端面与入射杆和透射杆间接触良好。

在研究具有不同静载岩石的动态疲劳力学性能时，涉及的影响因素有轴向静应力、围压和循环冲击载荷。由于涉及的影响因素较多，必须固定一个不变，讨论其他因素的影响才有实际意义。另外，为了探讨岩石在循环冲击作用下的累积损伤演化特性，本节拟选用岩石的波阻抗定义其损伤变量，而循环冲击载荷的大小直接影响着岩石波阻抗的大小。因此，在进行受载岩石循环冲击试验研究时，固定循环冲击载荷大小不变，研究岩石具有不同轴向静应力和围压时的动态力学特性。

相比伺服压力机，SHPB试验装置的精度较低，其中一个主要因素是加载动力装置精度较低。因此，对岩石进行循环冲击时，能否保证每次冲击入射波大小相等是制约试验成败的关键因素。针对该问题进行了大量的探索试验，发现通过在输入冲头的铁丝上固定刻度可实现冲头在气腔内的位置恒定，气压恒定可通过固定气压值以及输入高压气时间实现。图6.1为轴向静应力为49MPa、气压为1.1MPa时进行循环冲击的应力波形图。从图中可以看出，不同冲击次数间的

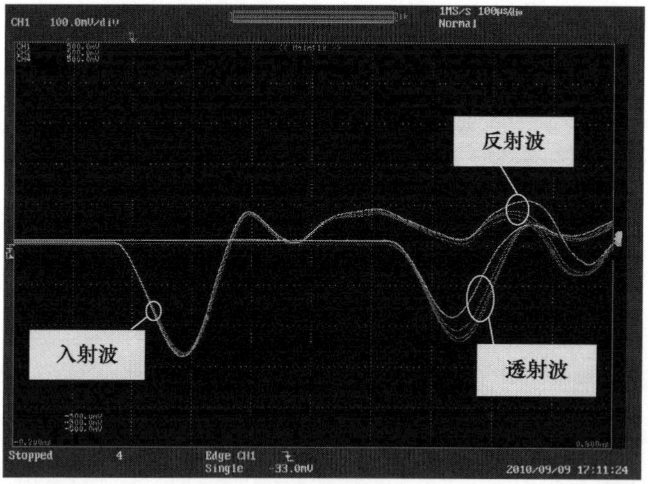

图6.1　实测的应力波形图(示波器屏幕显示)

入射能近似相等。因此，在动静组合加载试验系统上，可以实现近似相等入射波的循环冲击试验。

6.2　轴向受载岩石动态疲劳力学特性

6.2.1　轴向受载岩石动态疲劳应力-应变曲线

表 6.1 给出了一维静载与循环冲击组合试验中部分试件的物理参数、施加的轴向静应力大小以及总循环冲击次数。当岩石试件的轴向静应力分别为 0MPa、21MPa、49MPa、63MPa 和 84MPa 时，分别用能量 $E_I=66J$ 左右的入射波进行循环冲击得到的动态应力-应变曲线以及动态压缩应变-时间曲线如图 6.2 所示。从表 6.1 可以看出，当轴向静应力为 0MPa、21MPa、49MPa 和 63MPa 时总循环冲击次数较多，图 6.2 没有显示出全部的数据曲线，而近似等间距地选择部分数据，分析其强度和变形与循环冲击次数的关系。图例中的数字表示循环冲击次数（如图 6.2(a)中的 1、3、5 和 8 分别代表第 1 次、第 3 次、第 5 次和第 8 次冲击），$\dot{\varepsilon}$ 表示该次冲击得到的平均应变率。

表 6.1　试件参数及总循环冲击次数

试件编号	长度/mm	直径/mm	密度/(kg/m³)	轴向静应力/MPa	总循环冲击次数
WT1-1-3	50.02	49.26	2532	0	8
WT2-4-3	50.38	49.34	2570	21	98
WT3-3-1	49.86	49.14	2563	49	30
WT3-5-4	50.00	48.52	2523	63	7
WT4-5-4	50.14	49.54	2491	84	3

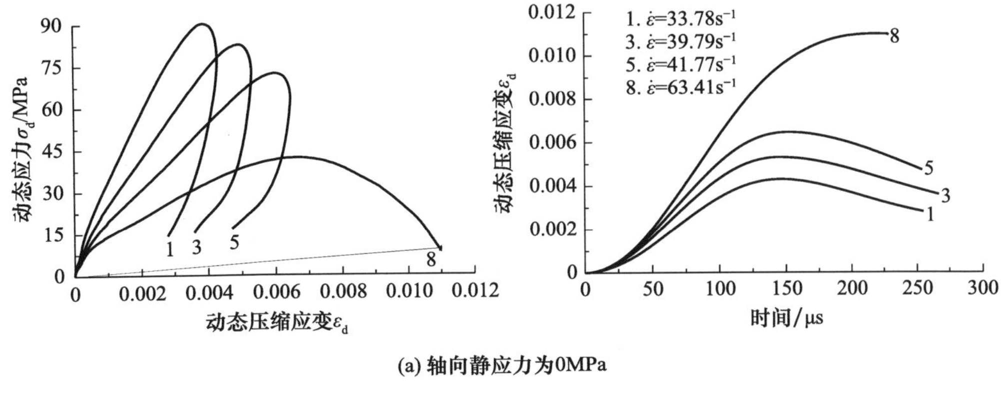

(a) 轴向静应力为0MPa

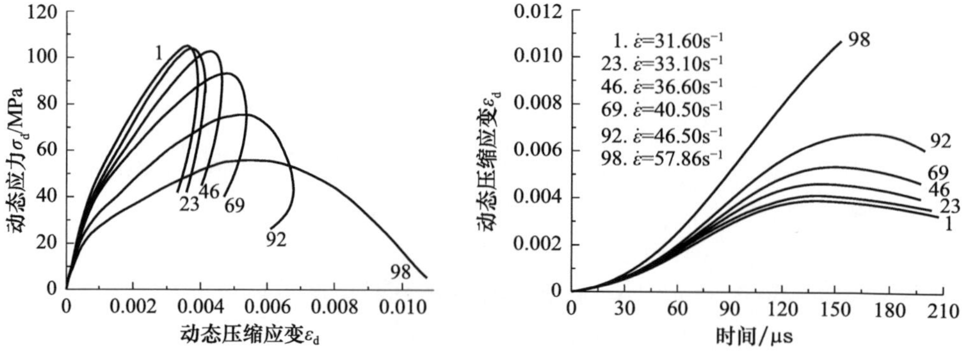

(b) 轴向静应力为21MPa

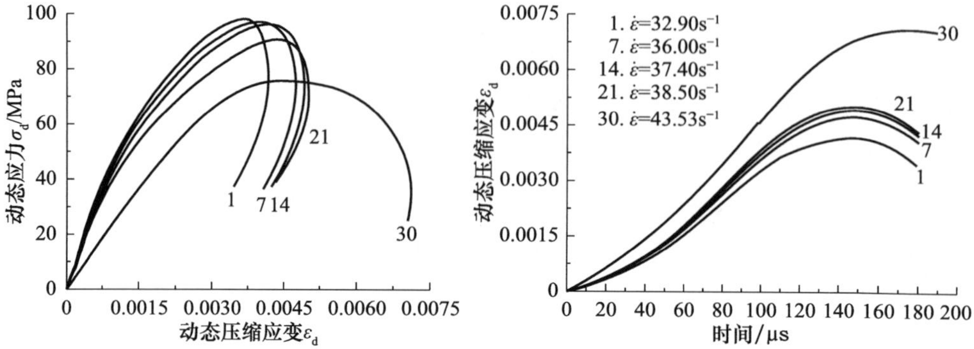

(c) 轴向静应力为49MPa

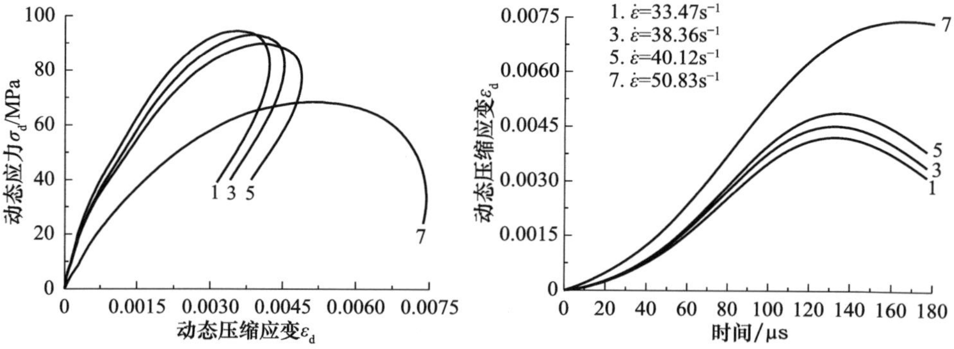

(d) 轴向静应力为63MPa

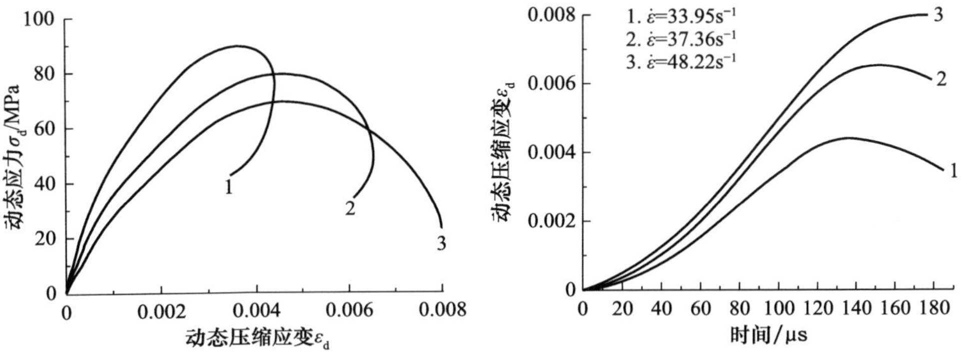

(e) 轴向静应力为84MPa

图6.2　循环冲击过程中轴向受载岩石试件的动态应力-动态压缩应变曲线和动态压缩应变-时间曲线

6.2.2　轴向受载岩石抵抗循环冲击载荷的能力

1. 轴向静应力与岩石总循环冲击次数的关系

从图6.2和表6.1可以看出，具有不同轴向静应力的岩石试件，在入射能相同的冲击载荷循环作用时，承受的总循环冲击次数不同。图6.3为岩石试件总循环冲击次数与轴向静应力的关系。从图中可以看出，当轴向静应力从零逐渐增加时，在相同大小的冲击载荷循环作用下，岩石承受的总循环冲击次数先增加后减少；当轴向静应力为21MPa，即单轴抗压强度的22%时，承受的循环冲击最多，即此时岩石抵抗外部冲击载荷的能力最强。

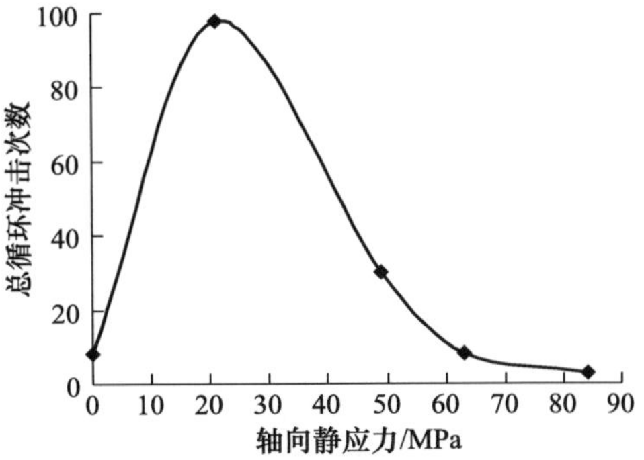

图6.3　岩石试件总循环冲击次数与轴向静应力的关系

从岩石细微观分析，岩石内部的微裂隙或缺陷随机分布，一定大小的轴向受载能使这些微裂纹闭合，提高了岩石波阻抗的大小，进而提高岩石抵抗冲击载荷的能力；而当轴向静应力较小或较大时，岩石内部微裂纹闭合程度不高或又产生新的微裂纹，导致岩石波阻抗没有达到最大值或又进一步减小，致使岩石抵抗冲击载荷的能力降低。

2. 轴向静应力对岩石动态疲劳峰值应力的影响

在循环冲击过程中，岩石试件峰值应力与循环冲击次数的关系如图 6.4 所示。从图中可以看出，在能量大小相同的应力波循环作用下，随着循环冲击次数的增加，峰值应力逐渐减小，即岩石对外部冲击载荷的抵抗能力逐渐下降，体现出岩石在循环冲击作用下强度劣化的特性。

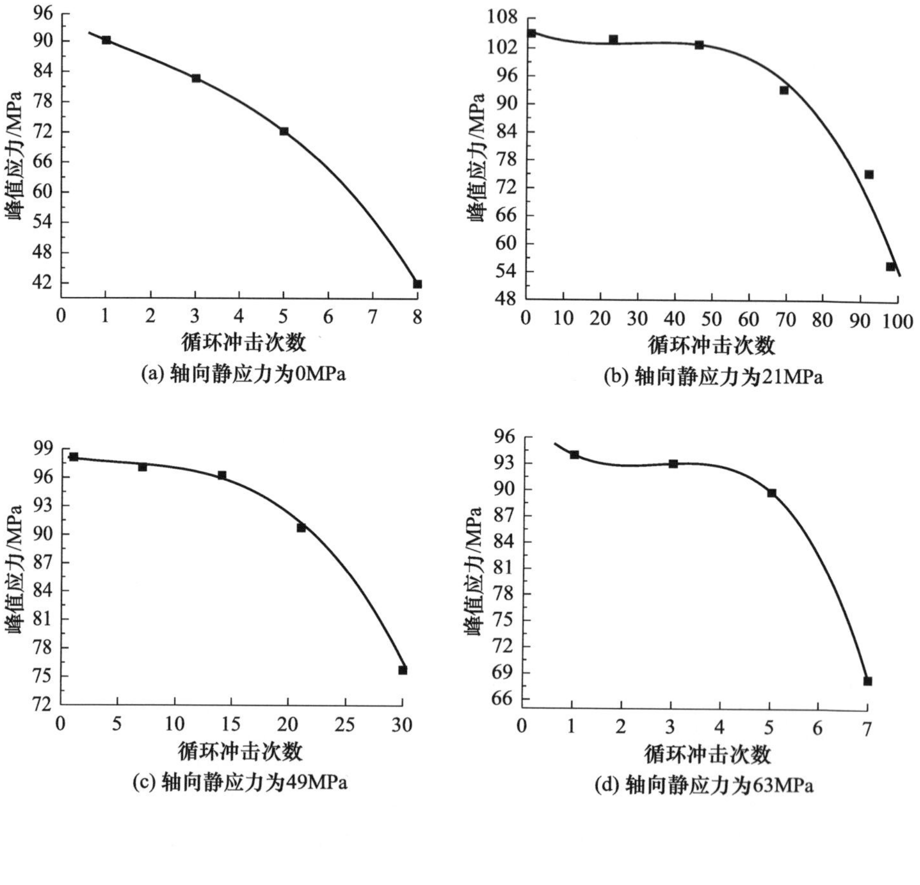

(a) 轴向静应力为0MPa

(b) 轴向静应力为21MPa

(c) 轴向静应力为49MPa

(d) 轴向静应力为63MPa

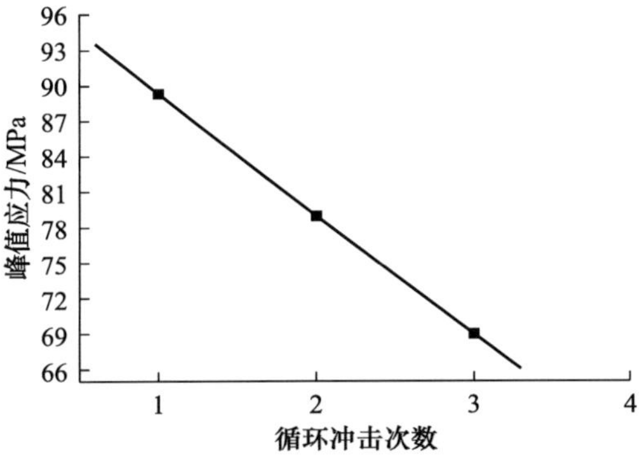

(e) 轴向静应力为84MPa

图 6.4 一维受载岩石试件峰值应力与循环冲击次数的关系

从峰值应力和总循环冲击次数来看，当轴向静应力为 84MPa 时，岩石试件承受 3 次循环冲击即发生宏观破坏，且峰值应力随循环冲击次数的增加直线下降。这主要是因为 84MPa 的轴向静应力值已经达到其单轴抗压强度的 87%，岩石此时已进入屈服阶段，内部的裂纹已从局部扩展进入破裂阶段，在此情况下，外部冲击载荷加速裂纹的扩展速度和扩展程度，此时岩石承受循环冲击载荷的能力较低。

当轴向静应力为 21MPa 时，在前 46 次冲击过程中，峰值应力降低的速度非常缓慢，而后随着循环冲击次数的增加快速下降，整体呈现平缓发展—急剧下降的变化趋势，岩石试件对外部冲击载荷的抵抗能力最大。

当轴向静应力为 49MPa 和 63MPa 时，峰值应力随循环冲击次数的增加也具有平缓发展—急剧下降的变化趋势，分别在前 14 次和前 5 次冲击过程中峰值应力降低的速度较小，而后快速下降。当轴向静应力为 0MPa 时，随着循环冲击次数的增加，岩石动态峰值应力匀速降低，没有平缓发展的阶段。表明岩石具有一定轴向预应力时有助于提高其抵抗外部循环冲击载荷的能力；当轴向预应力过大时，此能力将逐渐降低。

综上所述，当轴向静应力等于单轴抗压强度的 22%时，岩石试件承受的循环冲击次数以及峰值应力都是最强的，意味着此时具有最强的抵抗外部循环冲击载荷的能力。Li 等[1]在研究动静组合下岩石的力学特性时，在入射波相同、轴向静应力不同的条件下冲击破坏时，得出轴向静应力为其单轴抗压强度

20%的动态峰值强度最高，这与本节研究的循环冲击的规律一致。这表明，对于不同轴向静应力的岩石，无论是单次冲击还是循环冲击，轴向静应力大小对其抵抗冲击载荷能力的影响一致，当轴向静应力为其单轴抗压强度的22%左右时，其抵抗外部冲击的能力最高。

6.2.3 轴向受载岩石动态疲劳变形特性

1. 受载岩石动态疲劳变形过程中加载段变形模量的变化

岩石的变形特性通常用弹性模量或变形模量来表示。循环冲击应力-应变曲线加载段中线性段比较短，且此段的斜率在不同冲击次数间的变化不明显，不能清晰地表示岩石循环冲击过程的变形特征，如图6.2所示。对常规冲击得到的应力-应变曲线的变形模量，李夕兵等[2]提出应用加载段动态抗压强度峰值50%处的点与坐标原点的割线斜率作为岩石的变形模量，取得了很好的效果；若用该方法定义循环冲击作用下岩石的变形模量，仅能表示图6.2中加载段一部分的变形能力，不能较好地表示加载段整体的变形能力。从图5.7可以看出，岩石在加载段发生的总变形中，*BC*段所占比例最高，且*BC*段应力-应变曲线变化较平缓。因此，本节应用应力-应变曲线上应力值为峰值应力50%处的切线斜率作为加载段的变形模量。

图6.5为承受不同轴向静应力的岩石试件在循环冲击过程中加载段变形模量与循环冲击次数的关系。从图6.2和图6.5可以看出，对具有同一轴向静应力的岩石，随着循环冲击次数的增加，其加载段变形模量逐渐减小。吕晓聪等[3]对无围压、无轴向静应力的岩石试件进行循环冲击研究也得到如此结果，如图6.6所示。

从岩石细微观分析，岩石内部的微裂隙或缺陷是随机分布的，轴向受载能使这些微裂纹部分闭合或压密，进而抑制材料的劣化，而开裂方向与轴向载荷平行或近似平行的裂纹没有发生闭合甚至开裂程度加大。应力波在这部分裂纹处发生透反射，导致裂纹进一步扩展，形成新的损伤。尽管一次能量较小的冲击不足以使岩石试件发生宏观破坏，只要微裂纹处的反射拉伸波在裂隙尖端形成的集中应力超过岩石强度，就会有新的裂纹起裂和扩展，从而造成岩石内部损伤的累积，如此往复，在循环冲击加载段中，岩石承受外部冲击载荷的能力逐步降低，体现在变形模量上就是其值逐渐变小。

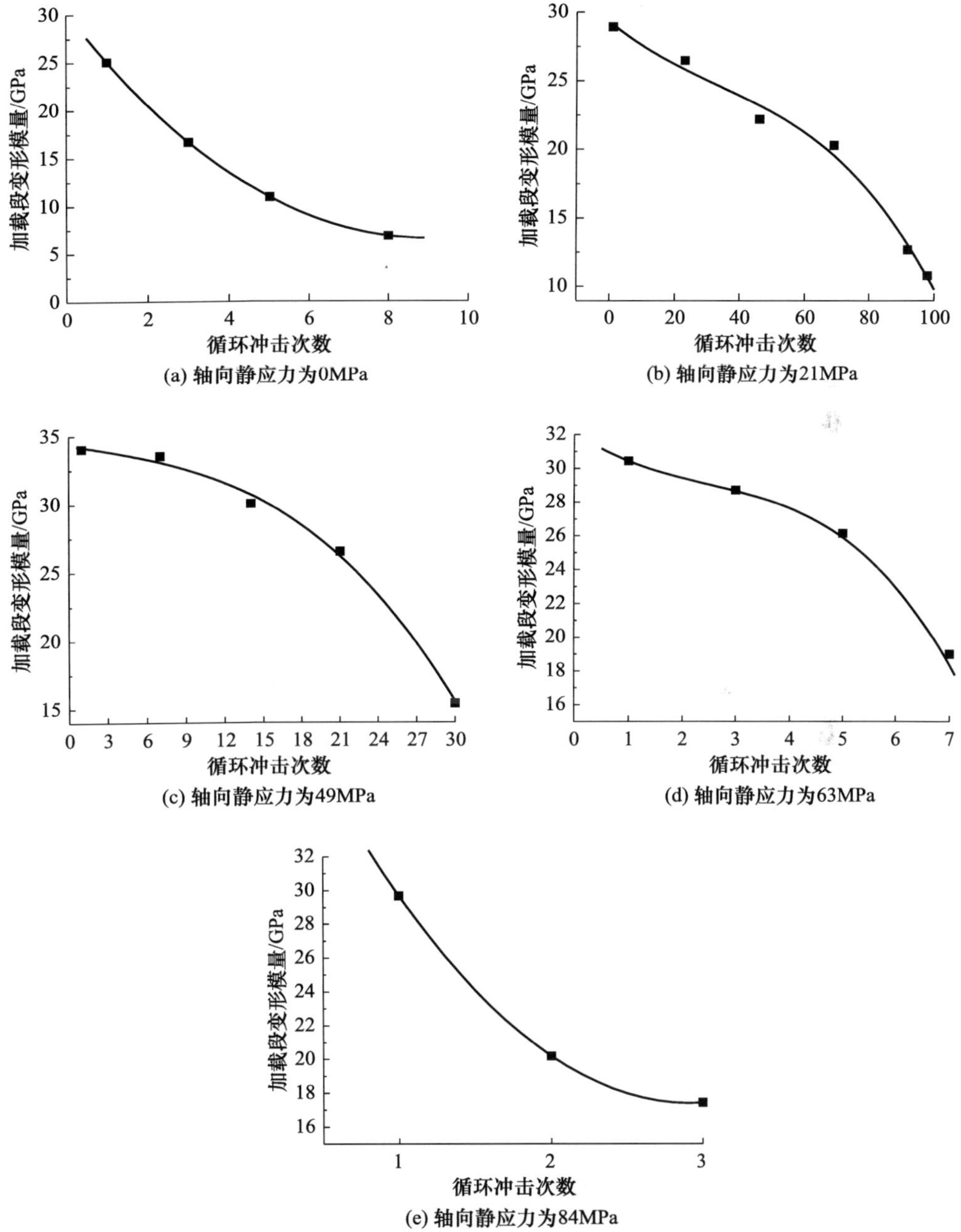

图 6.5　不同轴向静应力下岩石试件在循环冲击过程中加载段变形模量与循环冲击次数的关系

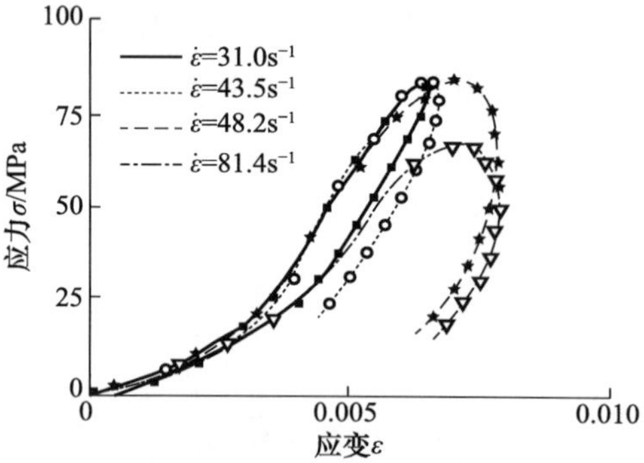

图 6.6　无围压、无轴向静应力岩石试件在循环冲击作用下的应力-应变曲线[3]

从图 6.5 可以看出，对于轴向静应力为 0MPa 和 84MPa(静载单轴抗压强度的 87%)的试件，其变形模量随冲击次数的增加呈均匀降低。当轴向静应力为 84MPa 时，变形模量下降速度比轴向静应力为 0MPa 时更快，这是由于 84MPa 的轴向静应力已经进入岩石屈服应力阶段，静应力对岩石内部裂纹的扩展起到加速作用。

当轴向静应力为 21MPa、49MPa 和 63MPa 时(分别对应静载单轴抗压强度的 22%、51%和 65%)，分别在前 23 次、前 7 次和前 5 次冲击过程中，变形模量变化相对较小。而随着循环冲击次数的增加，变形模量开始急剧下降。这主要是因为此时的轴向静应力还没有超出岩石的弹性阶段，部分裂纹在静载作用下处于闭合状态，在一定的冲击载荷作用下，岩石内部裂隙的扩展速度较缓慢，扩展程度较小；而随着循环冲击次数的增加，微裂纹扩展程度逐渐加大，裂纹已部分连成片或成核，此时再进行循环冲击，裂纹扩展速度明显增加，扩展程度加剧。其变形模量整体上呈平缓发展—急剧下降趋势。由于每次冲击气压很难保证完全一致，且轴向静应力没有超出其静态弹性极限强度，冲击载荷会使内部裂纹部分闭合，不排除在变形模量平稳发展阶段有个别变形模量比前一次冲击变形模量大的现象。

2. 受载岩石平均应变率与循环冲击次数的关系

在不同轴向静应力的情况下，岩石试件平均应变率与循环冲击次数的关系如

图 6.7 所示。从图中可以看出,平均应变率随循环冲击次数的增加而递增。此变化也能反映随循环冲击次数的增加,岩石内部损伤逐渐增大的现象。由式(5.12)可知,岩石试件的瞬时应变率大小与反射波幅值的绝对值大小成正

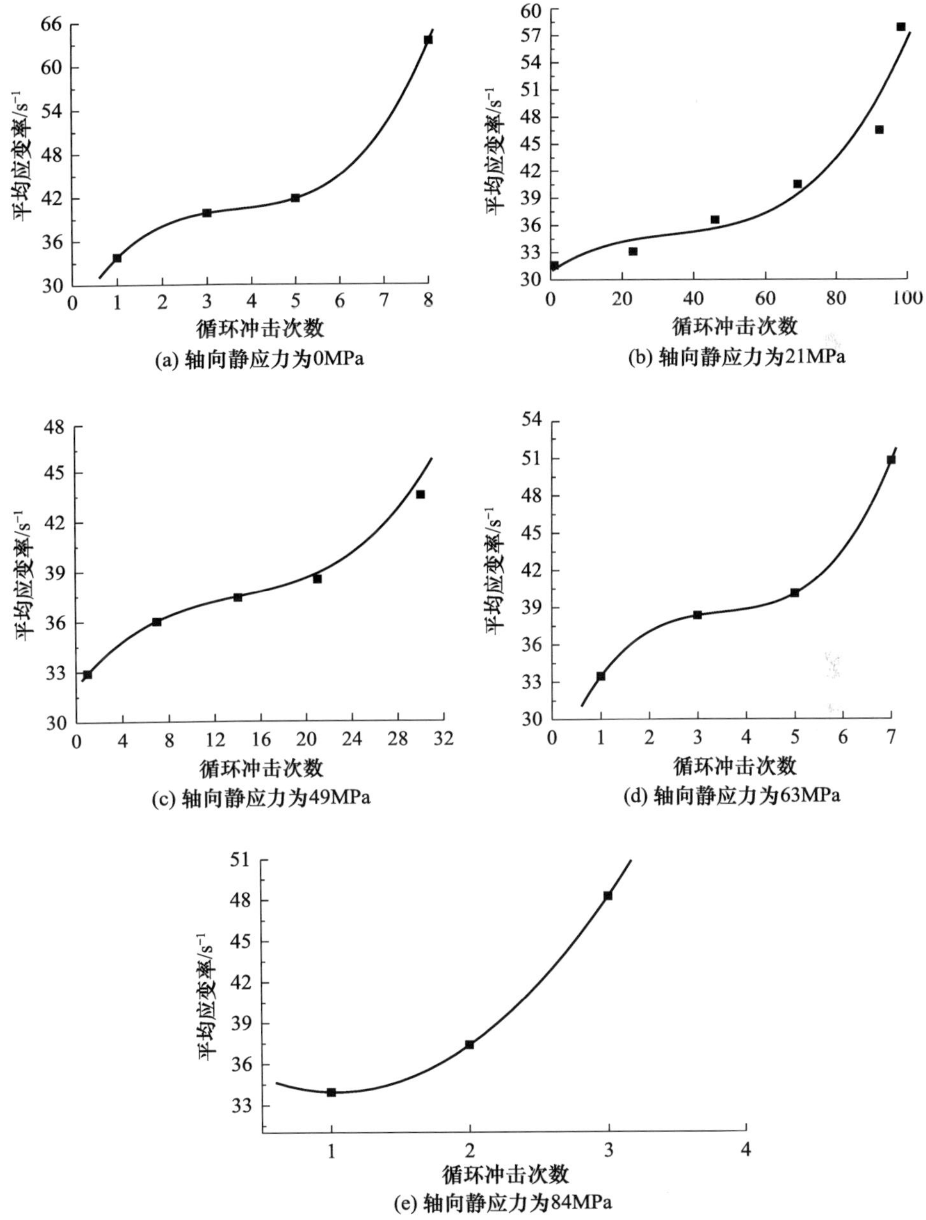

(a) 轴向静应力为0MPa

(b) 轴向静应力为21MPa

(c) 轴向静应力为49MPa

(d) 轴向静应力为63MPa

(e) 轴向静应力为84MPa

图 6.7　平均应变率与循环冲击次数的关系

比，在入射能相同的情况下，岩石的波阻抗越大，反射波越小；对于同一岩石试件，波阻抗越大表明岩石越致密，内部裂隙越不发育，反之表明岩石试件内部裂隙扩展成核的程度越高，岩石损伤越严重。

3. 受载岩石峰值应变与循环冲击次数的关系

不同轴向静应力情况下，在相同入射能的循环冲击过程中，岩石的峰值应变与循环冲击次数的关系如图 6.8 所示。从图中可以看出，峰值应变随循环冲击次数的增加而递增，表明随着循环冲击次数的增加，抵抗外部冲击的能力降低，体现在强度上就是其峰值应力逐渐减小，体现在变形上就是变形逐渐增大。从图 6.2 还可以看出，对于同一岩石试件，在同一对应时刻，不同冲击次数的应变值不同，其值随循环冲击次数的增加而递增，最后一次冲击得到的应变明显比前若干次大许多。

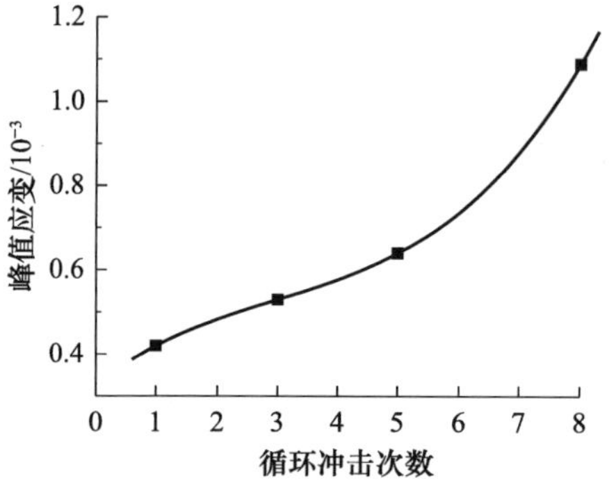

(a) 轴向静应力为0MPa

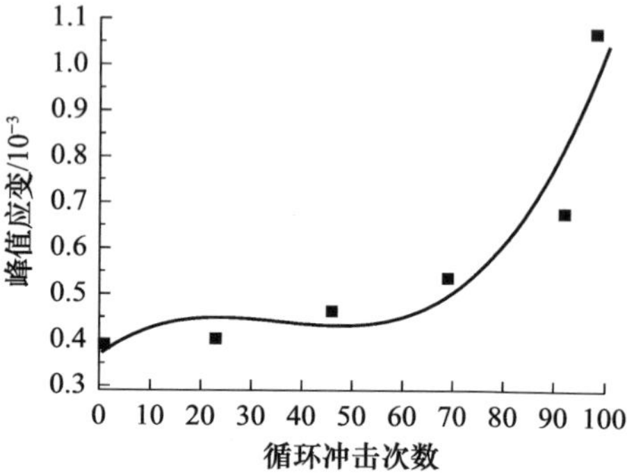

(b) 轴向静应力为21MPa

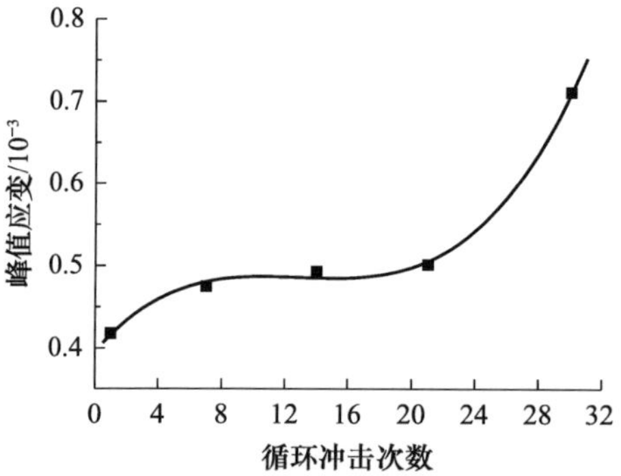

(c) 轴向静应力为49MPa

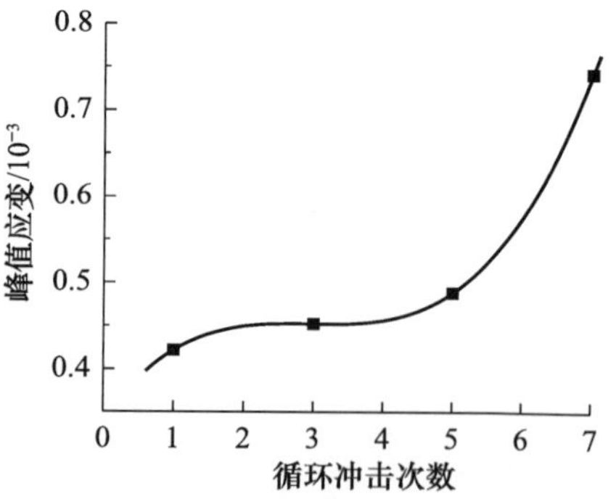

(d) 轴向静应力为63MPa

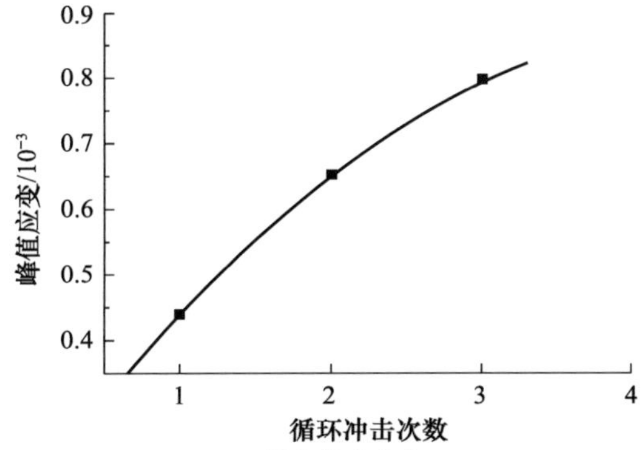

(e) 轴向静应力为84MPa

图 6.8　峰值应变与循环冲击次数的关系

4. 受载岩石第一卸载阶段变形模量的变化

图 6.9 为不同轴向静应力的岩石试件在第一卸载阶段的变形模量随循环冲

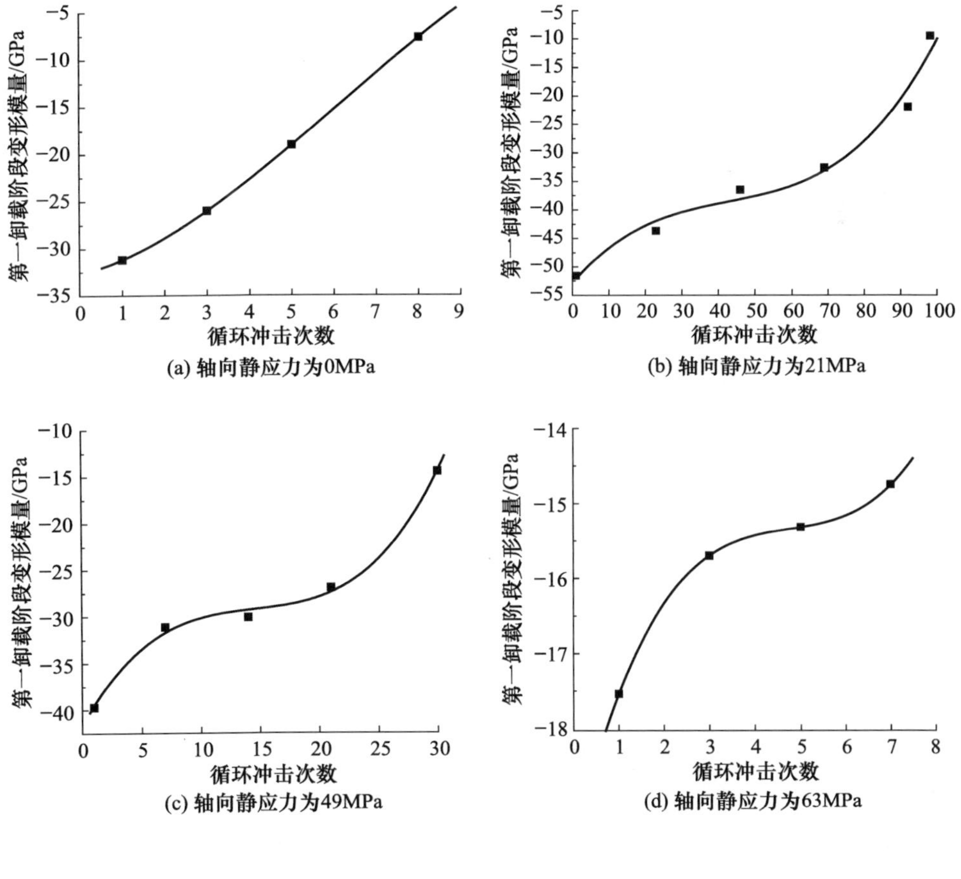

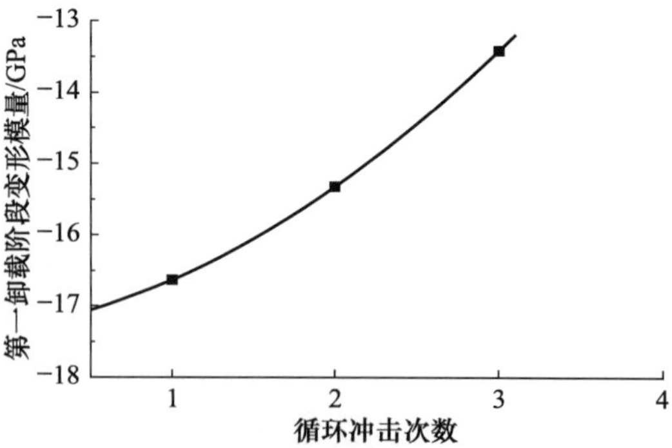

(e) 轴向静应力为84MPa

图 6.9 不同轴向静应力的岩石试件在第一卸载阶段的变形模量随循环冲击次数的变化关系

击次数的变化关系。从图中可以看出，随着循环冲击次数的增加，第一卸载阶段的变形模量逐渐增大，即在相同应力变化的情况下，应变越来越大，表明此过程中岩石内部裂纹的扩展程度逐渐加剧，岩石的变形形式由脆性逐渐过渡到延性。

5. 受载岩石第二卸载阶段变形模量的变化

不同轴向静应力的岩石试件在第二卸载阶段的变形模量随循环冲击次数的变化关系如图 6.10 所示。从图中可以看出，第二卸载阶段的变形模量随循环冲击次数的增加逐步减小，表明随着循环冲击的进行，岩石变形模量越来越小。当轴向静应力为 21MPa、49MPa 和 63MPa 时，分别在前 46 次、前 14 次和前 5 次循环冲击过程中第二卸载阶段变形模量变化相对较小，而后快速下降，整体上呈现平缓发展—急剧下降的变化趋势；当轴向静应力为 0MPa 和 84MPa 时，此阶段变形模量随循环冲击次数匀速快速降低；这与加载段变形模量随循环冲击次数的变化趋势一致。这表明当岩石的轴向静应力为 21MPa、49MPa 和 63MPa 时，岩石具有很好的抵抗外部循环冲击的弹性变形能力，当无轴向静应力或轴向静应力过大时(约超过单轴抗压强度的 87%)，其承受循环冲击的弹性变形能力逐渐下降。

6. 弹性应变占比和弹性应力占比的变化

图 6.11 和图 6.12 为在循环冲击过程中岩石试件弹性应变占比和弹性应

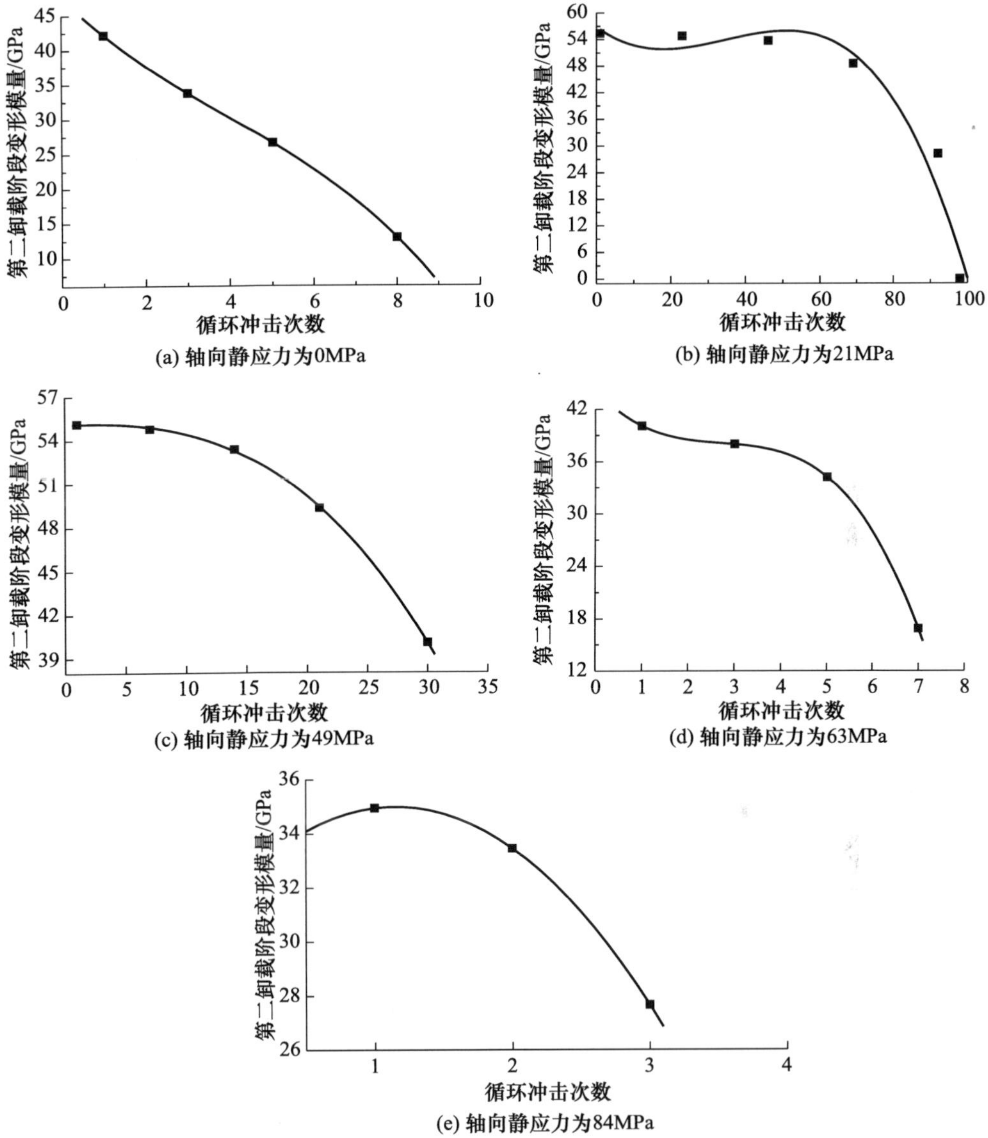

图 6.10　不同轴向静应力的岩石试件在第二卸载阶段的变形模量随循环冲击次数的变化关系

力占比随循环冲击次数的变化关系。

从图 6.11 和图 6.12 可以看出，随着循环冲击次数的增加，两个比值同时出现降低，岩石的弹性能力越来越小，不可逆变形越来越大。当这两个比值逐渐降为零时，根据图 6.4、图 6.7 和图 6.8，此时峰值应力逐渐降到一定值，平均应变率达到最大，最大应变中将不再包含弹性应变，不再存在第二卸载阶段，岩石完全被冲击破坏。

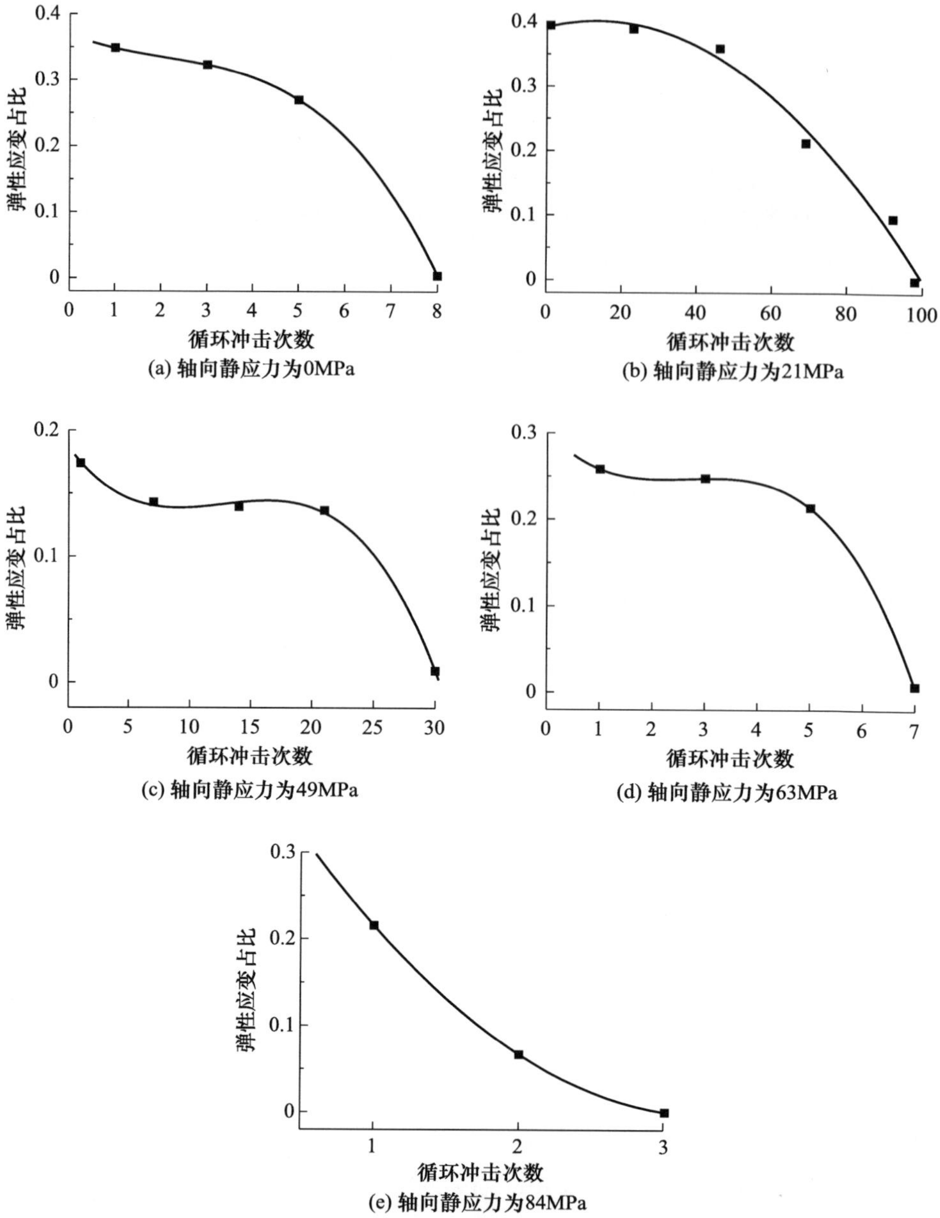

图 6.11　在循环冲击过程中岩石试件弹性应变占比随循环冲击次数的变化关系

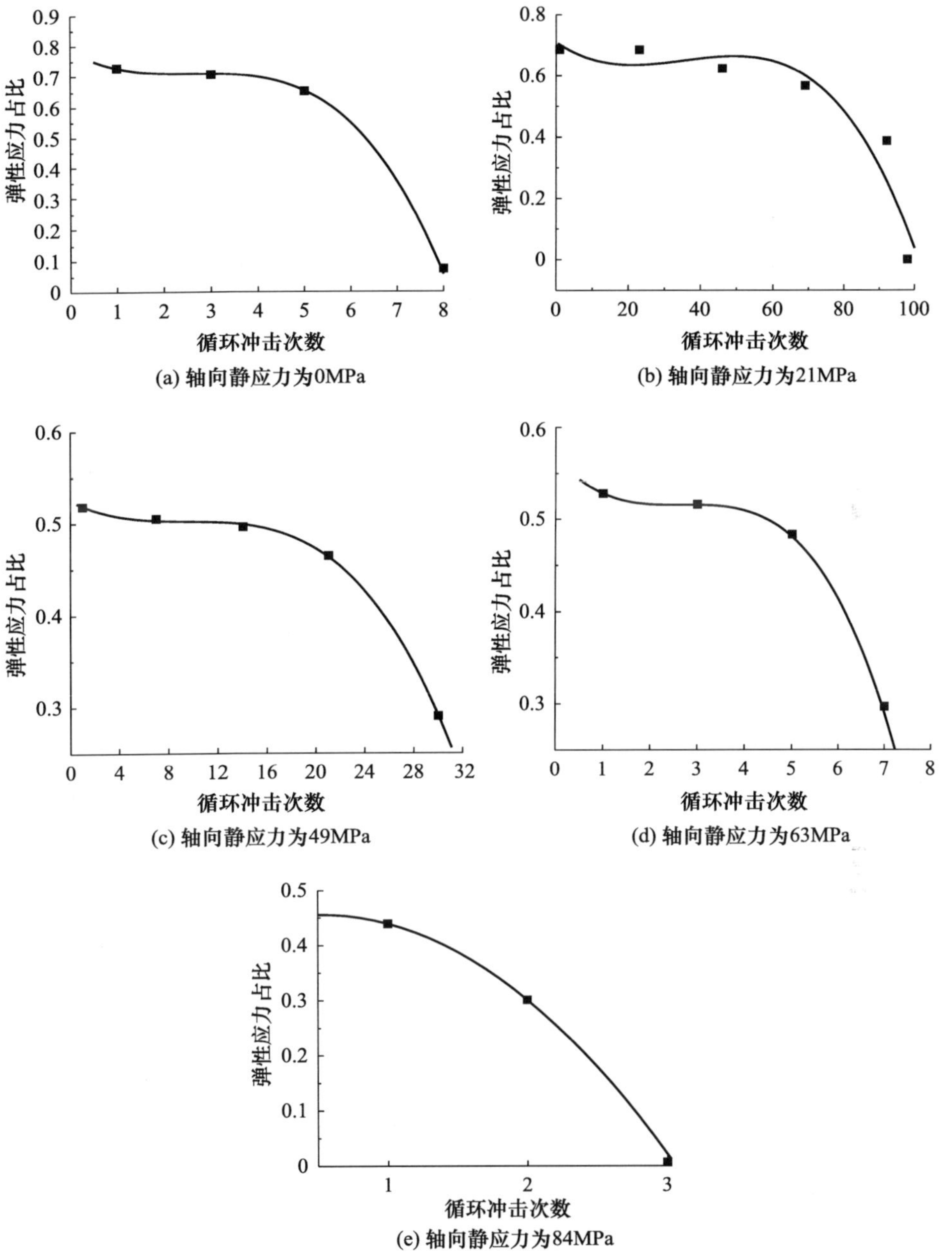

图 6.12　在循环冲击过程中岩石试件弹性应力占比随循环冲击次数的变化关系

6.2.4　轴向静应力对岩石动态疲劳过程中能量耗散的影响

图 6.13 为单位体积吸收能随循环冲击次数的变化关系。从图中可以看

出，对于相同轴向静应力的岩石试件，随着循环冲击次数的增加，试件单位体积吸收能越来越大。假设吸收能全部用来使内部裂纹扩展，越来越大的吸收能意味着在循环冲击过程中裂纹扩展的速度和程度逐渐加剧，介质不可逆变形越大。Ju 等[4]通过数值模拟和试验研究了不同孔隙率砂岩的能量耗散率（吸收

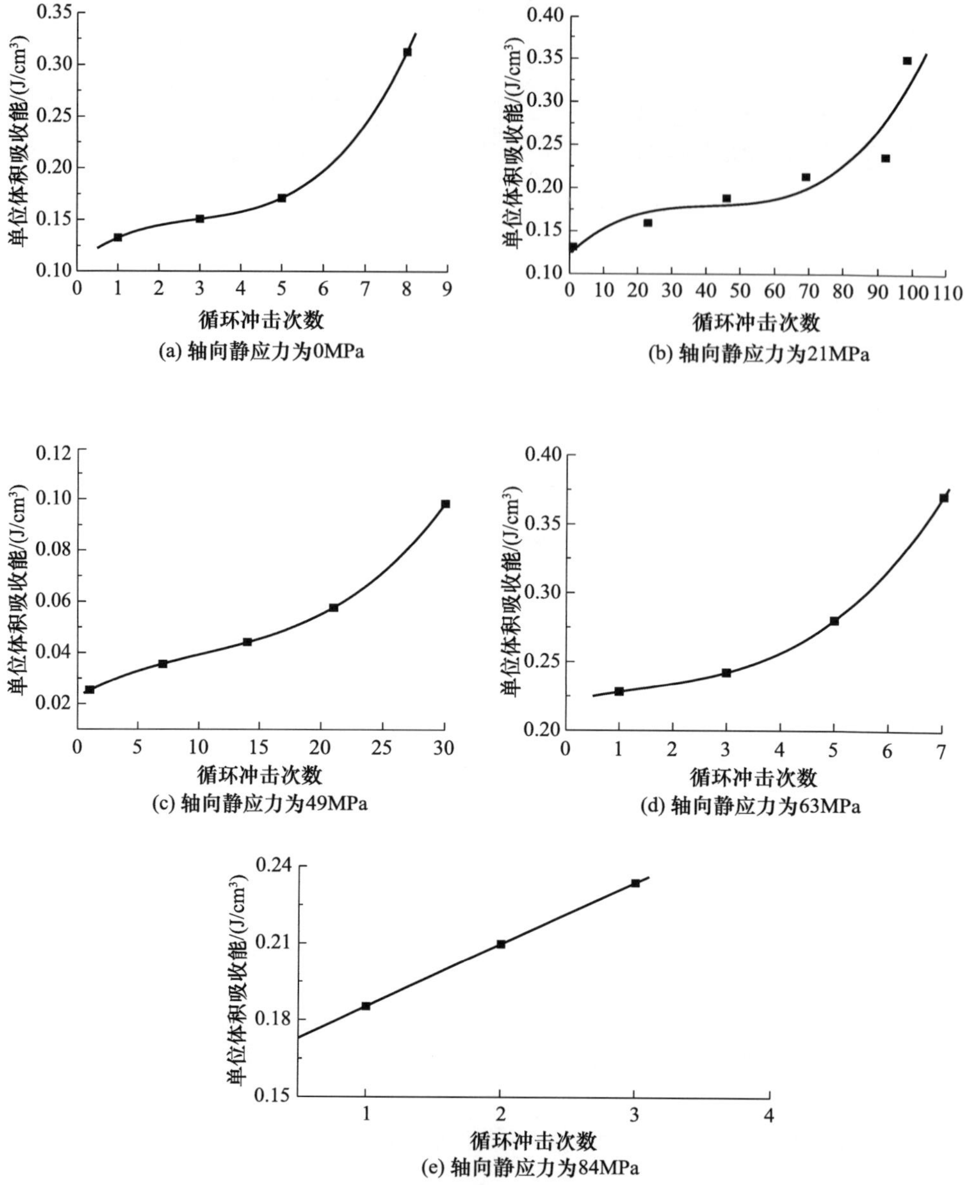

图 6.13　单位体积吸收能随循环冲击次数的变化关系

能与入射能的比值)随岩石孔隙率的变化规律，如图6.14所示，得出了在恒定冲击速度下能量耗散率随孔隙率的增大而线性增加，这与本章的研究结果一致。

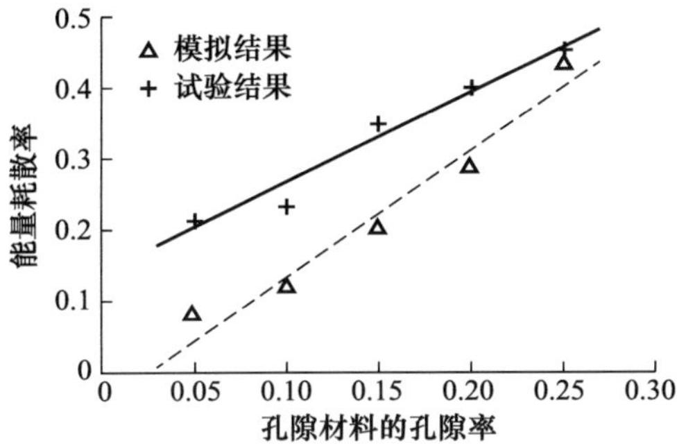

图6.14　孔隙介质能量耗散率随孔隙率的变化规律[4]

从图6.13可以看出，在循环冲击过程中，无论岩石的轴向静应力多大，其吸收能都为正值，轴向静应力为49MPa(为静态单轴抗压强度的51%)时单位体积吸收能最小，比其他轴向静应力下的吸收能小一个数量级。宫凤强等[5]的研究结果表明，当轴向静应力为静态单轴抗压强度的52%时，一次冲击破坏过程中岩石吸收的能量为负值，即总体上是释放能量。分析认为，文献[5]主要研究的是岩石在不同轴向静应力下一次冲击破碎的情况，岩石在破碎过程中，积蓄在内部的弹性能快速释放，内部微裂纹没有充分扩展、成核和聚集，仅在某些损伤严重的地方快速贯通而出现宏观破坏，因此消耗能量相对较小，当岩石释放内部积聚弹性能大于吸收能时，总耗散能为负值。轴向静应力为49MPa的岩石试件在循环冲击过程中，前若干次冲击没有出现宏观破坏，积蓄在岩石内部的弹性能逐步释放，但岩石内部微裂纹扩展过程中还要从外界吸收能量，只是吸收能与释放能相差较小。在整个循环冲击过程中，微裂纹得到充分扩展。从文献[5]和上述分析可以看出，从吸收能的角度分析，轴向静应力为其静态单轴抗压强度的52%左右时为一临界区域。

6.3　本章小结

本章利用动静组合加载试验系统，对5种不同轴向静应力工况的均质砂岩试件进行一维循环冲击试验，通过对试验数据的整理、归纳和分析，得到如下结论：

(1) 在入射能大小相同的循环冲击中,随着循环冲击次数的增加,岩石的平均应变率、峰值应变以及单位体积吸收能随着循环冲击次数的增加而增大。表明岩石内部裂纹扩展程度逐渐增高,且岩石基体发生塑性变形以及开裂等不可逆变形越来越大。

(2) 在入射能大小相同的循环冲击中,随着循环冲击次数的增加,加载段变形模量、第一卸载阶段的变形模量和第二卸载阶段的变形模量以及第二卸载阶段弹性应变占比和弹性应力占比逐渐降低。当轴向静应力为单轴抗压强度的 22%、51%和 65%时,三个变形模量以及两个比值的大小随循环冲击次数的变化关系整体上呈现平缓发展—急剧下降趋势,当轴向静应力为其他值时,呈现匀速急剧下降的趋势。

(3) 在入射能大小相同的循环冲击中,随着循环冲击次数的增加,峰值应力逐渐减小,当轴向静应力为单轴抗压强度的 22%、51%和 65%时,峰值应变减小的趋势呈现平缓发展—急剧下降,当轴向静应力为其他值时,呈现匀速急剧下降的趋势。当轴向静应力为单轴抗压强度的 22%时,岩石对外部循环冲击载荷的抵抗能力最强。

参 考 文 献

[1] Li X B,Lok T S,Zhao J. Dynamic characteristics of granite subjected to intermediate loading rate[J]. Rock Mechanics and Rock Engineering,2005,38(1):21-39.

[2] 李夕兵,宫凤强,Zhao J,等. 一维动静组合加载下岩石冲击破坏试验研究[J]. 岩石力学与工程学报,2010,29(2):251-260.

[3] 吕晓聪,许金余,葛洪海,等. 围压对砂岩动态冲击力学性能的影响[J]. 岩石力学与工程学报,2010,29(1):193-201.

[4] Ju Y,Wang H J,Yang Y M,et al. Numerical simulation of mechanisms of deformation,failure and energy dissipation in porous rock media subjected to wave stresses[J]. Science China Technological Sciences,2010,53(4):1098-1113.

[5] 宫凤强,李夕兵,刘希灵,等. 一维动静组合加载下砂岩动力学特性的试验研究[J]. 岩石力学与工程学报,2010,29(10):2076-2085.

第7章　三维受载岩石动态强度劣化和疲劳变形特性

实际岩体工程在爆破开挖过程中，多数岩体并不是简单地承受一维地应力，而是处于三维地应力的环境中。对深部工程岩体而言，由于自重应力和构造应力等高地应力作用，在爆破开挖时，岩石(体)表现出与浅部岩体工程不同的现象，如软岩大变形和硬岩岩爆等[1-4]。因此，对三维静应力与循环冲击组合作用下岩石动态力学特性展开研究显得尤为重要。

本章利用动静组合加载试验系统，对具有不同轴向静应力和围压的砂岩进行循环冲击试验研究，主要分析砂岩抵抗外部冲击载荷能力的劣化特性、动态强度和变形的变化规律及峰值应力与平均应变率的关系，并重点讨论轴向静应力和围压对岩石动态疲劳力学特性的影响。这对揭示具有三维地应力的工程岩体在多次爆破开挖过程中的动态力学特性具有一定的理论和工程意义。

7.1　三维受载岩石循环冲击试验

1. 岩石试件制备与轴向静应力和围压的设置

岩石试件采用完整性和均质性较好的砂岩制备，其单轴抗压强度为96MPa。岩石试件为圆柱体，尺寸为ϕ50mm×50mm，对岩石试件的两端面进行研磨，两横截面的不平行度和不垂直度均小于0.02mm。围压分别设置为4MPa、8MPa、10MPa和12MPa四个系列，轴向静应力分别设置为49MPa、84MPa、105MPa和125MPa四个系列。

2. 试验装置与试验方法

试验装置采用动静组合加载试验系统。当试件同时具有轴向静应力和围压静应力工况时，试验系统示意图如图 7.1 所示。

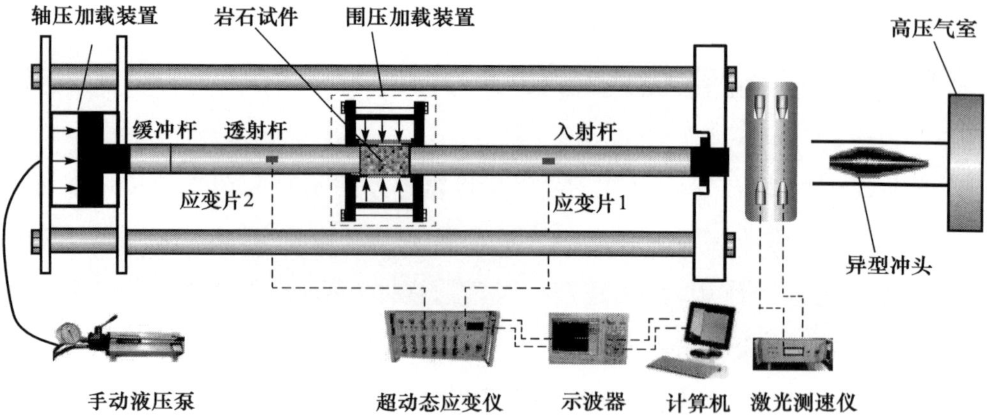

图 7.1　具有三维静载岩石循环冲击试验系统示意图

试验时，岩石试件两端面均匀涂抹一层黄油，确保岩石试件两端面与入射杆和透射杆间接触良好，并能很好地减小岩石与弹性杆界面摩擦力。循环冲击前，轴向静应力和围压等静载荷同时缓慢施加，施加到设定轴向静应力和围压时，关闭轴向静应力和围压加载油泵阀门。

在工程岩体实际爆破开挖过程中，围岩竖直方向应力基本不发生变化，由于围岩体的应力转移，水平方向应力则发生变化。基于此，在循环冲击试验中，应严格保证每次冲击时的轴向静应力等于其设定的轴向静应力值，而围压控油阀门始终紧闭，直至岩石试件冲击破坏。

为了使试验结果具有可比性，对具有不同轴向静应力和围压的岩石试件，循环冲击时入射杆上的入射波幅值大小恒定。当轴向静应力为 49MPa、84MPa、105MPa 和 125MPa 时，高压气室气压分别设置为 1.0MPa、1.1MPa、1.2MPa 和 1.3MPa，进而调整纺锤形冲头在气腔中的初始位置，确保入射杆具有不同轴向静应力时入射波幅值大小相同，入射能约为 230J，确保对不同轴向静应力和围压的岩石试件，冲击载荷的大小既能超过其循环冲击阈值，又不造成单次冲击破坏。

7.2　三维受载岩石循环冲击试验结果

表 7.1 为选用试件的基本参数和总循环冲击次数。由于篇幅限制，图 7.2 仅列出部分轴向静应力下试件的动态应力-应变曲线，图例中的数字表示循环冲击的次数(如图 7.2(a)中的 1、2、3 等分别代表第 1 次、第 2 次和第 3 次冲击)，$\dot{\varepsilon}$ 为该次冲击的平均应变率。

表 7.1　岩石试件的参数和试验结果

试件编号	D /mm	L /mm	$\frac{L}{D}$	ρ /(kg/m³)	C_p /(m/s)	围压 /MPa	轴向静应力 /MPa	总循环冲击次数
T1-4-2	49.42	50.00	1.011	2566	4032	4	49	7
T1-5-4	49.50	50.10	1.012	2523	3683	4	84	4
T2-2-4	49.12	50.34	1.024	2558	4059	4	105	3
T1-4-1	49.46	50.22	1.015	2570	4116	4	125	2
T3-2-1	49.42	49.84	1.008	2496	3664	8	49	15
T5-4-2	49.24	50.38	1.023	2493	3498	8	84	6
T4-1-1	49.54	49.82	1.005	2490	3558	8	105	5
T4-5-1	49.44	49.76	1.006	2542	3769	8	125	5
WT3-4-3	49.16	50.26	1.022	2507	3350	10	49	16
WT1-3-2	48.54	50.34	1.037	2528	3647	10	84	7
WT3-5-1	48.30	50.26	1.040	2570	3988	10	105	6
WT4-3-4	49.48	50.28	1.016	2536	3809	10	125	5
T3-4-3	48.54	50.18	1.033	2484	3533	12	49	19
T5-1-4	49.42	50.00	1.011	2491	3623	12	84	9
WT4-2-3	48.50	49.88	1.028	2469	3667	12	105	8
WT2-5-3	48.54	49.68	1.023	2548	3746	12	125	7

注：D 为试件直径；L 为试件长度；L/D 为长径比；ρ 为试件密度；C_p 为纵波波速。

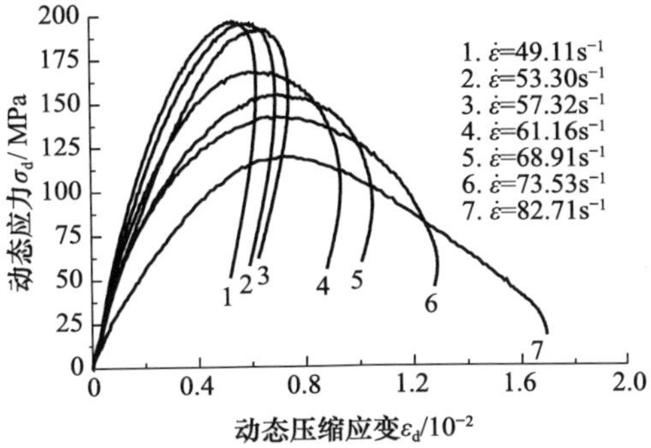

(a) 围压4MPa、轴向静应力49MPa

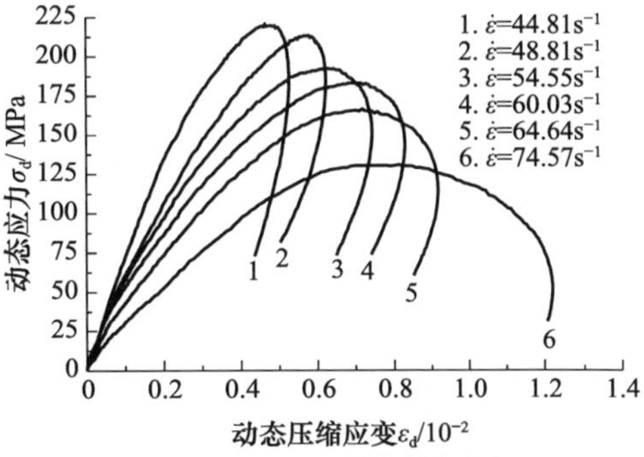

(b) 围压8MPa、轴向静应力84MPa

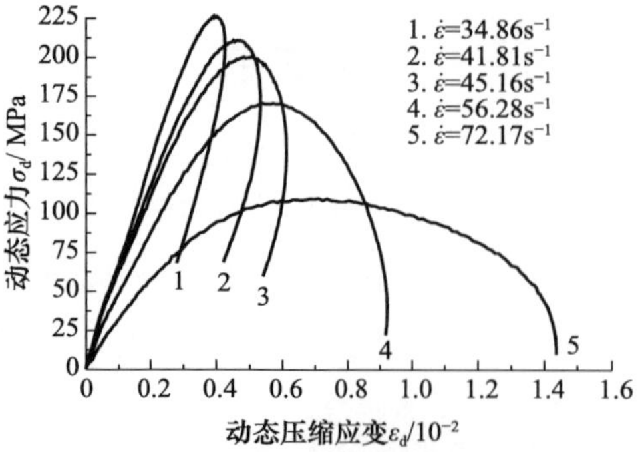

(c) 围压10MPa、轴向静应力125MPa

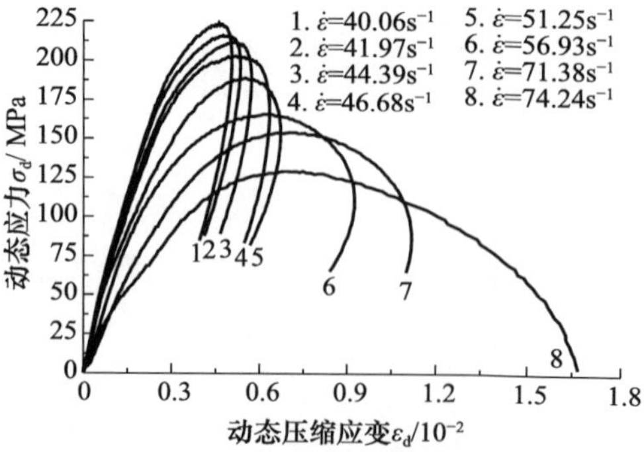

(d) 围压12MPa、轴向静应力105MPa

图 7.2 循环冲击组合作用下具有三维静载岩石的动态应力-应变曲线

7.3 三维受载岩石动态疲劳力学特性

本节通过分析岩石试件承受的总循环冲击次数随轴向静应力和围压的变化关系、峰值应力随循环冲击次数的变化关系，研究具有不同轴向静应力和围压岩石抵抗外部冲击载荷能力的变化特性。

7.3.1 三维受载岩石抵抗循环冲击载荷的能力

1. 总循环冲击次数与轴向静应力和围压的关系

图 7.3 为岩石试件承受的总循环冲击次数随轴向静应力和围压的变化关系。从图中可以看出，承受三维静载的岩石，在相同大小入射波循环作用过程中，当围压相同时，总循环冲击次数随轴向静应力的增大持续减小，其减小的总趋势呈快速下降—低速发展—快速下降的模式。根据此变化关系可得，当轴向静应力达到一定值时，岩石被一冲即溃，甚至仅轴向静应力即可导致岩石发生破坏。这表明对处于三维静应力的岩石，当两个方向的应力确定时，另一个方向的应力越大，其抵抗外部冲击载荷的能力越弱。对比图 6.3 可以看出，岩石在一维静应力下承受的总循环冲击次数随轴向静应力的增加先变大后减小，在轴向静应力为单轴抗压强度的 22%时达到最大值。这说明，在循环冲击载荷作用下，具有的静载荷组合形式不同时，

岩石抵抗外部冲击载荷的能力也不同。

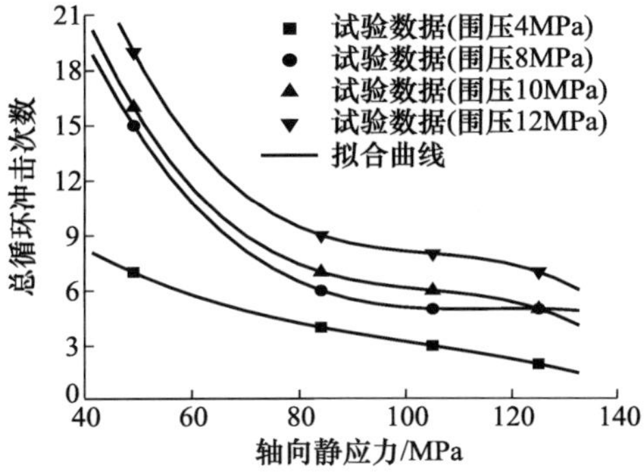

图 7.3　总循环冲击次数随轴向静应力和围压的变化关系

从图 7.3 还可以看出，当岩石承受的轴向静应力固定时，随着围压的增加，总循环冲击次数明显增加，如轴向静应力为 49MPa 时，当围压从 4MPa 分别增加到 8MPa、10MPa 和 12MPa 时，总循环冲击次数分别是原来的 2.14 倍、2.29 倍和 2.71 倍。由此可以得出，围压的大小对岩石抵抗循环冲击的能力影响较大，围压越大，抵抗能力越强。这意味着，在实际工程中为了使岩体结构能承受更多的疲劳冲击载荷，可以通过提高围压来实现。

2. 峰值应力的变化规律

图 7.4 为具有不同围压和轴向静应力下的岩石在循环冲击过程中峰值应力随循环冲击次数的变化关系。

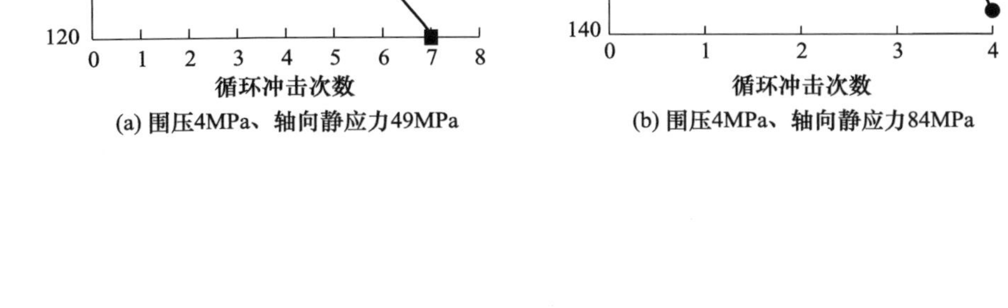

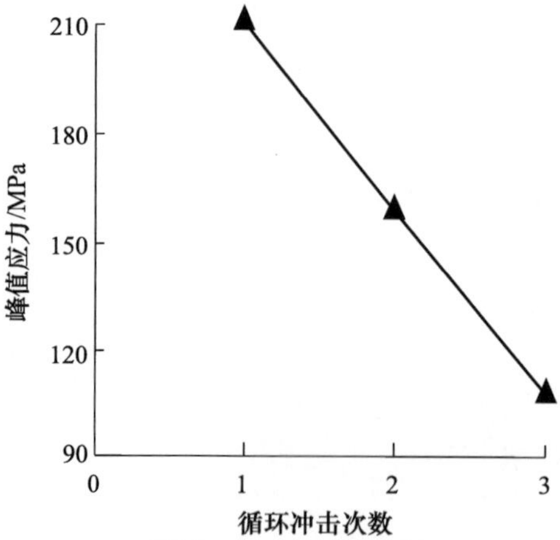

(c) 围压4MPa、轴向静应力105MPa

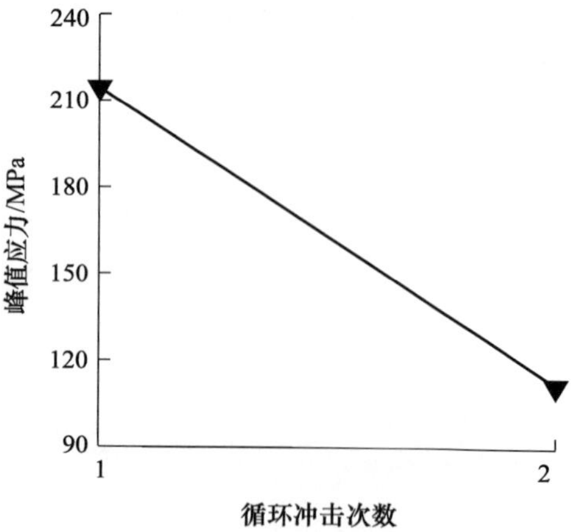

(d) 围压4MPa、轴向静应力125MPa

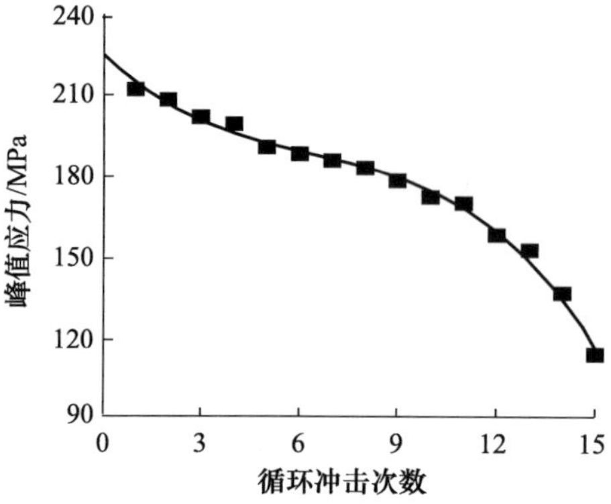

(e) 围压8MPa、轴向静应力49MPa

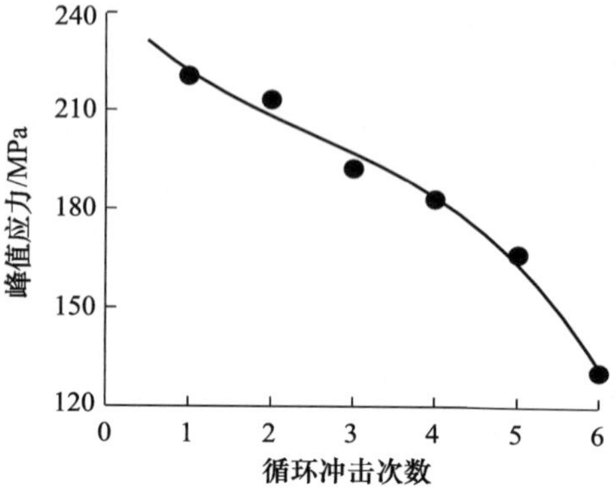

(f) 围压8MPa、轴向静应力84MPa

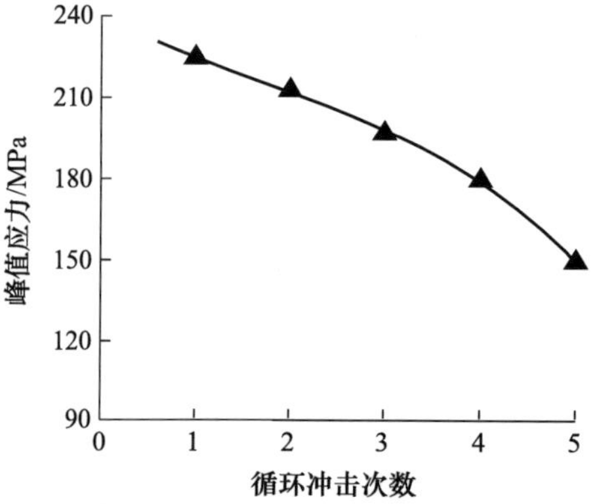

(g) 围压8MPa、轴向静应力105MPa

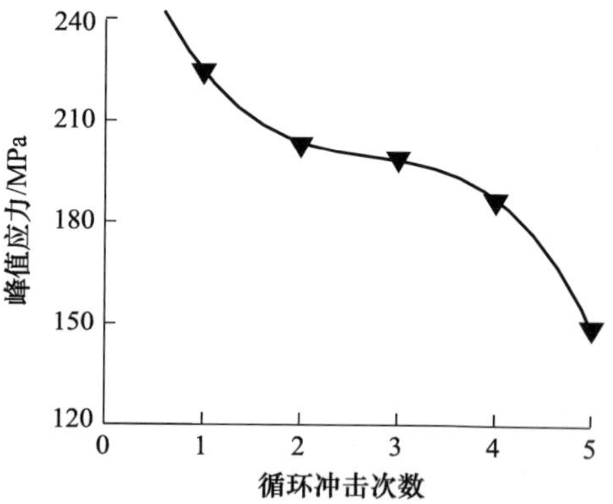

(h) 围压8MPa、轴向静应力125MPa

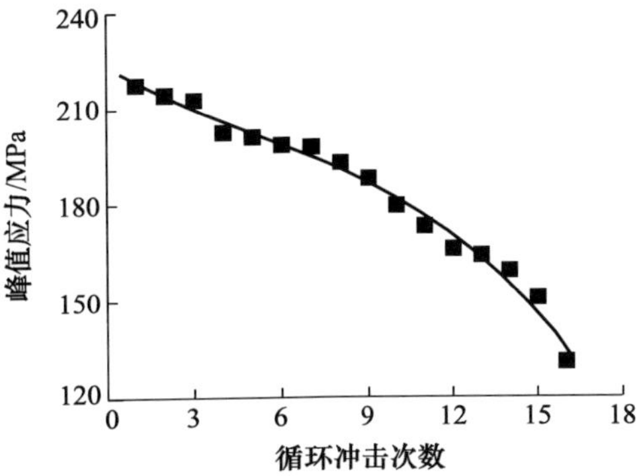

(i) 围压10MPa、轴向静应力49MPa

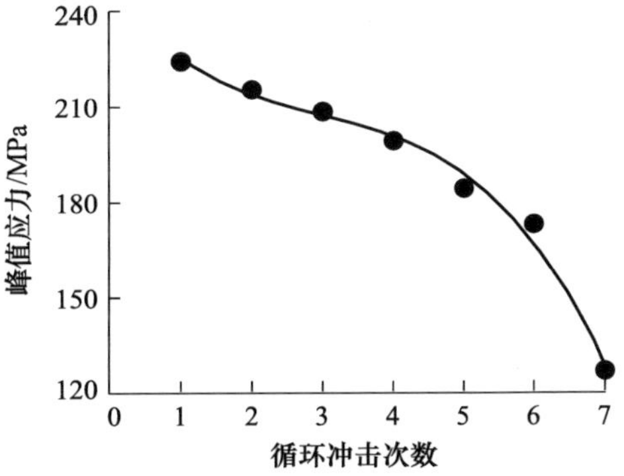

(j) 围压10MPa、轴向静应力84MPa

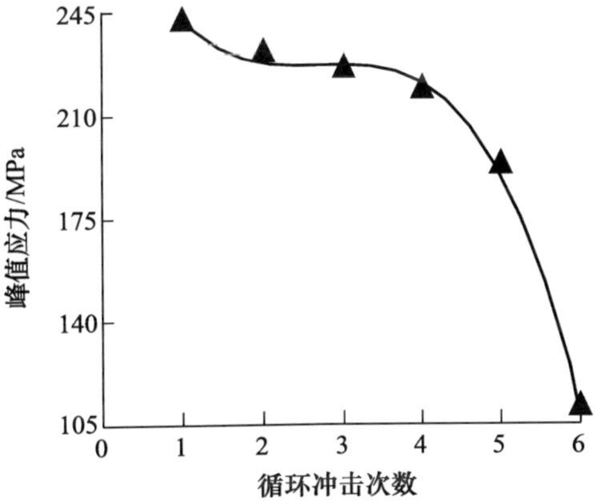

(k) 围压10MPa、轴向静应力105MPa

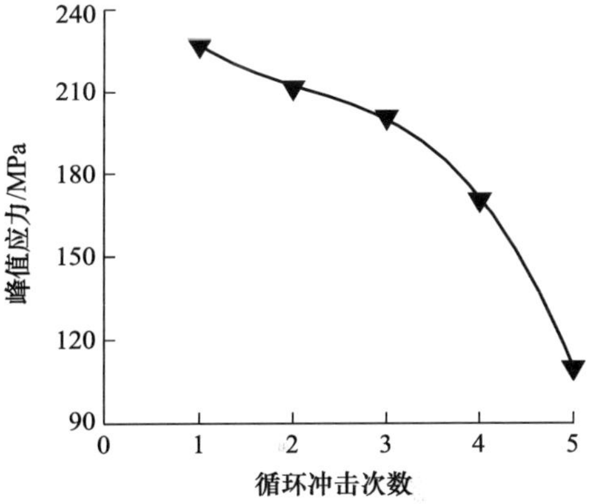

(l) 围压10MPa、轴向静应力125MPa

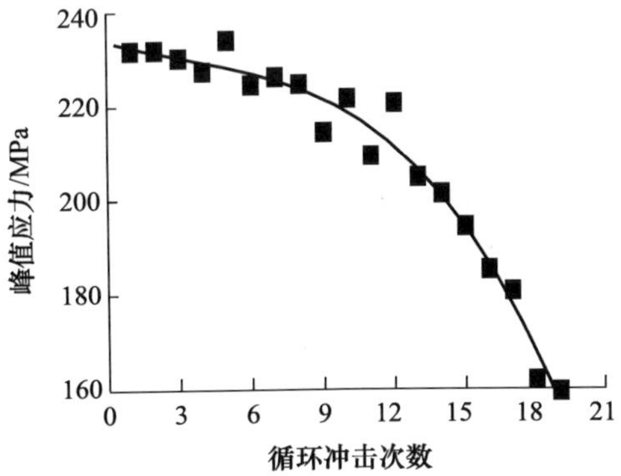

(m) 围压12MPa、轴向静应力49MPa

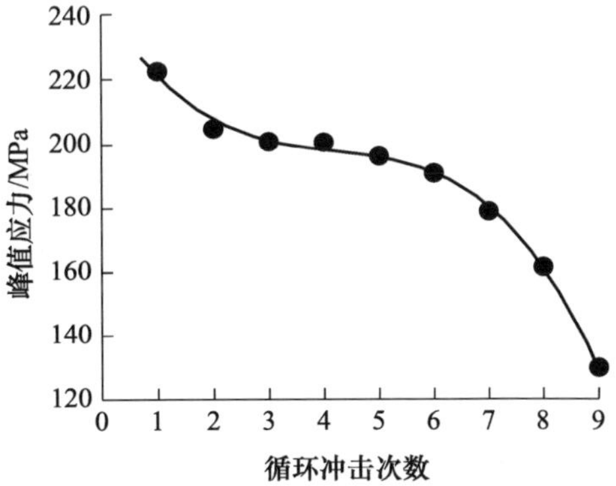

(n) 围压12MPa、轴向静应力84MPa

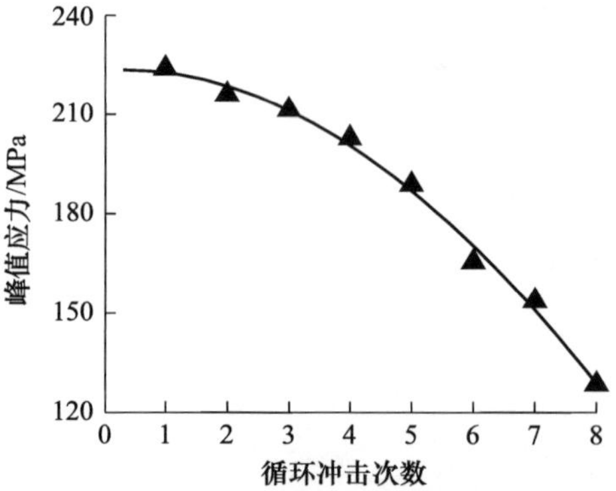

(o) 围压12MPa、轴向静应力105MPa

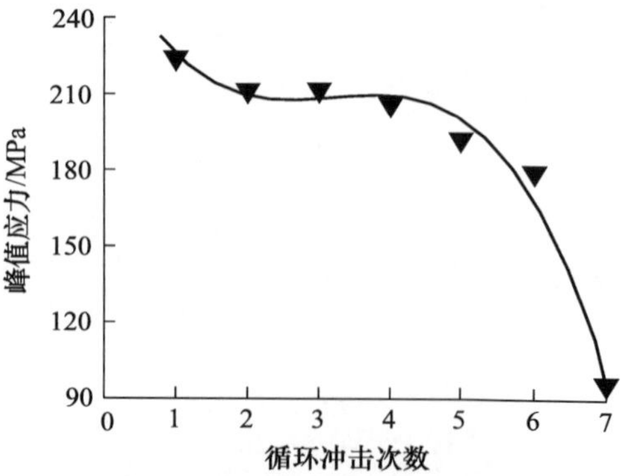

(p) 围压12MPa、轴向静应力125MPa

图 7.4　峰值应力随循环冲击次数的变化关系

从图 7.4 可以看出，随循环冲击次数的增加，岩石动态峰值应力（即岩石抵抗外界冲击载荷的最大能力）逐渐减小，显示出其动态疲劳特性，这与无静载和一维静载作用时的规律一致。在各自最后的若干次冲击过程中，峰值应力下降幅度较大，体现在图 7.4 中是其拟合曲线较陡。

定义岩石动态峰值应力的劣化系数，其表达式为

$$\delta_{\sigma i}=\frac{\sigma_{\mathrm{d}(i+1)}-\sigma_{\mathrm{d}(i)}}{\sigma_{\mathrm{d}(i+1)}}\times 100\% \tag{7.1}$$

$$\delta_{\sigma}=\frac{\sigma_{\mathrm{d}(3)}-\sigma_{\mathrm{d}(1)}}{\sigma_{\mathrm{d}(N)}}\times 100\% \tag{7.2}$$

式中，i 为倒数第 i 次冲击，i 为正整数，取值范围为 $1\sim N$，N 为总循环冲击次数；$\sigma_{\mathrm{d}(i+1)}$ 为倒数第 $i+1$ 次冲击的峰值应力；$\sigma_{\mathrm{d}(i)}$ 为倒数第 i 次冲击的峰值应力；$\delta_{\sigma i}$ 为峰值应力劣化系数，是倒数第 i 次冲击相比倒数第 $i+1$ 次冲击动态强度下降的比值；δ_{σ} 为峰值应力最终劣化系数，是最后一次冲击与倒数第 3 次冲击动态强度之差与第一次冲击的峰值应力之比。

表 7.2 为不同轴向静应力和围压下，最后 3 次循环冲击的动态峰值应力劣化系数和动态峰值应力最终劣化系数。由于当围压为 4MPa，轴向静应力分别为 105MPa 和 125MPa 时，仅分别循环冲击 3 次和 2 次，表 7.2 中仅列出这 2 种工况下部分动态峰值应力劣化系数。

表 7.2　不同静载荷下岩石动态峰值应力的劣化系数

围压/MPa	轴向静应力/MPa	$\delta_{\sigma 3}$/%	$\delta_{\sigma 2}$/%	$\delta_{\sigma 1}$/%	δ_{σ}/%
4	49	7.80	8.06	15.93	17.89
	84	10.77	4.15	18.39	19.44
	105	—	24.56	31.61	48.41
	125	—	—	47.93	—
8	49	3.39	10.27	16.25	17.97
	84	4.86	9.09	21.38	23.69
	105	7.44	8.78	16.67	21.03
	125	2.06	6.16	20.05	22.11
10	49	2.89	5.33	13.21	13.08
	84	7.50	6.06	26.68	25.58
	105	3.17	11.76	42.89	44.72
	125	5.03	14.89	35.64	40.03
12	49	2.48	10.51	1.51	9.24
	84	6.30	9.75	19.57	21.99
	105	12.30	7.06	16.34	16.45
	125	6.48	6.33	30.18	29.84

从表 7.2 可以看出，当岩石具有不同轴向静应力和围压时，最后 3 次循环冲击过程中，动态峰值应力劣化系数变化较大，倒数第 3 次冲击导致的峰值应力劣化系数较小，大多在 7.8%以内，倒数第 2 次的峰值应力劣化系数大多在 5%～10%，而最后一次的峰值应力劣化系数则上升到 20%左右，有的甚至达到 40%以上。这表明两层含义，一是岩石在循环冲击载荷作用下，峰值应力劣化存在突变过程；二是根据式(7.1)定义的岩石动态峰值应力劣化系数，可以预测岩石在循环冲击载荷作用下是否将要发生宏观破坏。

另外，从峰值应力最终劣化系数可以看出，最后 2 次冲击使岩石抵抗外部动载荷的能力下降幅度较大，大多达到 20%以上，对轴向静应力较大的岩石甚至达到 30%以上，这足以表明岩石在循环冲击作用过程中，最后若干次冲击导致其动态强度劣化幅度较大。

7.3.2　三维受载岩石动态疲劳变形特性

1. 峰值应变和残余应变的变化规律

图 7.5 为不同围压和轴向静应力下岩石试件动态峰值应变和动态残余

应变随循环冲击次数的变化关系。从图中可以看出，对同一岩石试件，动态峰值应变和动态残余应变随循环冲击次数的变化趋势近似相等。除围压较小、轴向静应力较大的情况外，从拟合曲线(暂用三次曲线拟合)可以看出，前几次冲击的峰值应变随循环冲击次数增加较快，但耗费的循环冲击次数较少，约占总循环冲击次数的 10%。接着进入相对平稳增加阶段，这个阶段耗费的循环冲击次数最多，约占总循环冲击次数的 50%。最后是急剧上升阶段，该阶段的变化趋势最陡峭，该阶段的循环冲击次数约占总循环冲击次数的 40%。

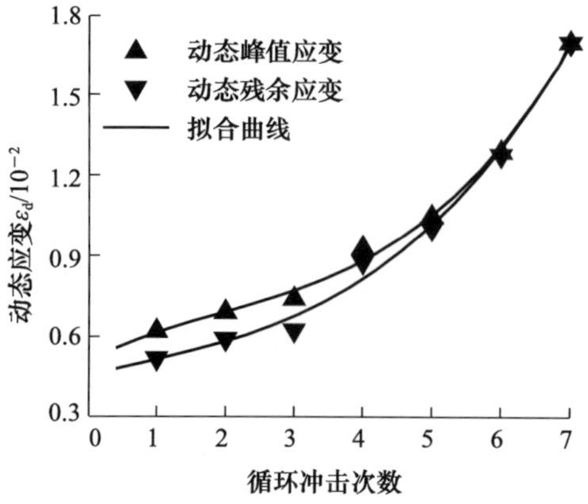

(a) 围压4MPa、轴向静应力49MPa

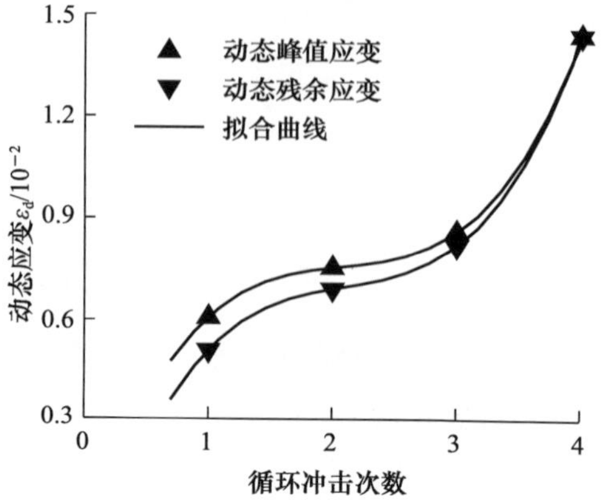

(b) 围压4MPa、轴向静应力84MPa

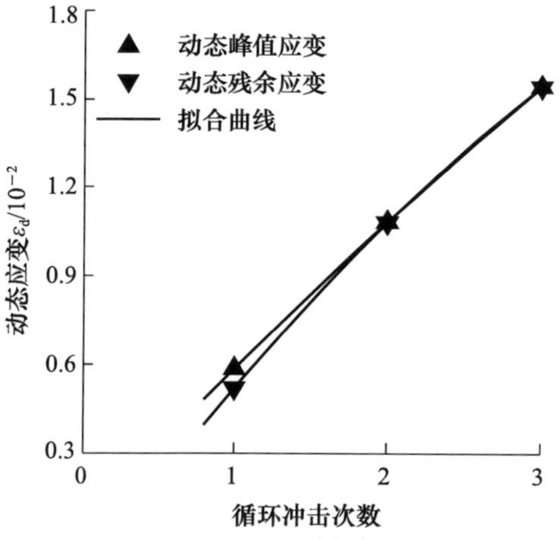

(c) 围压4MPa、轴向静应力105MPa

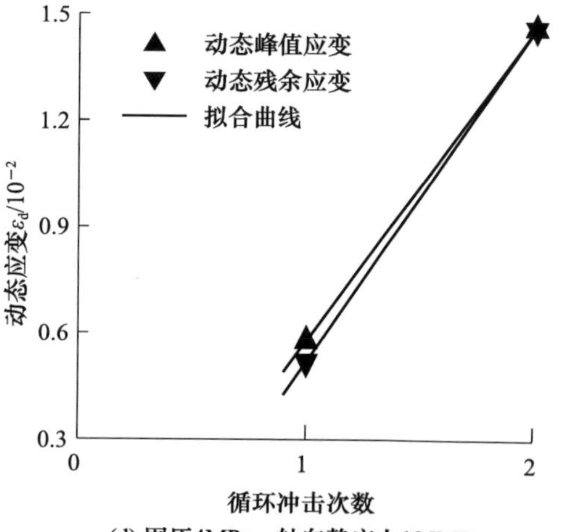

(d) 围压4MPa、轴向静应力125MPa

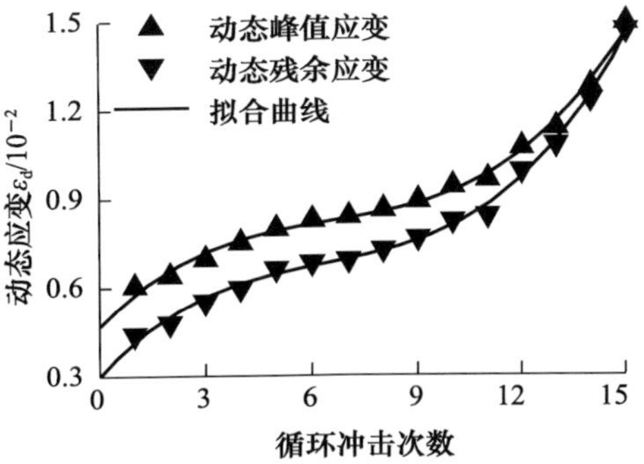

(e) 围压8MPa、轴向静应力49MPa

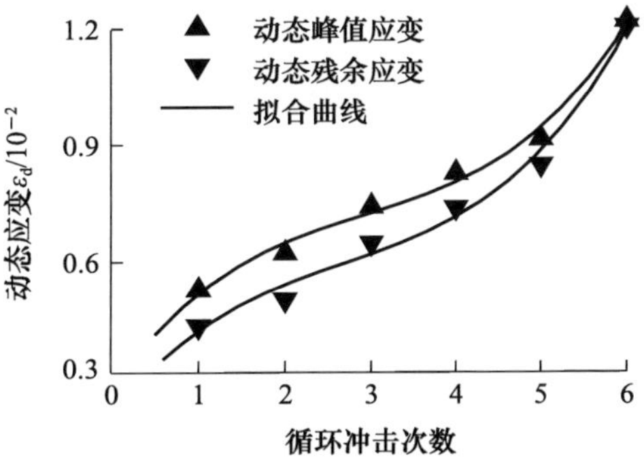

(f) 围压8MPa、轴向静应力84MPa

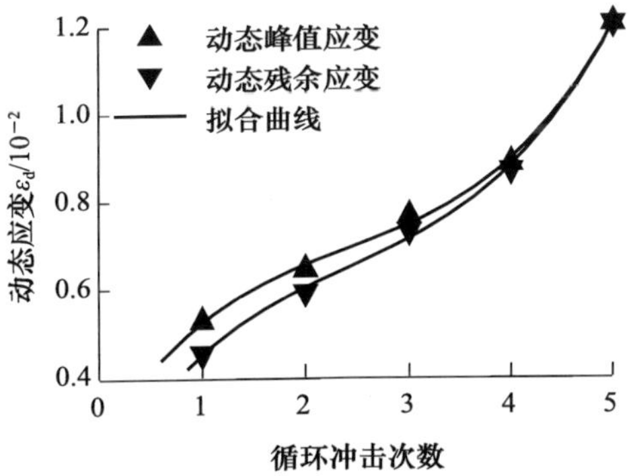

(g) 围压8MPa、轴向静应力105MPa

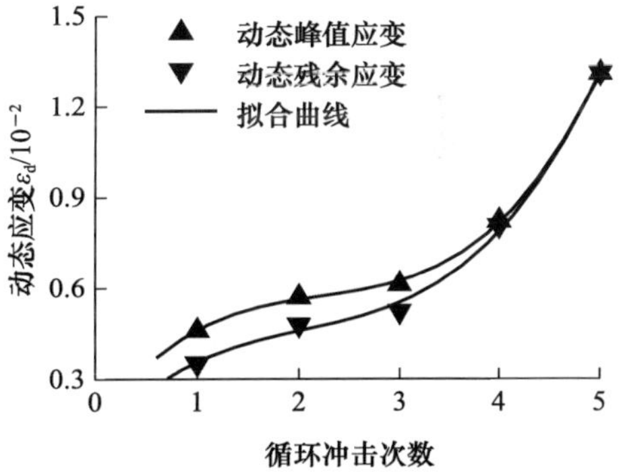

(h) 围压8MPa、轴向静应力125MPa

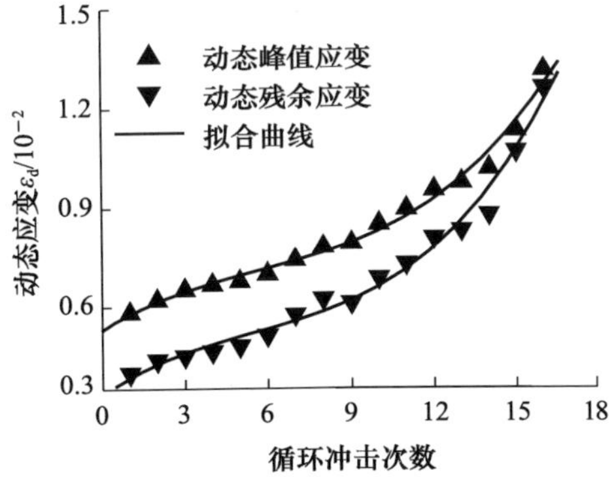

(i) 围压10MPa、轴向静应力49MPa

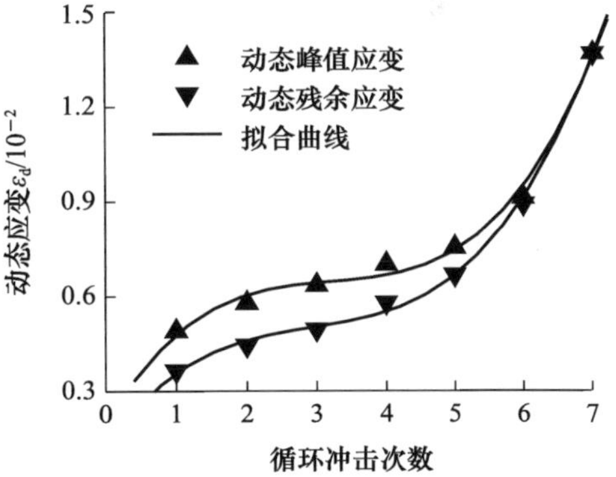

(j) 围压10MPa、轴向静应力84MPa

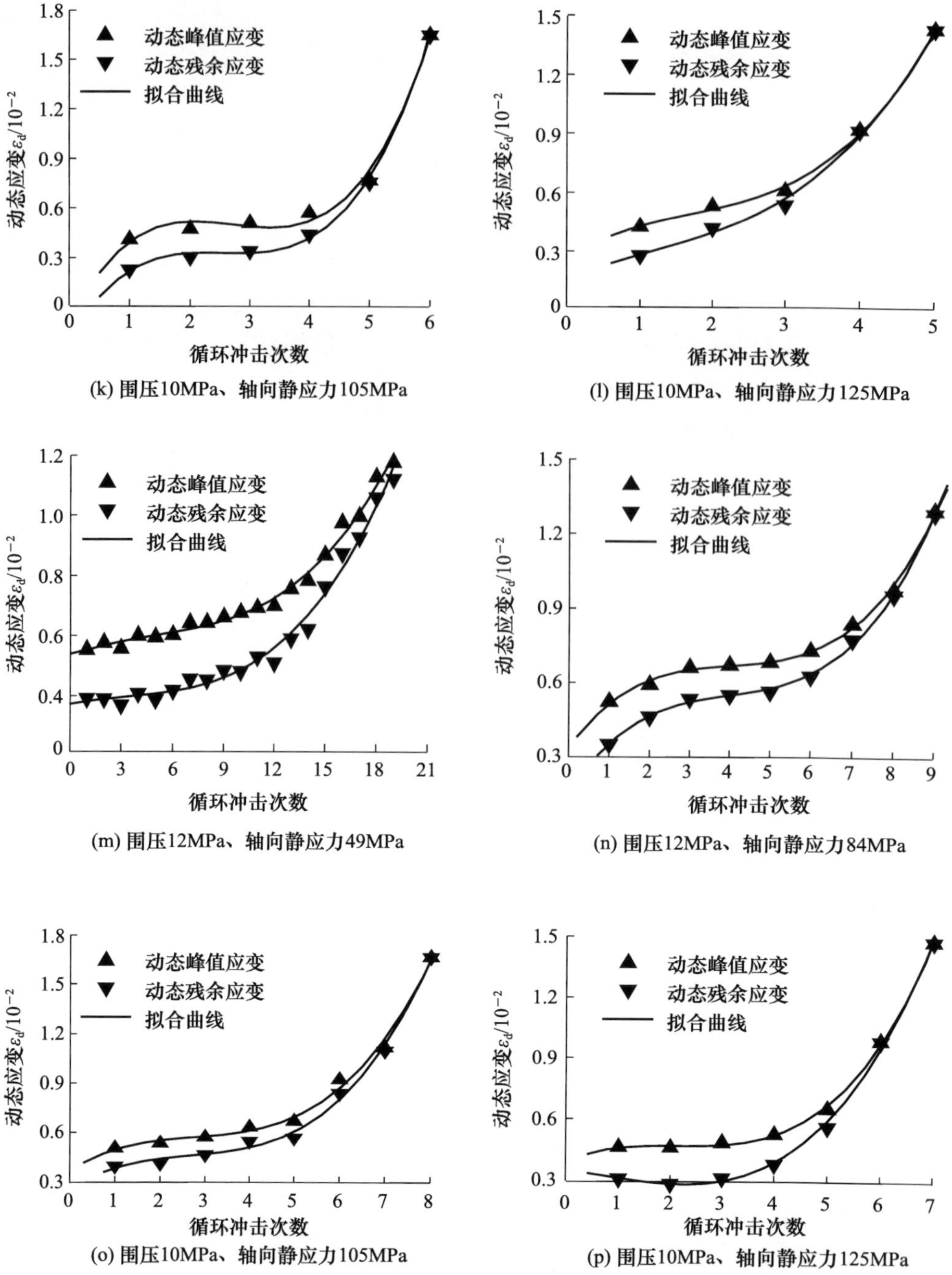

(k) 围压10MPa、轴向静应力105MPa

(l) 围压10MPa、轴向静应力125MPa

(m) 围压12MPa、轴向静应力49MPa

(n) 围压12MPa、轴向静应力84MPa

(o) 围压10MPa、轴向静应力105MPa

(p) 围压10MPa、轴向静应力125MPa

图 7.5　三维受载岩石试件动态峰值应变和动态残余应变随循环冲击次数的变化关系

在静态或准静态循环载荷作用下，岩石的变形也明显存在三个阶段：初始阶段、低速阶段和加速阶段。因此，无论在静态还是动态循环载荷作用下，岩石的变形与循环冲击次数的变化关系曲线都具有初始阶段、低速阶段和加速阶段。

另外，从图 7.5 还可以看出，相同围压情况下，随轴向静应力的增加，第一次冲击得到的动态压缩应变逐渐减小，而相同轴向静应力情况下，随围压的加大，第一次冲击得到的动态压缩应变也呈逐渐减小的趋势。这也表明，轴向静应力和围压等静载荷影响着岩石抵抗外部冲击载荷的变形能力。

2. 变形模量的变化规律

从图 7.2 可以看出，随循环冲击次数的增加，岩石动态应力-应变曲线加载段的斜率整体上逐渐减小。根据第 6 章中加载段变形模量的定义方法，不同围压和轴向静应力下岩石加载段的变形模量随循环冲击次数的变化关系如图 7.6 所示。

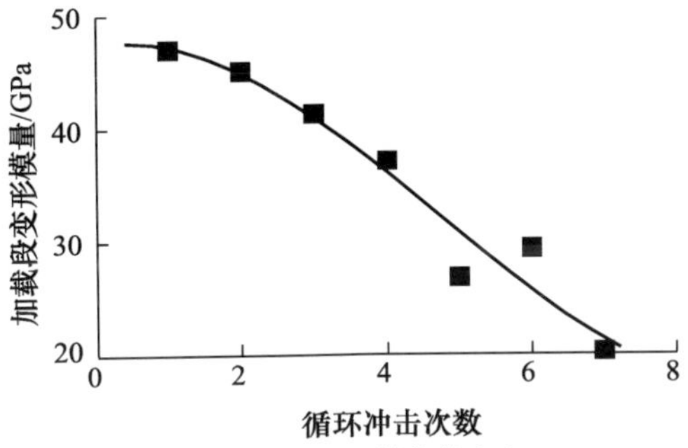

(a) 围压4MPa、轴向静应力49MPa

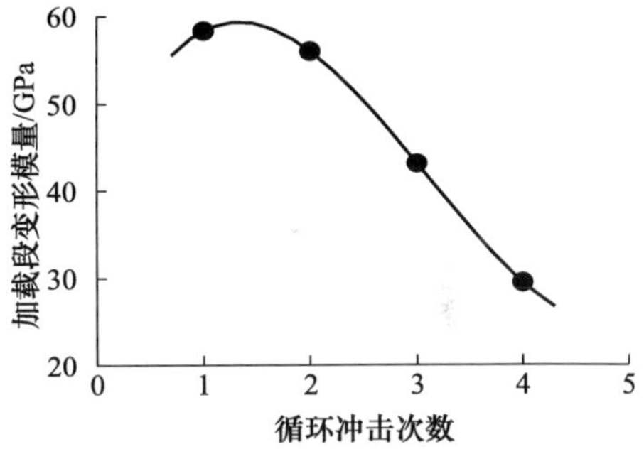

(b) 围压4MPa、轴向静应力84MPa

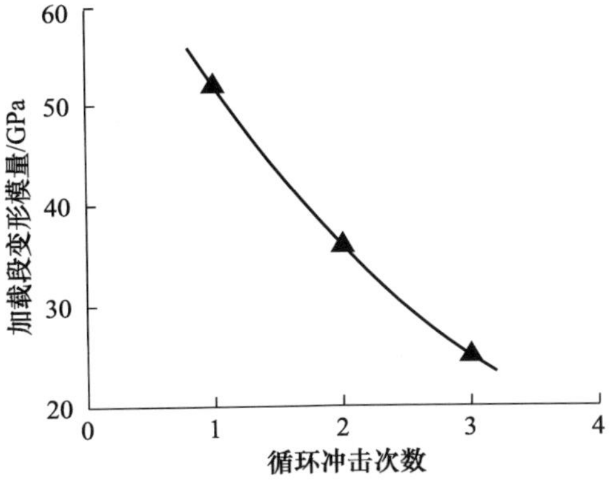

(c) 围压4MPa、轴向静应力105MPa

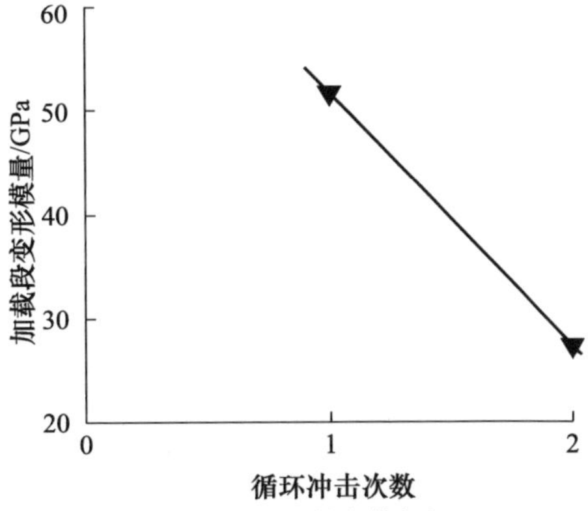

(d) 围压4MPa、轴向静应力125MPa

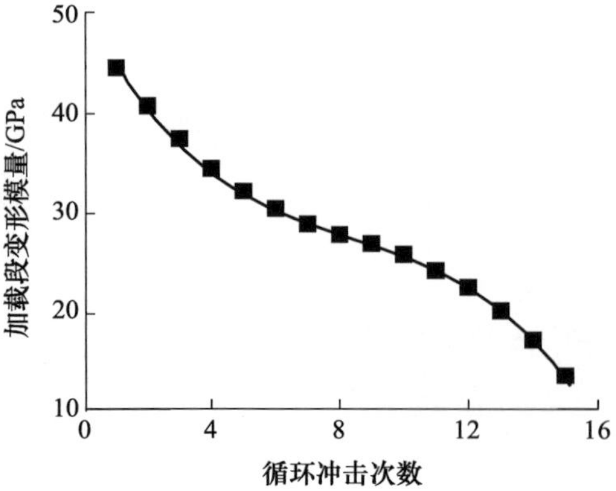

(e) 围压8MPa、轴向静应力49MPa

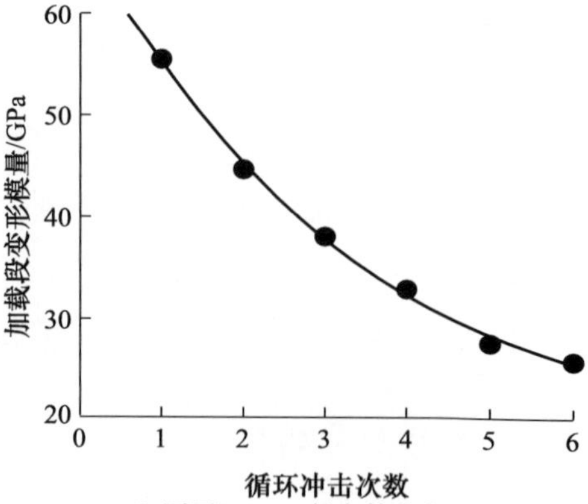

(f) 围压8MPa、轴向静应力84MPa

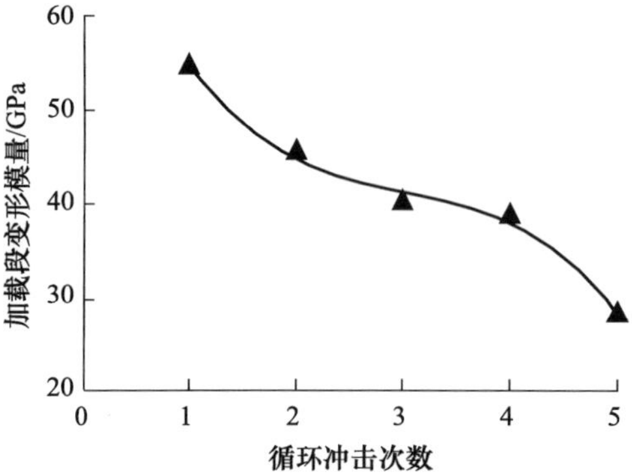

(g) 围压8MPa、轴向静应力105MPa

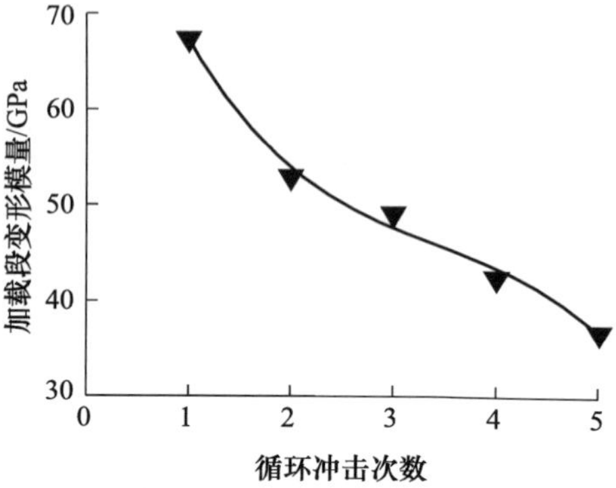

(h) 围压8MPa、轴向静应力125MPa

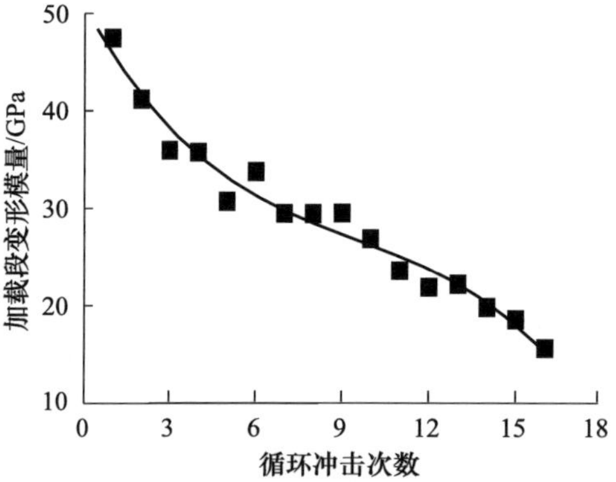

(i) 围压10MPa、轴向静应力49MPa

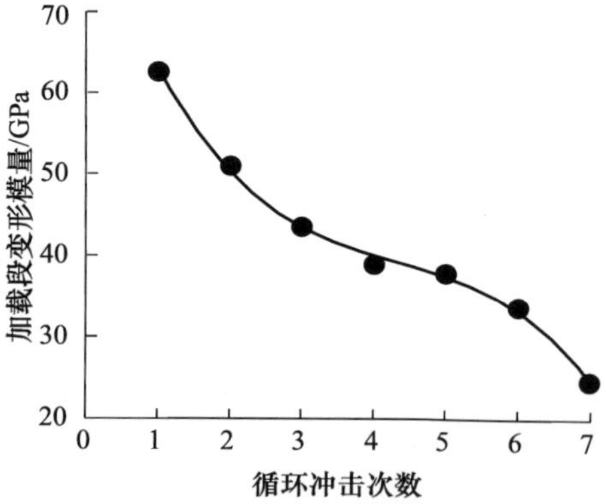

(j) 围压10MPa、轴向静应力84MPa

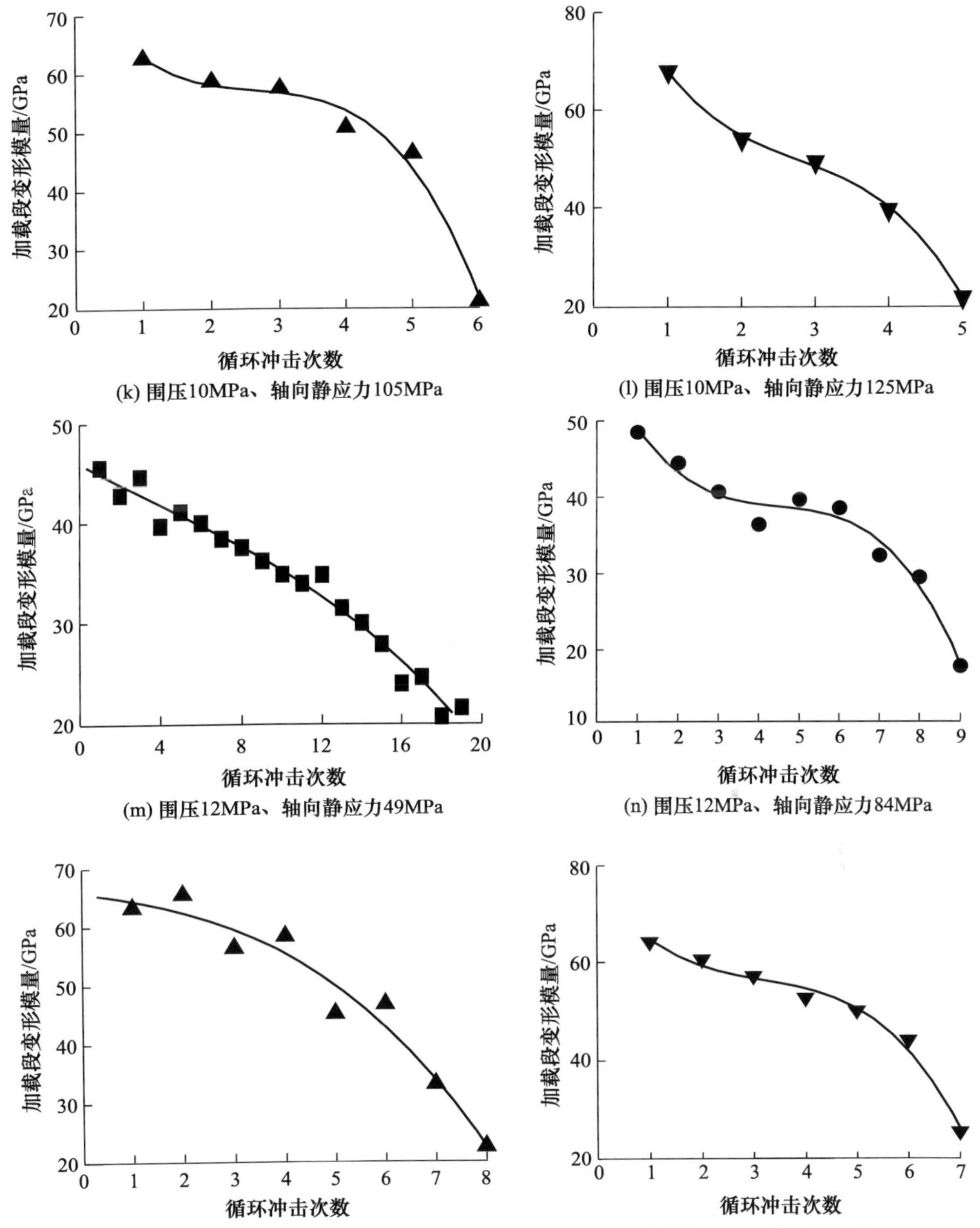

(k) 围压10MPa、轴向静应力105MPa

(l) 围压10MPa、轴向静应力125MPa

(m) 围压12MPa、轴向静应力49MPa

(n) 围压12MPa、轴向静应力84MPa

(o) 围压12MPa、轴向静应力105MPa

(p) 围压12MPa、轴向静应力125MPa

图 7.6 三维受载岩石加载段变形模量随循环冲击次数的变化关系

从图 7.6 可以看出,随着循环冲击次数的增加,岩石加载段的变形模量逐渐减小，体现出岩石在循环冲击载荷作用下疲劳变形的特性，且其变化趋势多数情况下呈现出急剧下降—平缓发展—急剧下降的形态，这与峰值应变和残余应变的演化趋势相对应，体现出循环冲击作用过程中岩石累积损伤演化的特性。

砂岩属于典型的胶结连接材料，主要由石英、长石和胶结物质组成。当外部冲击载荷达到一定阈值时，尽管一次冲击不能导致岩石发生宏观破坏，但岩石内部微裂纹会不断萌生、起裂、扩展直至贯通成片，体现在加载段的变形上即在承受相同的应力时，岩石必然发生更大的变形。

岩石在承受循环冲击发生疲劳变形过程中，当岩石承受冲击载荷时，岩石晶体颗粒和胶结物受到相同大小的应力作用，在前若干次冲击中，胶结物质的承载能力小于矿物晶体颗粒的承载能力，首先出现较大的变形，致使其由弹性变形快速达到塑性变形，岩石整体的变形模量也急剧降低。随着循环冲击的进行，一些矿物晶体颗粒承受外部载荷的比例开始加大，而胶结物承受外部载荷的比例在逐渐减小，由于岩石矿物晶体颗粒承受载荷的能力相对较强，在相同大小的冲击载荷作用下，岩石的变形能力变化相对较平缓，即出现了平缓发展阶段。随着循环冲击进一步进行，当岩石晶体颗粒强度劣化到一定程度时，部分承载骨架开始逐渐断裂，而此时沿着骨架颗粒断裂平面的胶结物开始破坏，岩石再次出现抵抗外部变形的能力急剧减弱的现象，即加载段变形模量出现最后的急剧下降阶段。

从图 7.6 还可以看出，相同围压下，轴向静应力越大，岩石加载段的变形模量随循环冲击次数的变化越急剧；相同轴向静应力下，围压越大，加载段的变形模量变化越平缓。

3. 弹性应变占比的变化规律

图 7.7 为循环冲击作用过程中弹性应变占比的变化规律。从图中可以看出，随着循环冲击次数的增加，单次冲击造成的弹性应变整体上逐渐减小，表明随着循环冲击次数的增加，岩石的弹性变形能力逐渐减弱，直至岩石发生宏观破坏，弹性变形能力完全消失，这也体现出岩石在循环冲击作用下的疲劳变形特性。

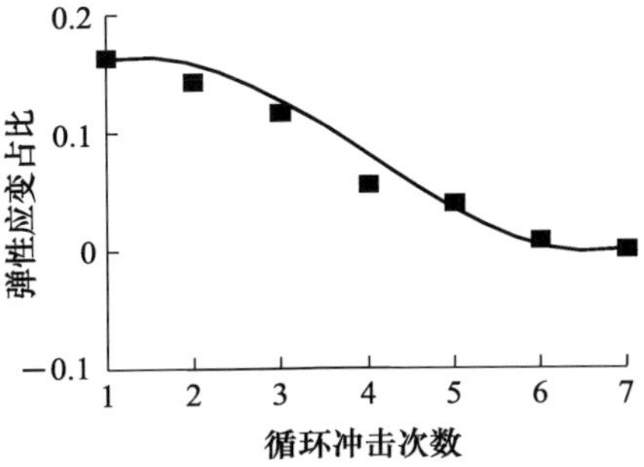

(a) 围压4MPa、轴向静应力49MPa

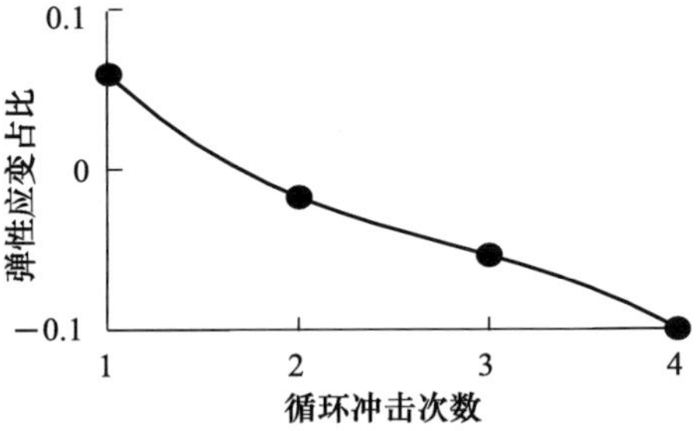

(b) 围压4MPa、轴向静应力84MPa

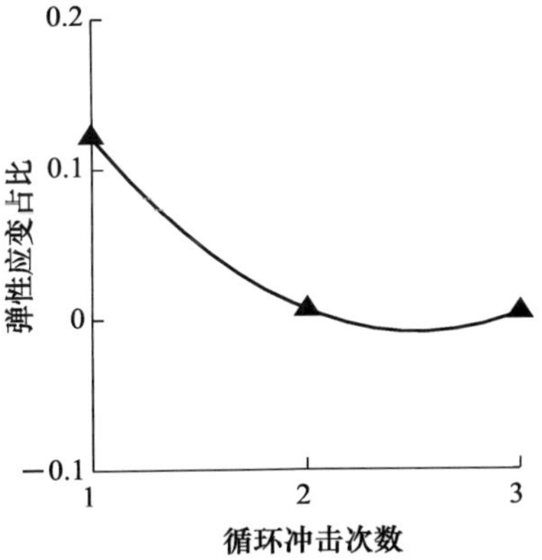

(c) 围压4MPa、轴向静应力105MPa

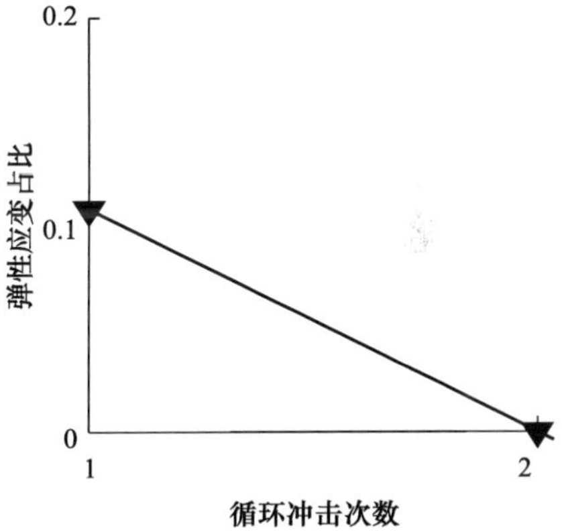

(d) 围压4MPa、轴向静应力125MPa

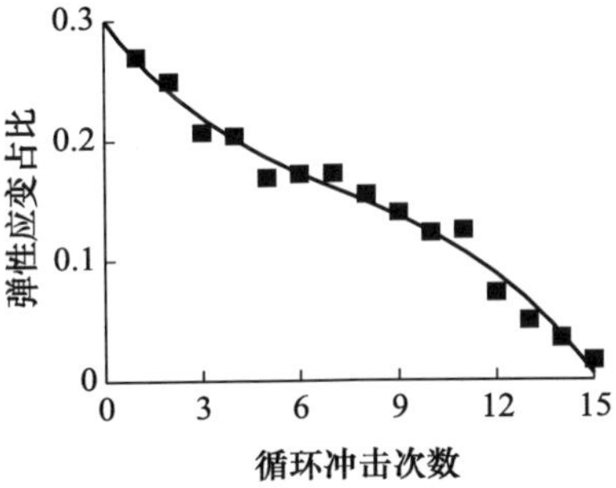

(e) 围压8MPa、轴向静应力49MPa

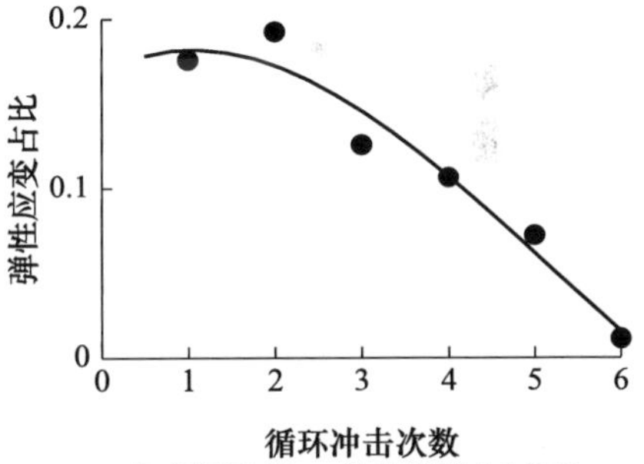

(f) 围压8MPa、轴向静应力84MPa

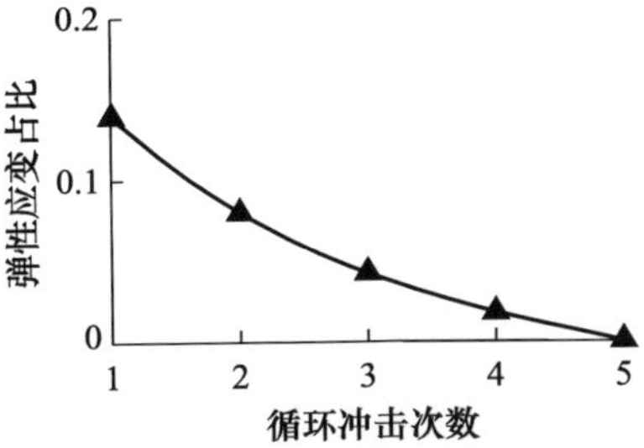

(g) 围压8MPa、轴向静应力105MPa

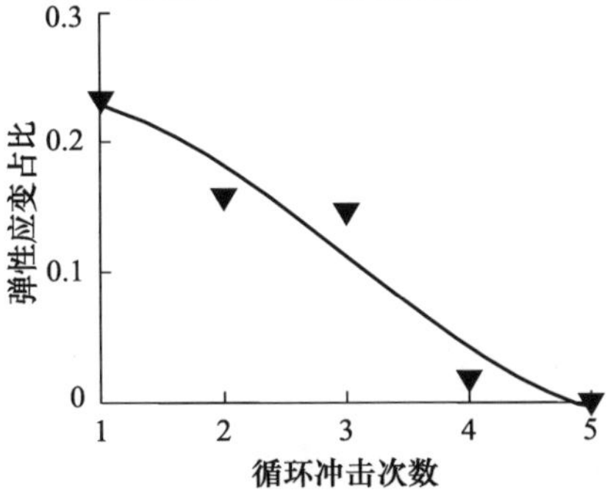

(h) 围压8MPa、轴向静应力125MPa

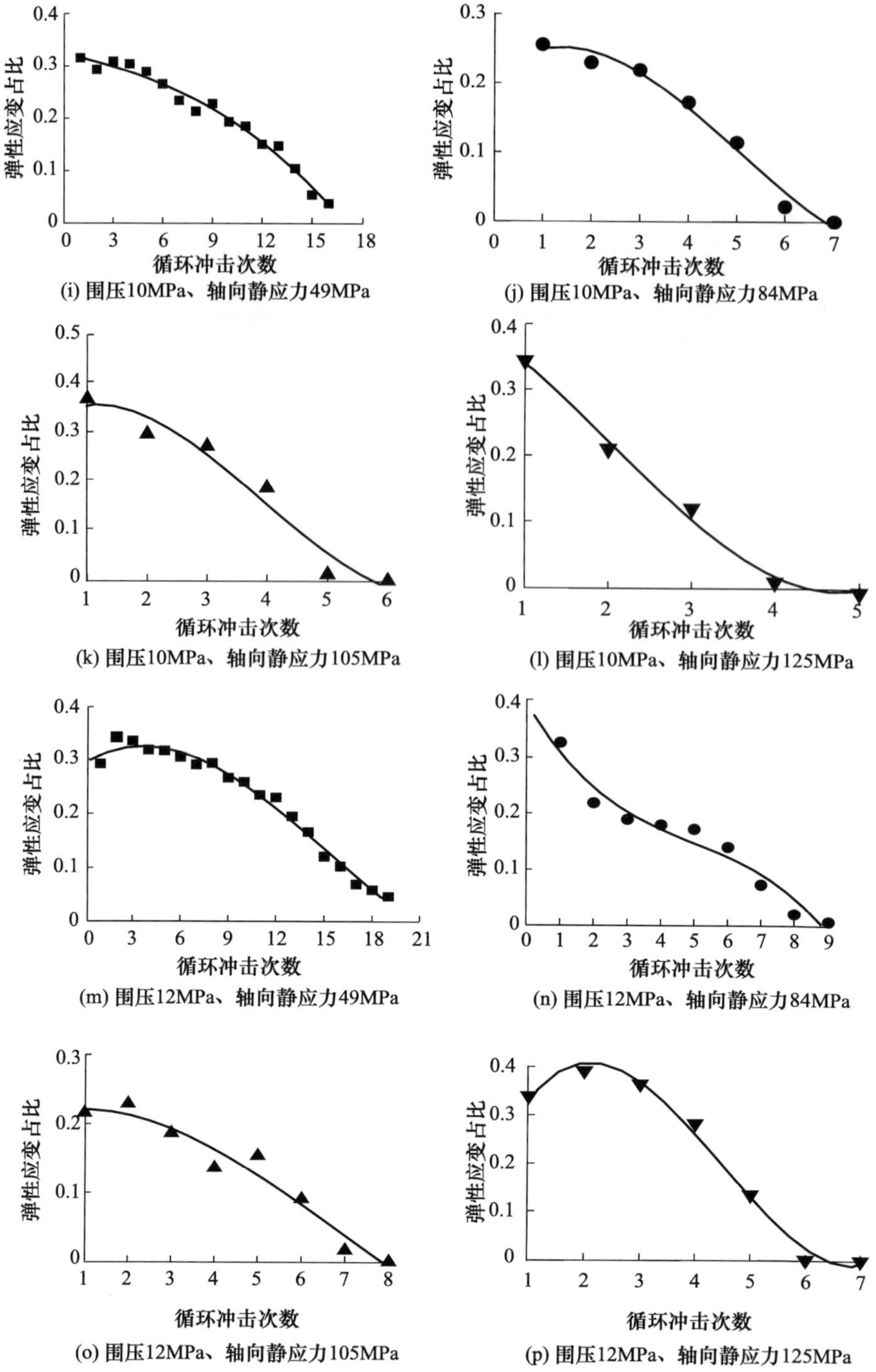

图 7.7　循环冲击作用下岩石试件弹性应变占比的变化规律

7.3.3 三维受载岩石动态峰值应力与平均应变率的关系

图 7.8 为循环冲击过程中岩石动态峰值应力与平均应变率的关系。从图中可以看出,随平均应变率的增加,岩石动态峰值应力逐渐减小。对试验结果中的动态峰值应力和平均应变率用式(7.3)进行拟合:

$$\sigma_d = k_c\dot{\varepsilon} + \sigma_0 \tag{7.3}$$

式中,σ_d 为单次冲击时岩石试件的动态峰值应力,MPa;$\dot{\varepsilon}$ 为单次冲击时岩石试件的平均应变率,s^{-1};k_c 为拟合系数,MPa·s;σ_0 为拟合系数,MPa。

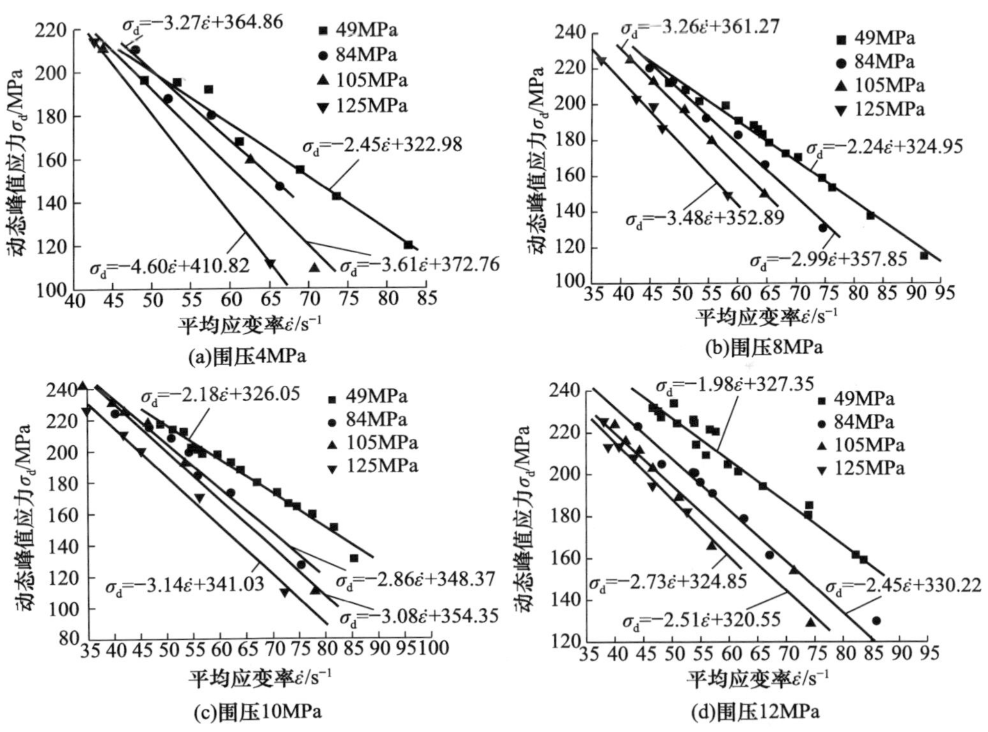

图 7.8　循环冲击过程中岩石动态峰值应力与平均应变率的关系

不同围压和轴向静应力下拟合参数 k_c 和 σ_0 及相关系数的值如表 7.3 所示。从拟合结果看,动态峰值应力和平均应变率具有良好的负线性关系。

表 7.3　不同围压和轴向静应力下拟合参数 k_c 和 σ_0 及相关系数

围压/MPa	轴向静应力/MPa	k_c/(MPa·s)	σ_0/MPa	相关系数 R^2
4	49	−2.45	322.98	0.9689
	84	−3.27	364.86	0.9697
	105	−3.61	372.76	0.9552
	125	−4.60	410.82	1.0000
8	49	−2.24	324.95	0.9882
	84	−2.99	357.85	0.9889
	105	−3.26	361.27	0.9987
	125	−3.48	352.89	0.9900
10	49	−2.18	326.05	0.9829
	84	−2.86	348.37	0.9684
	105	−3.08	354.35	0.9891
	125	−3.14	341.03	0.9894
12	49	−1.98	327.35	0.9612
	84	−2.45	330.22	0.9854
	105	−2.51	320.55	0.9549
	125	−2.97	324.85	0.9884

在单次冲击载荷作用下，岩石动态强度存在明显的率相关性，在 SHPB 试验装置的试验范围内，岩石的动态抗压强度 σ_d 与应变率 $\dot{\varepsilon}$ 的经验关系为 $\sigma_d \propto \dot{\varepsilon}^{1/3}$[5]。刘军忠等[6]对角闪岩进行了研究，认为动态抗压强度随平均应变率的增加近似线性增加。这两个经验结果没有本质区别，只是在拟合试验结果时，应变率的取值范围不同而已。

尽管单次和循环冲击作用下岩石的动态强度（或峰值应力）与平均应变率都有线性关系，但二者具有不同的意义。在单次冲击作用下的关系表明岩石强度的率相关性，而图 7.8 中的线性关系表示在相同大小入射波循环作用过程中，随着循环冲击次数的增加，平均应变率逐渐增加，动态峰值应力逐渐减小，在此过程中动态峰值应力与平均应变率呈负线性关系，这体现出循环冲击作用下岩石动态力学的劣化特性，不属于率相关性。

图 7.9 为式(7.3)中拟合参数 k_c 与轴向静应力和围压的关系。从图中可以看出，相同围压情况下，随轴向静应力的递增，动态峰值应力和平均应变率拟合曲线斜率的绝对值越来越大，表明在平均应变率的相同变化范围内，轴向静应力大的试件动态峰值应力下降更多，即在相同围压和循环冲击载荷时，具有

的轴向静应力越大的试件抵抗外部循环冲击的能力越弱。与此相反，相同轴向静应力情况下，随着围压的增加，拟合曲线斜率的绝对值越来越小，表明在相同的平均应变率变化范围内，围压越大的试件动态峰值应力下降更缓慢，即围压有利于岩石抵抗外部循环冲击。

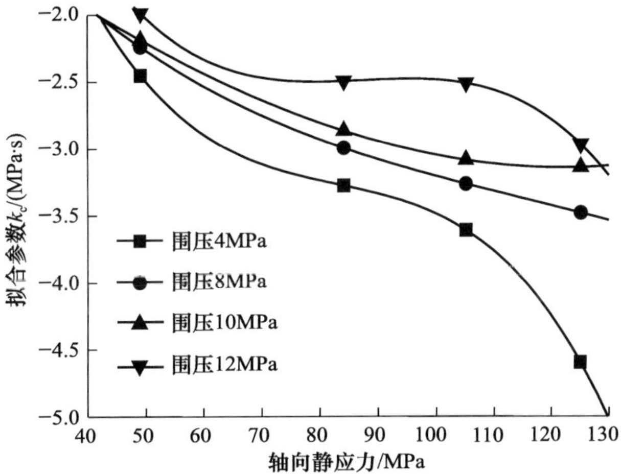

图 7.9　拟合参数 k_c 与轴向静应力和围压的关系

7.4　本章小结

本章对具有三维静应力岩石试件进行了循环冲击试验，通过分析岩石试件承受的总循环冲击次数的变化特性、峰值应力随循环冲击次数的变化关系，研究具有不同轴向静应力和围压岩石抵抗外部冲击载荷能力的变化特性。通过分析峰值应变、残余应变、变形模量和弹性应变占比的变化规律，探索三维受载岩石动态疲劳变形特性。并综合研究了岩石动态峰值应力与平均应变率的关系。主要研究结论如下：

(1) 三维静应力大小组合方式对岩石抵抗循环冲击能力的影响较大。相同围压和相同加载入射波条件下，总循环冲击次数随轴向静应力的增大而减小，而无围压时，总循环冲击次数随轴向静应力的增大先增加后减小；相同轴向静应力下，随着围压的增大，岩石承受的总循环冲击次数递增。增加围压、减小轴向静应力有助于提高岩石抵抗循环冲击的能力。

(2) 岩石抵抗外部冲击载荷的变形能力逐步降低，具有疲劳变形特性。随着循环冲击次数的增加，岩石动态峰值应力逐渐减小，动态峰值应变和残余应变逐渐增加，加载段的变形模量和弹性应变则逐渐减小，在最后的若干次冲击过程中，其动态峰值应力下降幅度最大，峰值应力劣化存在突变过程，根据岩石动态峰值应力劣化系数，可以预测岩石在循环冲击载荷作用下是否将要发生宏观破坏。

(3) 岩石在相同等级的冲击载荷循环作用过程中，动态峰值应力和平均应变率具有良好的负线性关系。在相同围压下，随着轴向静应力的递增，动态峰值应力和平均应变率拟合曲线斜率的绝对值越来越大；在相同轴向静应力下，随着围压的增加，拟合曲线斜率的绝对值越来越小。这表明在相同围压和循环冲击载荷时，具有的轴向静应力越大的试件抵抗外部循环冲击的能力越低，围压的增加有利于提高岩石抵抗外部循环冲击的能力。

参考文献

[1] Yang X J, Pang J W, Liu D M, et al. Deformation mechanism of roadways in deep soft rock at Hegang Xing'an Coal Mine[J]. International Journal of Mining Science and Technology, 2013, 23(2): 307-312.

[2] Chen Z Q, He C, Xu G W, et al. A case study on the asymmetric deformation characteristics and mechanical behavior of deep-buried tunnel in phyllite[J]. Rock Mechanics and Rock Engineering, 2019, 52(11): 4527-4545.

[3] Feng G L, Feng X T, Xiao Y X, et al. Characteristic microseismicity during the development process of intermittent rockburst in a deep railway tunnel[J]. International Journal of Rock Mechanics and Mining Sciences, 2019, 124: 104153.

[4] Zhang S C, Ma T H, Tang C A, et al. Microseismic monitoring and experimental study on mechanism of delayed rockburst in deep-buried tunnels[J]. Rock Mechanics and Rock Engineering, 2020, 53(6): 2771-2788.

[5] 李夕兵，赖海辉，朱成忠. 冲击载荷作用下岩石破碎能耗及其力学性质的探讨[J]. 矿冶工程，1988，8(1)：15-19.

[6] 刘军忠，许金余，吕晓聪，等. 冲击压缩荷载下角闪岩的动态力学性能试验研究[J]. 岩石力学与工程学报，2009，28(10)：2113-2120.

第 8 章　三维受载岩石的动态能量耗散特性

能量耗散特性一直是岩石力学和工程岩体爆破开挖研究中的热点问题之一[1-5]。利用能量耗散特性可以定义岩石损伤变量，建立岩石强度准则，探索岩石承受载荷时的损伤、变形和破坏机制[6-9]。在研究岩石冲击破碎特性时，岩石能量耗散也是重点关注的参数，它不仅是高效、合理地研究钻具的关键，也是判定岩石是否达到理想破碎效果的重要参数[10-13]。本章在第 7 章试验的基础上，探讨循环冲击过程中岩石单位体积吸收能的变化特性，以及单位体积吸收能与平均应变率的关系，研究轴向静应力和围压对循环冲击作用下岩石能量耗散的影响。

8.1　岩石动态疲劳过程中能量耗散的理论分析

1. 动静组合加载试验系统的能量计算方法

根据一维应力波理论和能量守恒定律，由试验所得的入射波 $\sigma_i(t)$、反射波 $\sigma_r(t)$和透射波 $\sigma_t(t)$可计算入射能、反射能和透射能，分别为

$$E_i = \frac{A_e}{\rho_e C_{p,e}} \int_0^{\tau} \sigma_i^2(t)\,dt \tag{8.1}$$

$$E_r = \frac{A_e}{\rho_e C_{p,e}} \int_0^{\tau} \sigma_r^2(t)\,dt \tag{8.2}$$

$$E_t = \frac{A_e}{\rho_e C_{p,e}} \int_0^{\tau} \sigma_t^2(t)\,dt \tag{8.3}$$

式中，A_e 为弹性杆横截面面积；$\rho_e C_{p,e}$ 为弹性杆的波阻抗；τ 为应力波的延续时间。

若忽略弹性杆与试样界面损失的能量，岩石碎块弹射的动能较小，一般小于总能量的 5.05%[14]，且在有围压的情况下不出现弹射动能，则岩石试件的吸

收能为

$$E_a = E_i - E_r - E_t \tag{8.4}$$

岩石试件单位体积吸收能为

$$E_v = \frac{E_a}{V_s} \tag{8.5}$$

式中，V_s 为岩石试件的体积。

2. *岩石能量耗散与波阻抗的理论关系*

岩石试件吸收能的影响因素较多，通过研究可知，钟形波加载比指数形波加载更利于岩石吸能和破碎[15]；当应力波幅值小于岩石破碎强度时，应力波的延续时间对岩石的吸能无影响，而当应力波幅值大于岩石破碎强度时，入射应力和应力波延续时间都影响着岩石的破碎效果和吸能效率[16]；无论何种加载波形、加载强度和延续时间，岩石的吸能效率均小于 50%[15,16]。文献[15]和[16]研究了应力波波形、大小和延续时间对岩石吸能和破碎的影响，下面讨论岩石波阻抗大小对能量吸收的影响。本章主要研究入射应力波大小一定的情况下，循环冲击过程中岩石的能量耗散特性，因此在下面的讨论过程中，入射能 E_i 为定值。

将式(5.20)和式(5.21)分别代入式(8.2)和式(8.3)，反射能和透射能与入射能的关系可表示为

$$E_r = \lambda^{10} \frac{A_e}{\rho_e C_{p,e}} \int_0^{\tau} \sigma_i^2(t)\mathrm{d}t = \lambda^{10} E_i \tag{8.6}$$

$$E_t = (1-\lambda^6)^2 \frac{A_e}{\rho_e C_{p,e}} \int_0^{\tau} \sigma_i^2(t)\mathrm{d}t = (1-\lambda^6)^2 E_i \tag{8.7}$$

将式(8.6)和式(8.7)代入式(8.4)，可得试件吸收能的表达式为

$$E_a = [1-\lambda^{10}-(1-\lambda^6)^2]E_i \tag{8.8}$$

进一步化简得

$$E_a = (2\lambda^6 - \lambda^{10} - \lambda^{12})E_i \tag{8.9}$$

式(8.9)是吸收能与入射能的关系，在入射能相同的情况下，吸收能越大，

表明能量利用率越高，这也是岩石冲击破碎工程中追求的目标之一。将式(8.9)变形得

$$\eta=\frac{E_{\mathrm{a}}}{E_{\mathrm{i}}}=2\lambda^{6}-\lambda^{10}-\lambda^{12} \tag{8.10}$$

式中，η 为岩石的能量吸收率。

由式(8.10)可以看出，在不考虑加载波形、加载强度和延续时间的前提下，岩石在冲击过程中的能量吸收效率 η 仅与岩石波阻抗有关。

再将式(8.9)代入单位体积吸收能的表达式(8.5)，可得

$$E_{\mathrm{v}}=(2\lambda^{6}-\lambda^{10}-\lambda^{12})\frac{E_{\mathrm{i}}}{V_{\mathrm{s}}} \tag{8.11}$$

式中，$2\lambda^{6}-\lambda^{10}-\lambda^{12}$ 为试件单位体积吸收能的关联系数。

循环冲击载荷的大小相同，入射能 E_{i} 为定值，试件体积 V_{s} 的变化可忽略不计，因此式(8.11)中单位体积吸收能 E_{v} 仅与 $2\lambda^{6}-\lambda^{10}-\lambda^{12}$ 相关。换句话说，在相同大小的冲击载荷循环作用过程中，单位体积吸收能仅与岩石波阻抗大小相关。由式(8.10)和式(8.11)可以看出，岩石能量吸收率和单位体积吸收能的关联系数相同。

3. 岩石单位体积吸收能与波阻抗的关系

图 8.1 为试件单位体积吸收能的关联系数(或岩石能量吸收率)与岩石波阻抗的关系，其中波阻抗大小用 $\rho_{\mathrm{s}}C_{\mathrm{p,s}}/(\rho_{\mathrm{e}}C_{\mathrm{p,e}})$ 表示，弹性杆波阻抗 $\rho_{\mathrm{e}}C_{\mathrm{p,e}}$ 为定值，则 $\rho_{\mathrm{s}}C_{\mathrm{p,s}}/(\rho_{\mathrm{e}}C_{\mathrm{p,e}})$ 能够量化岩石试件波阻抗的变化。从图中可以看出，随着岩石试件波阻抗的减小，能量吸收率和单位体积吸收能的关联系数先增大后减小，当岩石与弹性杆波阻抗比值为 0.06 时，岩石能量吸收率和单位体积吸收能的关联系数达到最大值 0.435，这与文献[15]和[16]中得出的岩石吸能效率最大不超过 50%的结果一致。

需要强调的是，由于入射波是半正弦波或方波，在应力波历时内其大小一般是先增加后降低。岩石波阻抗的大小与入射波的大小紧密相关，因此岩石波阻抗在单次冲击过程中不是恒定值，为简单起见，本章在理论分析时，假设其为一定值，也就是用其平均值表示。本书所用的动静组合加载试验系统中弹性杆

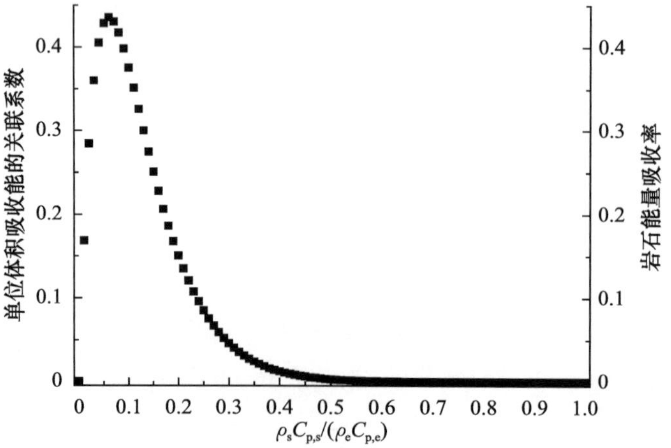

图 8.1　单位体积吸收能的关联系数与波阻抗的关系

的纵波波速为 5400m/s，密度为 7810kg/m^3，即其波阻抗为 4.2×10^{7}MPa/s，常见岩石的波阻抗一般为弹性杆波阻抗的 20%左右。岩石在受力发生破坏的过程中，密度的变化范围较小，当岩石在冲击过程中得到波阻抗大小接近弹性杆的 10%时已发生破坏。因此，从图 8.1 可以看出，随着岩石波阻抗（约为 0.2）的减小，单位体积吸收能逐渐增加。

在循环冲击过程中，随着循环冲击次数的递增，岩石的波阻抗必然是逐渐减小的过程。进而可以得出，在相同冲击载荷作用下，随着循环冲击次数的增加，其单位体积吸收能呈逐渐增加的趋势。因此，尽管图 8.1 是假设在单次冲击过程中岩石波阻抗为恒定值的简化结果，但还是能近似表示岩石单位体积吸收能与循环冲击次数具有负相关关系。

4. 反射能和透射能与波阻抗的关系

由式(8.6)和式(8.7)可以发现，反射能与入射能之比为 λ^{10}，而透射能与入射能之比为 $(1-\lambda^6)^2$，这两个比值都与试件波阻抗有关，反映了岩石在相同入射能循环冲击作用下，随着循环冲击次数的增加，即岩石试件波阻抗减小的过程中，反射能和透射能的变化情况如图 8.2 所示。

从图 8.2 可以看出，在相同入射能的情况下，反射能随岩石波阻抗的减小而增加，当 $0.6<\rho_s C_{p,s}/(\rho_e C_{p,e})<1$ 时，反射能与入射能之比非常小；当

$\rho_s C_{p,s}/(\rho_e C_{p,e})<0.6$ 时，随着波阻抗的减小，反射能与入射能之比快速增加，直至当岩石试件的波阻抗为零时，入射能被全部反射。与此相反，随着波阻抗的减小，透射能与入射能之比逐渐减小，当 $0.8<\rho_s C_{p,s}/(\rho_e C_{p,e})<1$ 时，透射能下降趋势平缓；当 $\rho_s C_{p,s}/(\rho_e C_{p,e})<0.8$ 时，透射能降低的趋势较明显，直至当试件波阻抗降到零时，透射能为零。

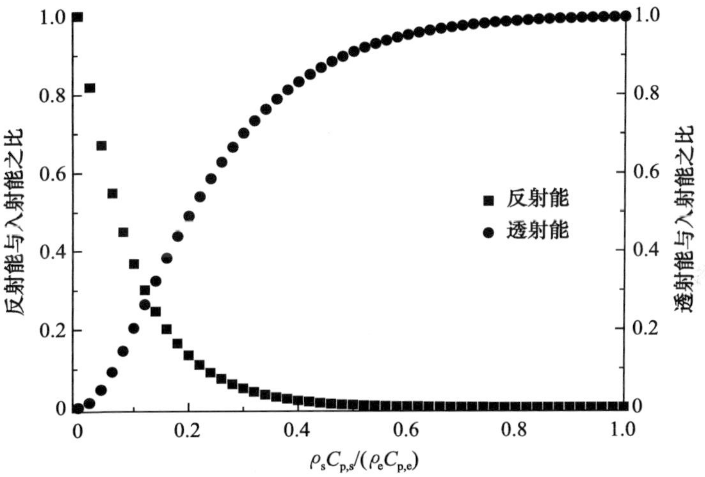

图 8.2　反射能和透射能随波阻抗的变化规律

5. 反射能与透射能的关系

根据式(8.6)和式(8.7)，在入射能 E_i 为定值的应力波反复作用下，反射能和透射能的变化趋势可通过反射能与入射能之比和透射能与入射能之比表示，如图 8.3 所示。从图中可以看出，随着反射能的增加，透射能逐渐减小，二者呈良好的负相关性。

6. 单位体积吸收能与应变率的关系

应变率是表征冲击载荷作用下材料动态力学响应的重要参数，与冲击载荷大小和材料物理状态息息相关。将式(5.22)中平均应变率的关联系数($\lambda^6-\lambda^5$)和式(8.11)中单位体积吸收能的关联系数($2\lambda^6-\lambda^{10}-\lambda^{12}$)绘制成图，如图 8.4 所示。从图中可以看出，随着岩石应变率的增加，其单位体积吸收能

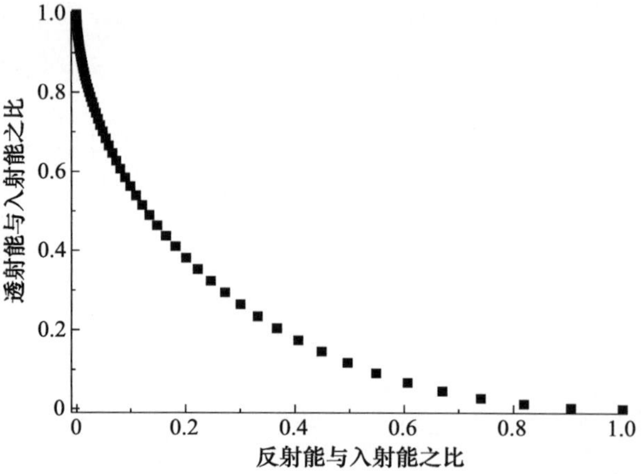

图 8.3 反射能与入射能之比和透射能与入射能之比的关系

先增加后减小。由图 5.6 的分析结果可知，在岩石冲击过程中，岩石应变率的关联系数的有效范围为 0～1.0，在此范围内，岩石平均应变率和单位体积吸收能具有良好的正相关性。

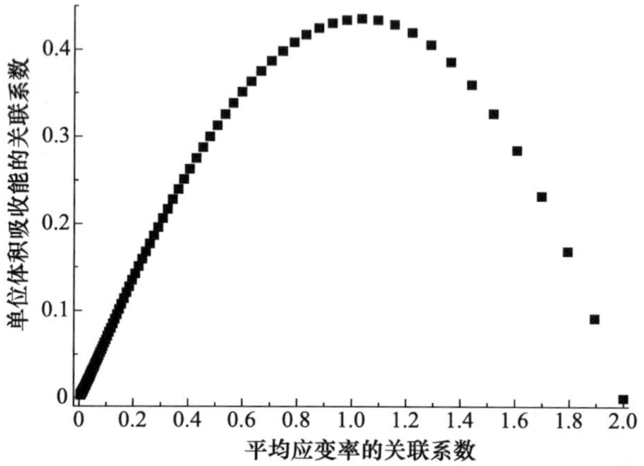

图 8.4 单位体积吸收能的关联系数与平均应变率的关联系数的关系

8.2 岩石动态疲劳过程中能量耗散试验研究

8.2.1 循环冲击作用下岩石能量耗散试验数据

8.1 节从理论角度讨论了循环冲击过程中的能量耗散特性，其中循环冲击次数通过岩石试件的平均波阻抗来体现。本节在第 7 章具有三维静载岩石试件循环冲击试验的基础上，由试验得到的入射波 $\sigma_i(t)$、反射波 $\sigma_r(t)$ 和透射波 $\sigma_t(t)$，根据式(8.1)～式(8.5)分别计算出每个岩石试件在循环冲击过程中的吸收能、单位体积吸收能和平均应变率的关系，利用试验结果验证理论分析结果的正确性，并分析轴向静应力和围压对循环冲击过程中能量耗散的影响。

表 8.1 给出了部分岩石试件的试验结果。从表中可以看出，在相同大小的入射波循环作用下，随循环冲击次数的增加，试件单位体积吸收能和平均应变率逐渐增加。

表 8.1　部分岩石试件的试验结果

试件编号	围压/MPa	轴向静应力/MPa	循环冲击次数	平均应变率/s^{-1}	单位体积吸收能/(J/cm^3)
T1-4-2	4	49	1	49.11	0.2393
			2	53.30	0.3182
			3	57.32	0.3434
			4	61.16	0.3671
			5	68.91	0.4784
			6	73.53	0.5388
			7	82.71	0.6056
T5-4-2	8	84	1	44.81	0.2825
			2	48.81	0.3711
			3	54.55	0.5789
			4	60.03	0.7775
			5	64.64	0.8507
			6	74.57	1.0904
WT1-3-2	10	105	1	40.27	0.3152
			2	46.75	0.4590
			3	50.97	0.5620
			4	54.31	0.6963
			5	55.94	0.7830
			6	62.17	0.9484
			7	75.41	1.2910

续表

试件编号	围压/MPa	轴向静应力/MPa	循环冲击次数	平均应变率/s^{-1}	单位体积吸收能/(J/cm^3)
WT2-5-3	12	125	1	38.11	0.2305
			2	38.87	0.1776
			3	40.79	0.2687
			4	43.39	0.3879
			5	46.64	0.5844
			6	52.64	0.8215
			7	69.43	1.5142

8.2.2　单位体积吸收能与循环冲击次数的关系

根据表 8.1,具有不同静载岩石试件的单位体积吸收能随循环冲击次数的变化如图 8.5 所示。从图中可以看出,所有静应力工况下,岩石试件单位体积吸收能基本随循环冲击次数的增加而增加,这与图 8.1 所表示的理论分析结果一致,也表明前面理论分析的正确性。另外,当岩石试件具有不同静应力时,相同循环冲击次数导致的单位体积吸收能不同,即单位体积吸收能与循环冲击次数的演化路径不同,表明岩石具有的静应力状态对岩石的能量耗散也有较大影响。

下面通过岩石总累计单位体积吸收能的变化,探讨围压对循环冲击过程中岩石能量耗散的影响。图 8.6 为具有不同静载的岩石在循环冲击过程中的总累计单位体积吸收能的变化关系。从图中可以看出,在循环冲击载荷作用下,相同围压下,随轴向静应力的增加,岩石总累计单位体积吸收能逐渐减小。这是因为在相同围压下,当轴向静应力没有超过其弹性极限时,随着轴向静应力的增加,积蓄在岩石内部的弹性能也逐渐增大。在循环冲击过程中,岩石内部微裂纹的扩展是由高能量区域向低能量区域转移,在该过程中必定释放一定的弹性能,其中部分弹性能参与微裂纹的扩展,这与高应力工程岩体在开挖过程中导致围岩更加破碎的原理接近。因此,具有一定弹性能的岩石在微裂纹扩展的过程中是一个吸收外界能量和释放内部弹性能同步进行的过程。

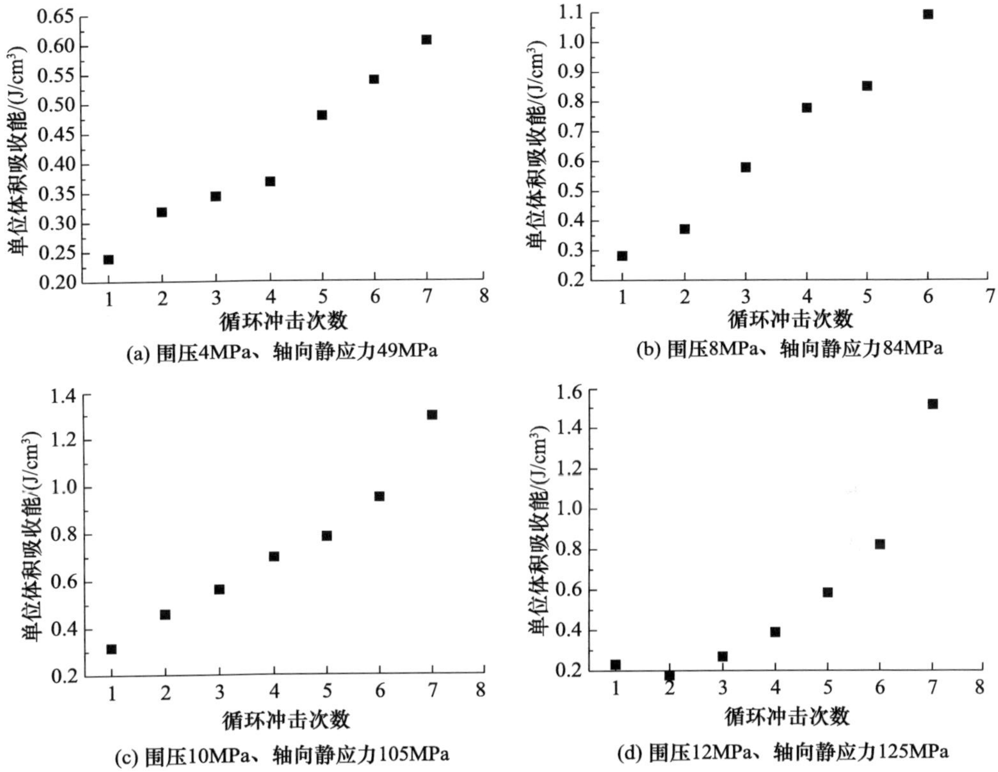

(a) 围压4MPa、轴向静应力49MPa

(b) 围压8MPa、轴向静应力84MPa

(c) 围压10MPa、轴向静应力105MPa

(d) 围压12MPa、轴向静应力125MPa

图 8.5　具有不同静载岩石试件的单位体积吸收能与循环冲击次数的关系

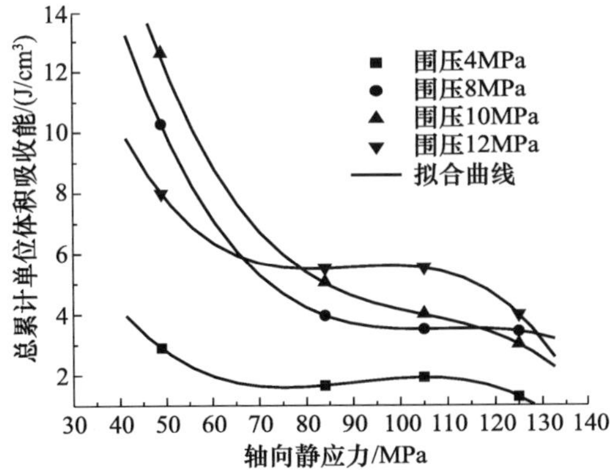

图 8.6　总累计单位体积吸收能与轴向静应力和围压的关系

8.2.3　单位体积吸收能与平均应变率的关系

图 8.7 为具有不同静载的岩石试件在循环冲击作用过程中单位体积吸收能与平均应变率的关系。表 8.2 为单位体积吸收能与平均应变率线性拟合结果。

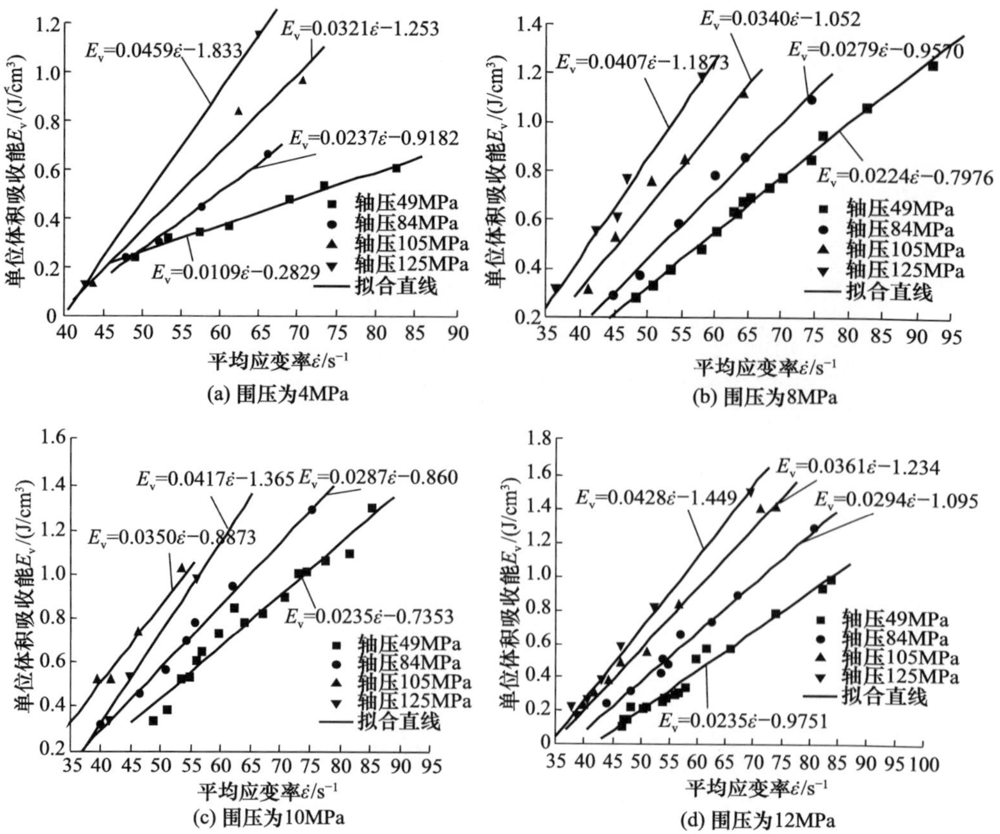

图 8.7　单位体积吸收能与平均应变率的关系

表 8.2　单位体积吸收能与平均应变率线性拟合结果

试件编号	围压/MPa	轴向静应力/MPa	拟合直线斜率 K_E/(J·s/cm³)	相关系数 R^2
T1-4-2	4	49	0.0109	0.98
T1-5-4	4	84	0.0237	0.99
T2-2-4	4	105	0.0321	0.97
T1-4-1	4	125	0.0459	1.00
T3-2-1	8	49	0.0224	0.99
T5-4-2	8	84	0.0279	0.98
T4-1-1	8	105	0.0340	0.97
T4-5-1	8	125	0.0407	0.98
WT3-4-3	10	49	0.0235	0.95
WT1-3-2	10	84	0.0287	0.99
WT3-5-1	10	105	0.0350	0.96
WT4-3-4	10	125	0.0417	0.99
T3-4-3	12	49	0.0235	0.97
T5-1-4	12	84	0.0294	0.98
WT4-2-3	12	105	0.0361	0.99
WT2-5-3	12	125	0.0428	0.99

从图 8.7 和表 8.2 可以看出，具有不同轴向静应力和围压的岩石试件在相同大小的冲击载荷循环作用下，单位体积吸收能随平均应变率的增加线性增加，线性拟合的相关系数较高，表明单位体积吸收能与平均应变率具有良好的正相关性。

单次冲击载荷作用下，岩石单位体积吸收能随着应变率的增加也呈线性增加[17-19]，如图 8.8 所示[19]。

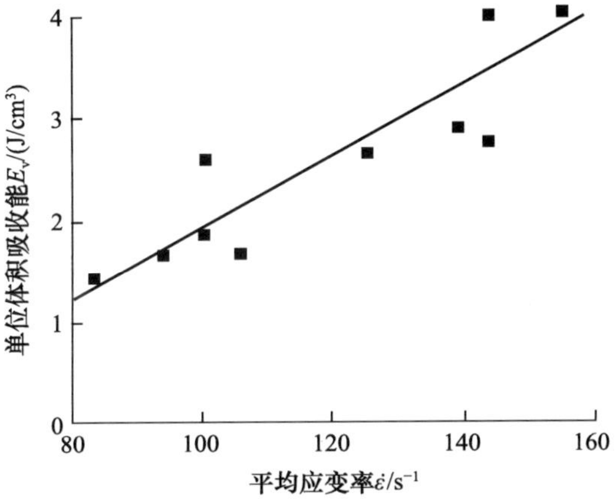

图 8.8 单位体积吸收能与应变率的关系[19]

尽管图 8.7 和图 8.8 所表示的岩石单位体积吸收能和平均应变率都有线性关系，但二者具有不同的意义。图 8.8 表示对同一岩性的试件，在不同大小的冲击载荷作用下发生破坏时，冲击载荷越大，岩石平均应变率和破碎时的单位体积吸收能越大，进而岩石越破碎，岩石动态强度越高，这就是岩石介质的率相关性。图 8.7 表示同一岩石试件在相同大小入射波循环作用过程中，随着循环冲击次数的增加，平均应变率和单位体积吸收能都呈逐渐增大的趋势，在增大的过程中单位体积吸收能与平均应变率呈正线性关系，这体现出循环冲击作用下岩石动态力学的劣化特性，不属于率相关性。

将表 8.2 中不同轴向静应力和围压下岩石单位体积吸收能与平均应变率拟合直线的斜率表示在同一图中，如图 8.9 所示，并将同一围压、不同轴向静应力下的斜率用指数函数式(8.12)进行拟合：

$$K_e = a_e \exp(b_e \sigma_{as}) \tag{8.12}$$

式中，K_e 为单位体积吸收能与平均应变率拟合直线的斜率，J·s/cm^3；a_e 为拟合参数，J·s/cm^3；b_e 为拟合参数，MPa^{-1}；σ_{as}为轴向静应力，MPa。

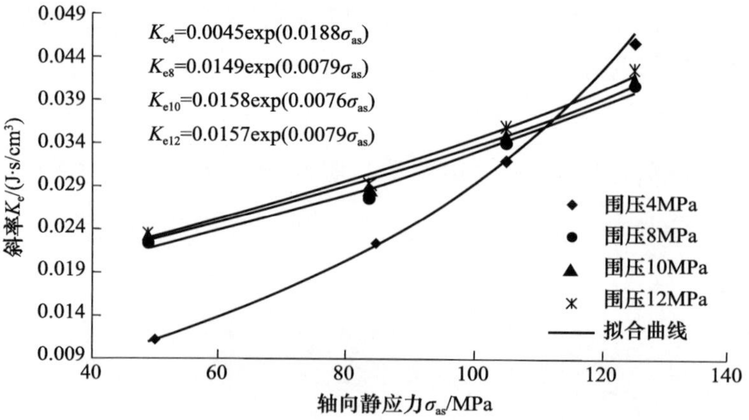

图 8.9　斜率 K_e 随轴向静应力与围压的变化关系

图 8.9 中 K_{e4}、K_{e8}、K_{e10} 和 K_{e12} 分别表示围压为 4MPa、8MPa、10MPa、12MPa 时斜率 K_e 的拟合结果。从图中可以看出，相同围压下，单位体积吸收能与平均应变率拟合直线斜率随轴向静应力的增加而增加，表明在相同应变率的变化范围内，岩石单位体积吸收能随轴向静应力的增加而增加。

为了考察更多围压系列下岩石单位体积吸收能与平均应变率的关系，对 4 个围压水平下指数函数的参数 a_e、b_e 进行拟合，分别得到参数 a_e、b_e 随围压的变化关系，如图 8.10 所示。

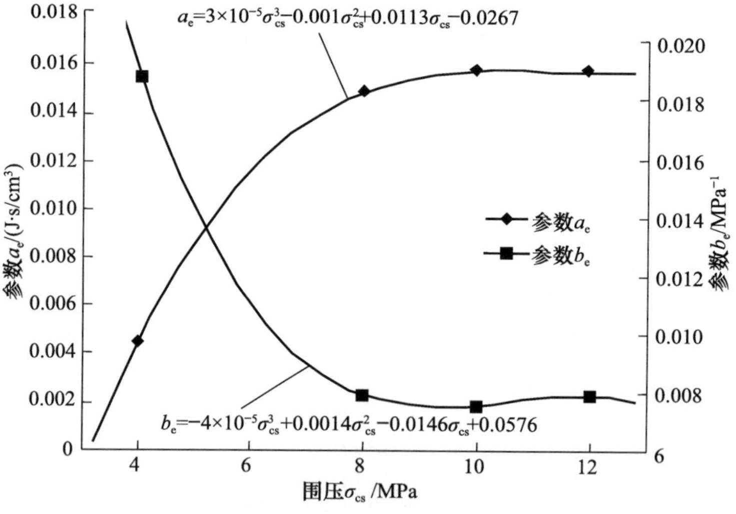

图 8.10　参数 a_e 和 b_e 随围压的变化关系

利用图 8.10 中参数 a_e 和 b_e 的拟合关系式，可得不同围压下参数 a_e、b_e 的近似值，如表 8.3 所示。

表 8.3　各围压系列下参数 a_e、b_e 的近似值

围压 σ_{cs}/MPa	a_e/(J·s/cm^3)	b_e/MPa^{-1}
4	0.0045	0.0188
6	0.0116	0.0109
8	0.0149	0.0079
10	0.0158	0.0076
12	0.0157	0.0079
14	0.0160	0.0067
16	0.0181	0.0018
18	0.0234	−0.0088
20	0.0333	−0.0274

利用表 8.3 中参数 a_e 和 b_e 的近似值，结合式(8.12)，可求得围压在 4～20MPa 范围内不同轴向静应力时的斜率 K_e，如图 8.11 和图 8.12 所示。

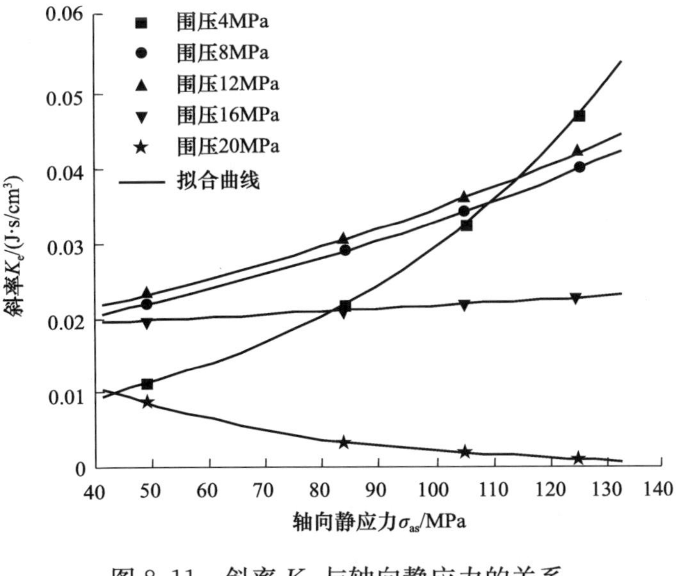

图 8.11　斜率 K_e 与轴向静应力的关系

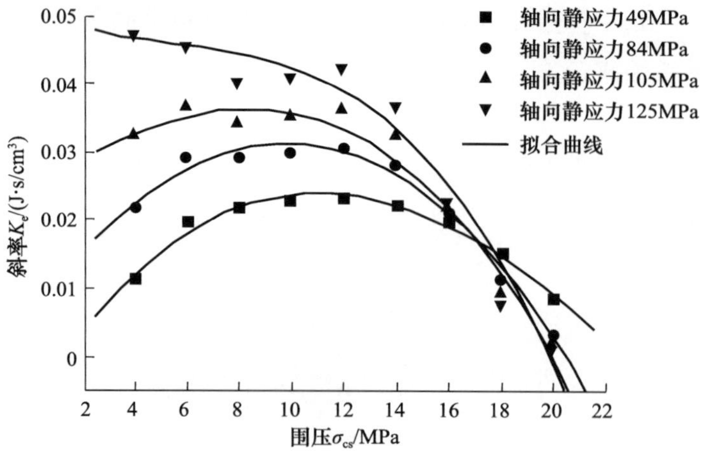

图 8.12 斜率 K_e 与围压的关系

从图 8.11 可以看出,当围压较小时(4MPa、8MPa、12MPa),斜率 K_e 随轴向静应力 σ_{as} 的增加而明显增加,这意味着在相同大小入射波循环作用过程中,单位体积吸收能随轴向静应力的增加而增加。当围压增加到 16MPa 时,轴向静应力从 49MPa 增加到 125MPa 的过程中,斜率 K_e 变化不明显。当围压为 20MPa 时,斜率 K_e 随轴向静应力的增加呈减小趋势。

在本节轴向静应力设置的范围内,当围压较低时,轴向静应力越大,岩石越致密,岩石的波阻抗越大。根据一维应力波理论,在相同的入射波下,岩石的波阻抗越大,反射波越小,结合式(5.12)可知,岩石的平均应变率也越小。即岩石轴向静应力越大,在相同大小冲击载荷循环作用时,其平均应变率越小。若要发生相同的应变率,轴向静应力大的试件必然要吸收更多的能量,使岩石内部损伤程度增加,从而通过降低其波阻抗达到。这就导致循环冲击过程中岩石单位体积吸收能与平均应变率线性拟合直线斜率随着轴向静应力增加而增加的现象。综上所述,轴向静应力和围压影响岩石波阻抗的大小,进而影响循环冲击过程中岩石的能量耗散特性,简称波阻抗影响能量耗散。

当围压增加到一定值并具有轴向静应力时,岩石内部积蓄的弹性能较大,且随轴向静应力的增加,积蓄的弹性能越大。在循环冲击载荷作用下,岩石内部微裂纹的扩展是由高能量区域向低能量区域转移,在该过程中必定释放一定的弹性能,其中部分弹性能参与微裂纹的扩展,内部积蓄的弹性能越大,在岩石微裂纹扩展过程中释放的弹性能也越多，岩石实际的单位体积吸收能越小，进而导致岩石单位体积吸收能与平均应变率线性拟合直线斜率随轴向静应力增加而增加的现象。综上所述，不同轴向静应力和围压导致岩石内积聚不同大小的弹性能，进而影响循环冲击过程中岩石的能量耗散特性，简称弹性能影响能量耗散。

实际上，波阻抗和弹性能影响能量耗散不是两个孤立的方式，只是对具有不同静载的岩石进行循环冲击时，两种方式的影响程度不同而已。

从图 8.12 可以看出，当轴向静应力较小（49MPa、84MPa、105MPa）时，斜率 K_e 随围压的增加呈先增加后减小的趋势，从变化趋势看，轴向静应力越小，K_e 由上升到下降转折点处的围压越大。图中轴向静应力分别为 49MPa、84MPa、105MPa 时，其拟合曲线转折点处的围压分别为 11.05MPa、9.88MPa、8.7MPa。当轴向静应力增加到 125MPa 时，K_e 随围压的增加始终逐渐降低。

当轴向静应力较小时，围压从低到高增加的过程中，先是对岩石波阻抗增大的影响占优势，然后对岩石内部积聚弹性能的影响占优势，从而导致 K_e 随围压的增加呈先增加后减小的趋势。当轴向静应力增加到一定值时，如图 8.12 中的 125MPa，随着围压的增加，对岩石内部积聚弹性能的影响一直占优势，导致 K_e 随围压的增加始终逐渐降低的现象。

综上所述，当围压从低到高增加的过程中，二者间拟合直线的斜率 K_e 随轴向静应力增加的变化关系为增加—基本不变—减小。当轴向静应力较小时，K_e 随着围压的增加先增加后减小，轴向静应力越小，K_e 由上升到下降转折点处的围压越大；当轴向静应力增加到 125MPa 时，K_e 随着围压的增加始终降低。

8.3　本章小结

本章从 SHPB 能量构成的角度，在理论上分析循环冲击载荷作用过程中岩石能量吸收率、单位体积吸收能、反射能和透射能与波阻抗的关系，反射能和透射能的关系，单位体积吸收能与平均应变率的关系。利用试验结果验证理论分析结论的正确性，并综合理论分析和试验研究结果，研究岩石在循环冲击过程中的能量耗散特性。主要研究结论如下：

(1) 具有一定轴向静应力和围压的岩石在相同大小冲击载荷循环作用过程中，单位体积吸收能和平均应变率随循环冲击次数的增加而增加，这属于循环冲击过程中岩石的动态力学性能劣化现象。

(2) 静载荷和循环冲击组合作用下，单位体积吸收能随平均应变率的增加线性增加。当围压较低(4MPa、8MPa、12MPa)时，二者间拟合直线的斜率 K_e 随轴向静应力的增加而增加；当围压为 16MPa 时，拟合直线的斜率 K_e 随轴向静应力的增加变化不明显；当围压为 20MPa，K_E 随轴向静应力的增加呈减小趋势。

(3) 当轴向静应力较低(49MPa、84MPa、105MPa)时，K_e 随围压的增加呈先增加后减小的趋势，轴向静应力越小，K_e 由上升到下降转折点处的围压越大；当轴向静应力增加到 125MPa 时，K_e 随围压的增加始终逐渐降低。

参 考 文 献

[1] 夏昌敬，谢和平，鞠杨，等. 冲击载荷下孔隙岩石能量耗散的实验研究[J]. 工程力学，2006，23(9)：1-5.

[2] 鞠杨，李业学，谢和平，等. 节理岩石的应力波动与能量耗散[J]. 岩石力学与工程学报，2006，25(12)：2426-2434.

[3] Bagde M N，Petroš V. Fatigue and dynamic energy behaviour of rock subjected to cyclical loading[J]. International Journal of Rock Mechanics and Mining Sciences，2009，46(1)：200-209.

[4] 黎立云，徐志强，谢和平，等. 不同冲击速度下岩石破坏能量规律的实验研究[J]. 煤炭学报，2011，36(12)：2007-2011.

[5] He M M，Huang B Q，Zhu C H，et al. Energy dissipation-based method for fatigue life prediction of rock salt[J]. Rock Mechanics and Rock Engineering，2018，51(5)：1447-1455.

[6] 刘新荣，郭建强，王军保，等. 基于能量原理盐岩的强度与破坏准则[J]. 岩土力学，

2013,34(2):305-310,315.

[7] 徐颖,李成杰,郑强强,等. 循环加卸载下泥岩能量演化与损伤特性分析[J]. 岩石力学与工程学报,2019,38(10):2084-2091.

[8] Song H Y,Shi H Z,Ji Z S,et al. The percussive process and energy transfer efficiency of percussive drilling with consideration of rock damage[J]. International Journal of Rock Mechanics and Mining Sciences,2019,119:1-12.

[9] Chen Z Q,He C,Ma G Y,et al. Energy damage evolution mechanism of rock and its application to brittleness evaluation[J]. Rock Mechanics and Rock Engineering, 2019,52(4):1265-1274.

[10] 李夕兵,赖海辉,朱成忠. 冲击载荷作用下岩石破碎能耗及其力学性质的探讨[J]. 矿冶工程,1988,8(1):15-19.

[11] 许金余,吕晓聪,张军,等. 围压条件下岩石循环冲击损伤的能量特性研究[J]. 岩石力学与工程学报,2010,29(增 2):4159-4165.

[12] Han Z Y,Li D Y,Zhou T,et al. Experimental study of stress wave propagation and energy characteristics across rock specimens containing cemented mortar joint with various thicknesses[J]. International Journal of Rock Mechanics and Mining Sciences,2020,131:104352.

[13] Luo Y,Wang G,Li X P,et al. Analysis of energy dissipation and crack evolution law of sandstone under impact load[J]. International Journal of Rock Mechanics and Mining Sciences,2020,132:104359.

[14] Zhang Z X,Kou S Q,Jiang L G,et al. Effects of loading rate on rock fracture: Fracture characteristics and energy partitioning[J]. International Journal of Rock Mechanics and Mining Sciences,2000,37(5):745-762.

[15] 李夕兵,赖海辉,古德生. 不同加载波形下矿岩破碎的耗能规律[J]. 中国有色金属学报,1992,2(4):10-14.

[16] 李夕兵,赖海辉. 论应力波幅值和延续时间对破岩效果的影响[J]. 中南矿冶学院学报,1989,20(6):595-604.

[17] Li X B,Lok T S,Zhao J. Dynamic characteristics of granite subjected to intermediate loading rate[J]. Rock Mechanics and Rock Engineering,2005,38(1):21-39.

[18] 刘军忠,许金余,吕晓聪,等. 冲击压缩荷载下角闪岩的动态力学性能试验研究

[J]. 岩石力学与工程学报,2009,28(10):2113-2120.

[19] 王泽东,许金余,吕晓聪,等. 动静组合加载下岩石的吸能特性研究[J]. 兵工学报,2010,31(增1):251-254.

第9章　受载岩石动态损伤过程中损伤变量的定义

在相同大小入射波循环作用过程中，随着循环冲击次数的递增，透射波幅值越来越小，反射波幅值越来越大；透射波峰值出现的时间越来越早，而反射波峰值出现的时间越来越晚。这些都是岩石动态疲劳力学特性的外在表现，内在本质是岩石内部微裂纹逐渐孕育、萌生、扩展和成核直至发生宏观破坏，这个过程即岩石的累积损伤演化。研究岩石在循环冲击载荷作用下的损伤及其演化规律有助于深入系统地研究岩石动态疲劳力学性能。

在利用损伤力学研究材料或结构在外力和温度等作用下的力学特性时，必须选择一个合适的变量来度量其内部损伤大小，这个变量在损伤力学中称为损伤变量。正确选择和表征损伤变量是对材料或结构进行损伤力学分析的前提[1]。本章首先在总结损伤变量定义方法的基础上，对比分析利用变形模量、应变及能量定义岩石在循环冲击过程中损伤变量的可行性，进而提出利用岩石波阻抗的变化定义其损伤变量的方法，并从理论和试验两个方面进行研究，最后得出利用波阻抗可以更好地反映岩石累积损伤过程的结论。

9.1　已有损伤变量定义方法的局限性

岩石损伤变量的定义方法很多，由于从微观和细观角度对岩石冲击动力学试验研究难度较大，且岩石冲击动力学研究相对较复杂，本节仅讨论在宏观尺度上标量形式的定义方法，其常用的定义方法有如下几种。

1. 弹性(变形)模量法

根据损伤力学的应变等价性原理，将包含损伤的材料内的应力分为有效应力 $\bar{\sigma}$ 和名义应力 σ，损伤变量可以表示为[2]

$$D=1-\frac{\bar{\sigma}}{\sigma} \tag{9.1}$$

根据应变等效的假设,式(9.1)可表示为

$$D=1-\frac{E}{E_0} \tag{9.2}$$

式中,E 和 E_0 分别为材料在损伤状态和无损伤状态的弹性模量。在应用到循环载荷作用下岩石损伤演化时,E 和 E_0 分别可选择加载段或卸载段弹性模量。

若用式(9.2)定义损伤模量的方法度量岩石在循环冲击作用下的累积损伤特性,无损状态时的弹性模量 E_0 只能选择第一次冲击得到的变形模量,这样就导致两个问题:①在损伤演化曲线中体现不出第一次冲击引起的损伤;②E_0 的值相对于实际偏小。这两个问题将致使得出的损伤演化过程与实际偏差较大,甚至不能体现出实际损伤演化过程的三个阶段,即初始阶段、低速阶段和加速阶段。图 9.1 为岩石试件 T3-2-1(承受围压 8MPa、轴向静应力 49MPa)在循环冲击过程中分别用加载段变形模量和第一卸载段变形模量定义损伤变量得到的损伤演化趋势。

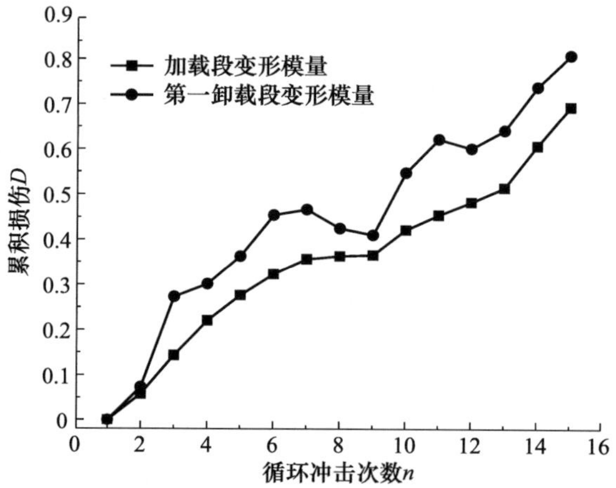

图 9.1　基于变形模量定义损伤变量时岩石试件累积损伤演化趋势

从图 9.1 可以看出,用不同的变形模量定义材料损伤变量时,相同损伤过程的演化趋势完全不一致。两类损伤变量的定义方法都不能表示出损伤演化的初

始阶段，加载段定义的损伤变量也不能表征出损伤演化的加速阶段。因此，利用弹性模量法定义损伤变量研究岩石在循环冲击过程中的损伤演化特性行不通。

2. 声波波速法

将弹性波动理论推导得出的纵波波速与弹性模量的关系代入式(9.2)，可得出利用纵波波速定义材料损伤变量的表达式，即

$$D=1-\frac{C^2}{C_0^2} \tag{9.3}$$

式中，C_0 为材料没有损伤时的纵波波速；C 为材料某一损伤状态时的纵波波速。

声波波速法在研究岩石损伤特性时应用非常广泛[3,4]。对具有一定轴向静应力的岩石，在循环冲击过程中不能卸除轴向静应力拿下试件进行波速测量，因此没有办法得到每次冲击后岩石试件纵波波速的变化，因此该方法也不能表征具有静载岩石在循环冲击作用下的损伤变量。

3. 能量耗散法

材料发生损伤时必然消耗一定能量，且损伤和耗散的能量都认为是不可逆的两个变量。因此，在理论上利用能量耗散能定义材料在循环载荷作用下的损伤变量是可行的[5]。利用能量耗散法定义损伤变量的表达式为

$$D=\frac{e_n}{e_{\text{sum}}} \tag{9.4}$$

式中，e_n 为第 n 次循环作用时材料单位体积的耗散能；e_{sum} 为整个循环作用过程中材料的耗散能量之和。在应用到岩石在循环冲击作用时的损伤变量定义时，e_n 的表示方法有两个：①单次冲击的单位体积吸收能；②第 n 次冲击及以前冲击得到的累计单位体积吸收能。

利用能量耗散定义损伤变量时，岩石试件 T3-2-1 在整个循环冲击过程中的累积损伤演化趋势如图 9.2 所示。从图中可以看出，图 9.2(a)最终的累积损伤只有 0.1214，这与岩石最后发生宏观破坏相矛盾；而图 9.2(b)最终的累积损伤为 1，但其变化形态与冲击得出的强度和变形的变化路径不相符，没有体现

出岩石在循环冲击过程的初始阶段、低速阶段、加速阶段等。因此，能量耗散法定义损伤变量也不适用于表征循环冲击作用下岩石的累积损伤演化特性。

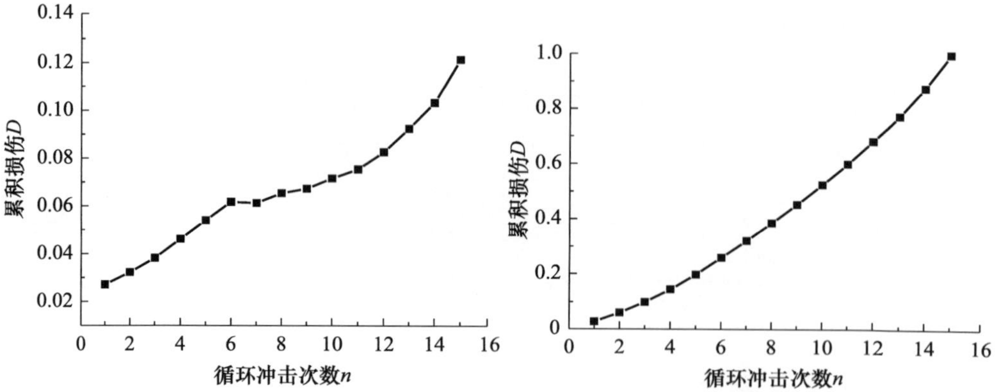

(a)单次单位体积吸收能与总吸收能之比　　(b)累计单位体积吸收能与总吸收能之比

图 9.2　基于能量耗散定义损伤变量时岩石试件的累积损伤演化趋势

4. 最大应变法

材料在循环载荷作用下用最大应变定义其损伤变量的表达式为

$$D=\frac{\varepsilon_{\max}^{n}-\varepsilon_{\max}^{1}}{\varepsilon_{\max}^{N}-\varepsilon_{\max}^{1}} \tag{9.5}$$

式中，$\varepsilon_{\max}^{1}$、$\varepsilon_{\max}^{n}$和 $\varepsilon_{\max}^{N}$分别为循环试验时第 1 次、第 n 次和最后一次的最大应变。

图 9.3 为利用最大应变定义损伤变量得到的岩石试件 T3-2-1 在循环冲击过程中的累积损伤演化趋势。从图中可以看出，该方法得到的累积损伤演化路径基本包括初始阶段、低速阶段和加速阶段，与强度和变形随循环冲击次数的演化方式一致，但该方法计算第 1 次冲击得到的损伤为零，这明显与实际不相符，因此该方法不适合定义岩石在循环冲击过程中的损伤变量。

5. 声发射法

在研究岩石的力学特性时，声发射技术应用较为广泛[6-9]。在研究岩石冲击动力学时，采用声发射技术监测岩石损伤破坏的应用较少，这是由于声发射传感器接收到的信号绝大多数是冲击应力波信号，岩石损伤释放出的能量相比冲击应力波的能量可忽略不计，目前没有切实有效的技术从接收到的声发射信号中挖掘出真实的岩石损伤破坏信号。因此，用声发射定义岩石在循环冲击过程中的损伤变量也不可行。

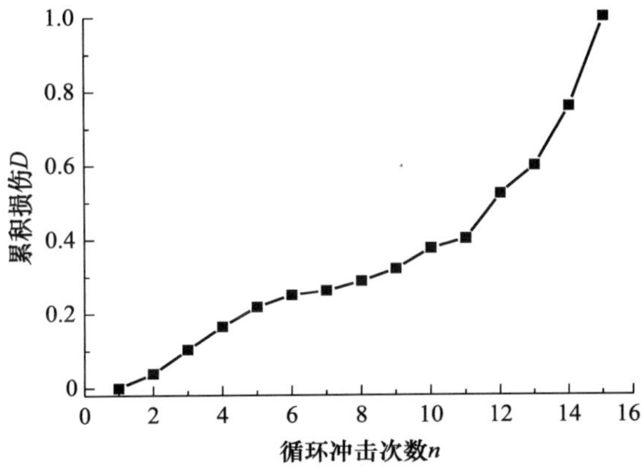

图 9.3　基于最大应变定义损伤变量时岩石试件累积损伤演化趋势

上述定义损伤变量的常规方法都不适用于研究岩石在循环冲击过程中的累积损伤演化，因此有必要研究定义岩石损伤变量的新方法。

9.2　波阻抗定义损伤变量的理论可行性

岩石的波阻抗是体现其动力学特性的一个基本物理量，反映了应力波在岩石中穿透和反射的能力，其值等于岩石的密度和纵波波速的乘积。下面通过岩石密度与纵波波速间的关系证明波阻抗可以定义岩石的损伤，并给出了其定义损伤变量的关系式。

9.2.1　岩石密度与纵波波速的关系

声波波速对岩石的微结构面非常敏感，能反映岩石内部微裂隙（损伤）的变化，岩石密度的变化也能体现出其损伤程度。既然岩石的声波波速及其密度都能反映岩石的损伤，那么二者之间有什么关系呢？影响声波在岩石中传播的最直接、最突出的因素是岩石中的裂隙(或裂纹),而裂隙的多少也影响着岩石密度的大小,下面对裂隙岩石的声波波速和密度的变化关系进行讨论。

文献[10]和[11]应用线弹性断裂力学分别定义了平面裂隙和三维裂隙的密度参数,且认为对于随机分布、张开和无充填裂隙的裂隙岩石,表现为准各向同性。对随机分布裂隙,文献[11]运用能量原理获得了裂隙岩石等效弹性参数与裂隙密度之间的关系,即

$$\overline{E}=\frac{1-x}{1-\nu^2 x}E \tag{9.6}$$

$$\overline{\nu}=\frac{1-x}{1-\nu^2 x}\nu \tag{9.7}$$

式中,E、ν 分别为岩石母岩的弹性模量和泊松比;$\overline{E}$、$\overline{\nu}$ 分别为裂隙岩石的等效弹性模量和泊松比;x 为裂隙岩石的裂纹密度参数。

假设裂纹在岩石介质中是随机分布的,认为岩石介质是准各向同性裂隙岩体,则弹性波在这种岩石介质中传播仍然满足弹性波运动方程,于是可得裂隙岩石波速与岩石母岩波速的关系如下:

$$\frac{\overline{C}_{\mathrm{p}}}{C_{\mathrm{p}}}=\left[\frac{\overline{E}\rho(1-\overline{\nu})(1+\nu)(1-2\nu)}{E\overline{\rho}(1+\overline{\nu})(1-2\overline{\nu})(1-\nu)}\right]^{1/2} \tag{9.8}$$

式中,ρ、$\overline{\rho}$ 分别为岩石母岩的密度和裂隙岩石的有效密度;C_{p}、$\overline{C}_{\mathrm{p}}$ 分别为岩石母岩的纵波波速和裂隙岩石的纵波波速。

将式(9.6)、式(9.7)代入式(9.8),可得

$$\frac{\overline{C}_{\mathrm{p}}}{C_{\mathrm{p}}}=\left[\frac{\rho}{\overline{\rho}}\,\frac{1-x}{1-x\nu^2}\,\frac{\left(1-\frac{1-x}{1-x\nu^2}\nu\right)(1+\nu)(1-2\nu)}{\left(1+\frac{1-x}{1-x\nu^2}\nu\right)\left(1-2\nu\,\frac{1-x}{1-x\nu^2}\right)(1-\nu)}\right]^{1/2} \tag{9.9}$$

裂纹密度参数与岩石的密度和裂隙岩石的有效密度有如下关系:

$$\overline{\rho}=(1-x)\rho \tag{9.10}$$

将式(9.10)代入式(9.9),岩石的泊松比分别取为 0.15、0.20、0.25、0.30、0.35,可得到 $\overline{C}_{\mathrm{p}}/C_{\mathrm{p}}$ 和 $\overline{\rho}/\rho$ 之间的变化关系,如图 9.4 所示。从图中可以看出,随着岩石泊松比的增大,纵波波速随着密度的变化更剧烈;裂隙岩石的纵波波速随着岩石密度的增大而增大,二者具有良好的正向相关关系,并呈近似二次函

数关系;岩石的泊松比对岩石密度和声波波速之间的关系影响较大,随着泊松比的增大,密度的变化引起声波波速的变化幅度随之增加;由于该关系式推导过程中应用线弹性理论及假设岩石为准各向同性裂隙介质,密度和声波波速的相对变化幅度与实际有差别,但这不影响证明密度和声波波速间具有良好的正向相关关系。

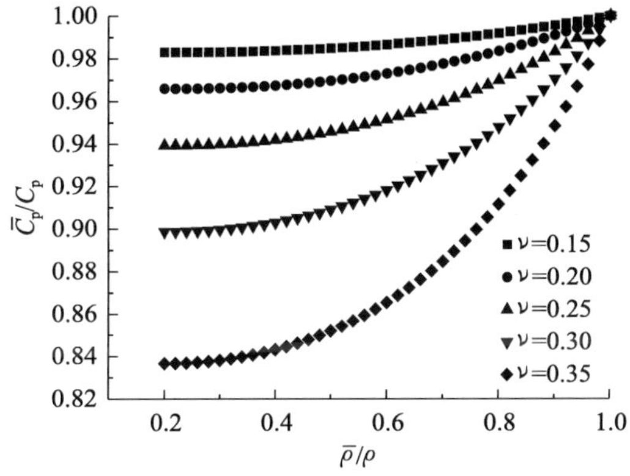

图 9.4　$\bar{C}_p/C_p$ 和 $\bar{\rho}/\rho$ 之间的关系

上述关于岩石密度和纵波波速间的关系是基于裂隙岩石为准各向同性体而推导出的,在理论上说明声波波速与裂隙岩石密度间具有良好的正相关性。大量工程实际也发现,岩石的密度和波速具有这种关系。Gardner 等[12]根据大量的盐水饱和岩石实验室观测值及野外资料统计得出岩石波速和密度之间具有 $\rho=0.31C_p^{0.24}$ 的关系。朱广生等[13]对砂岩和泥岩研究也得出岩石密度和纵波波速具有 $\rho=0.414C_p^{0.214}$ 的近似关系。孟召平等[14]对煤系沉积岩石研究发现,岩石的密度与纵波波速间具有二次函数关系。

上述的理论推导和经验关系式都表明,岩石的声波波速与密度间具有良好的正相关性,且二者都可以定义岩石的损伤变量,那么由二者的乘积得出的波阻抗的大小自然也可以反映岩石的损伤过程。

9.2.2　波阻抗与波速和密度变化幅值比较

尽管岩石密度变化能体现岩石的损伤程度,但密度变化量 $\Delta\rho$ 是一个很小的量,必须采用精密的数字天平,在工程实际中难以测量密度变化量,所以工程实际应用价值不大。那么波阻抗的变化量是否也会出现这样的现象呢？下面对波阻抗、纵波波速和密度三者之间变化比值进行比较。

假设岩石在某个损伤过程中，母岩的波速值由初始值按某种关系逐渐降低至 50%的大小，分别根据 Gardner 等[12]、朱广生等[13]和孟召平等[14]得出的岩石密度和纵波波速之间的关系，求得该过程中相应密度和波阻抗的值，然后根据式(9.11)求得纵波波速、密度和波阻抗等参数在该过程中的变化比值：

$$\alpha_{\mathrm{d}}=\frac{d_0-d_i}{d_0} \tag{9.11}$$

式中，α_{d} 为纵波波速、密度和波阻抗的变化比值；d_0、d_i 分别为纵波波速、密度和波阻抗的初始值及损伤过程中某一时间点的值。

图 9.5 为纵波波速、密度和波阻抗三者在同一损伤过程中变化比值间的关系。用 Gardner 等得出的纵波波速和密度间关系求得的密度及波阻抗的比值变化关系分别简称为 Gardner 等关系密度和 Gardner 等关系波阻抗，其他两个与之相同。

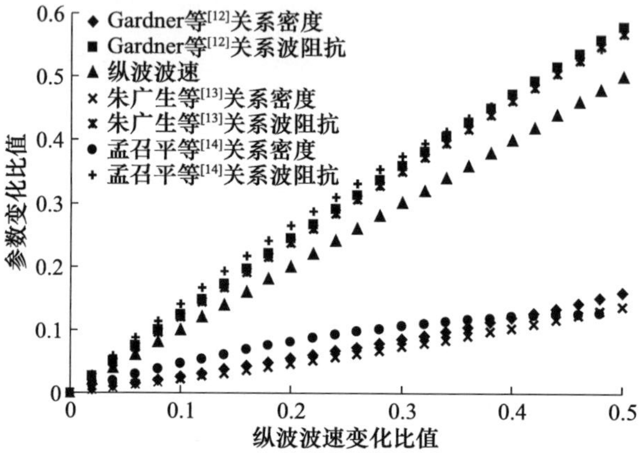

图 9.5　纵波波速、密度和波阻抗变化比值间的关系

从图 9.5 可以看出，相比纵波波速的变化，密度在整个过程中变化较小；波阻抗的变化与纵波波速的变化相当，且比纵波波速变化大。这说明用波阻抗来体现损伤不存在由于变化小在实际应用中不可操作的问题。另外，波阻抗的变化趋势与纵波波速的变化趋势极其相似。因此，从变化幅值的大小和变化趋势

也证明了波阻抗可以反映岩石破坏过程中损伤的演变。

9.2.3　波阻抗定义损伤变量

根据测得的初始岩石纵波波速和损伤过程中某个时刻岩石的波速值，定义岩石的损伤变量的关系式如下[3]：

$$D = 1 - \left(\frac{\overline{C}_{\mathrm{p}}}{C_{\mathrm{p}}}\right)^2 \tag{9.12}$$

式中，D 为岩石的损伤变量；$\overline{C}_{\mathrm{p}}$ 为岩石在某一损伤状态下的纵波波速；C_{p} 为岩石在初始状态下的纵波波速。

由于岩石的波阻抗和纵波波速具有极大的相似性，参照式(9.12)给出用波阻抗定义损伤变量的关系式：

$$D = 1 - \left(\frac{\overline{\rho C_{\mathrm{p}}}}{\rho C_{\mathrm{p}}}\right)^a \tag{9.13}$$

式中，$\overline{\rho}\overline{C}_{\mathrm{p}}$ 为岩石在某一损伤状态下的波阻抗；ρC_{p} 为岩石在初始状态下的波阻抗；a 为待定系数，当 a 选不同的值时得到不同损伤变量。

利用 Gardner 等[12]的岩石密度和纵波波速关系，在岩石纵波波速逐渐减小到 0 的过程中，当 a 分别选 1.4、1.6、1.7、1.8 时，由波阻抗反映损伤变量的变化关系式(9.13)以及声波反映损伤变量的关系式(9.12)的变化趋势如图 9.6 所示。

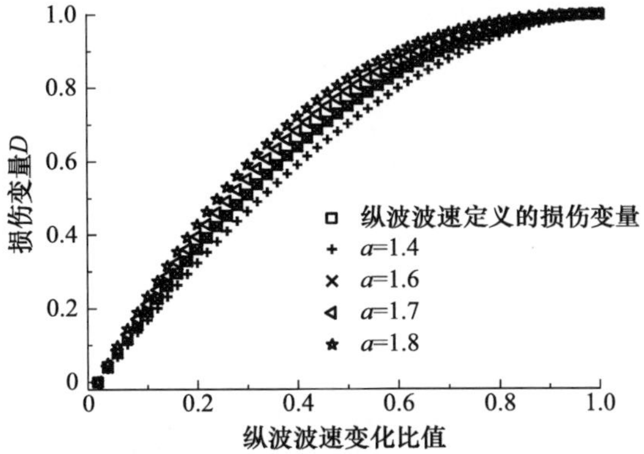

图 9.6　波阻抗和纵波波速定义的损伤变量比较

从图 9.6 可以看出，当式(9.13)中 a 分别取不同值时，由式(9.13)得出的岩石损伤变量的大小不同，a 值越大，相应得出的损伤变量也越大；由不同 a 值确定的损伤变量的整体变化趋势与式(9.12)确定的一致；当 $a=1.6$ 时，式(9.13)与式(9.12)的结果几乎一致。因此，根据工程实际得出的岩石密度和纵波波速间的拟合关系式与波速定义损伤表达式相比较，用式(9.13)来定义岩石的损伤变量时，a 值取 1.6，即式(9.13)应为

$$D=1-\left(\frac{\bar{\rho}\bar{C}_{\mathrm{p}}}{\rho C_{\mathrm{p}}}\right)^{1.6} \tag{9.14}$$

9.3　岩石波阻抗的确定方法

9.3.1　岩石波阻抗的计算

对有一定预应力的岩石进行循环冲击试验的装置为动静组合加载装置，如图 2.1 所示。当弹性杆件具有轴向静应力时，杆件与试样仍然满足装置赖以存在的一维应力波传输理论[15]。应力波从一种介质传播到另一种波阻抗不同的介质时，入射波在两种介质的界面处会产生反射波和透射波，如图 9.7 所示。图中左右两部分表示 SHPB 试验装置的入射杆和透射杆，其波阻抗为 $\rho_{\mathrm{e}}C_{\mathrm{p,e}}$，由于其值比岩石的波阻抗大许多，可认为在整个冲击过程中其大小保持恒定；中间部分表示岩石试件，其波阻抗为 $\rho_{\mathrm{s}}C_{\mathrm{p,s}}$；$J_1$ 指入射杆与岩石试件间的接触面，J_2 指岩石试件与透射杆间的接触面；v、σ 分别表示质点振动速度和应力，σ_{t}'、v_{t}' 分别表示入射波在 J_1 界面上透射到岩石试件内引起的应力和质点振动速度，σ_{r}'、v_{r}' 分别表示透射到岩石试件内的应力波在界面 J_2 上产生的反射波引起的应力和质点振动速度。进入岩石内的应力波在界面 J_1 和 J_2 处多次的透反射在图 9.7 中没有表示，在此先不进行讨论。

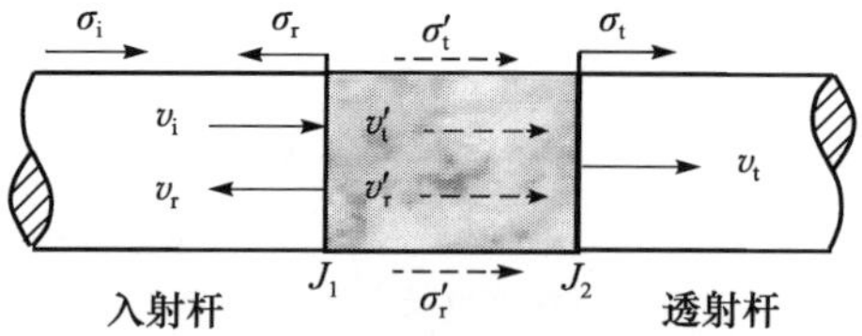

图 9.7　应力波在岩石试件与弹性杆交界面上的作用

根据第 4 章中应力波传播的内容，不考虑多次透反射的过程，反射波和透射波与入射波和波阻抗的关系如下：

$$\sigma_r(t)=\lambda\sigma_i(t) \tag{9.15}$$

$$\sigma'_t(t)=(1+\lambda)\sigma_i(t) \tag{9.16}$$

式中，$\lambda=(\rho_s C_{p,s}-\rho_e C_{p,e})/(\rho_s C_{p,s}+\rho_e C_{p,e})$，为波从弹性杆进入岩石内的反射系数。

同理，透射到岩石内部的应力波 σ'_t 在界面 J_2 处进入透射杆形成的透射波 σ_t 为

$$\sigma_t(t)=(1+\lambda)(1-\lambda)\sigma_i(t) \tag{9.17}$$

由式(9.15)～式(9.17)可知，当已知弹性杆和岩石试件的波阻抗时，可以分别求得反射波和透射波与入射波之间的关系。

将式(9.15)进行逆变换，可得

$$\rho_s C_{p,s}=\frac{1+n_1(t)}{1-n_1(t)}\rho_e C_{p,e} \tag{9.18}$$

将式(9.17) 进行逆变换，可得

$$\rho_s C_{p,s}=\frac{2-n_2(t)\pm 2\sqrt{1-n_2(t)}}{n_2(t)}\rho_e C_{p,e} \tag{9.19}$$

式中，

$$n_1(t)=\frac{\sigma_r(t)}{\sigma_i(t)} \tag{9.20}$$

$$n_2(t)=\frac{\sigma_t(t)}{\sigma_i(t)} \tag{9.21}$$

对同一个 $n_2(t)$，式(9.19)有两个解，再将式(9.19)变形可得

$$\rho_s C_{p,s}=\left(\frac{2}{n_2(t)}-1\pm 2\frac{\sqrt{1-n_2(t)}}{n_2(t)}\right)\rho_e C_{p,e} \tag{9.22}$$

由于$\frac{2}{n_2(t)}-1>1$，$2\frac{\sqrt{1-n_2(t)}}{n_2(t)}>0$，且 $\rho_s C_{p,s}<\rho_e C_{p,e}$，具有实际意义的式(9.22)应为

$$\rho_s C_{p,s}=\frac{2-n_2(t)-2\sqrt{1-n_2(t)}}{n_2(t)}\rho_e C_{p,e} \tag{9.23}$$

需要强调的是，这里讨论的仅是应力波在两个界面处的一次透反射，应力波在岩石试件一次传播所需的时间相比入射波的延续时间较小，忽略此过程中岩石波阻抗的变化。式(9.20)和式(9.21)中 $\sigma_r(t)$ 和 $\sigma_t(t)$ 分别是某个瞬时 t 的入射波 $\sigma_i(t)$ 在界面 J_1 上的反射波和 $\sigma_i(t)$ 经过岩石试件空间传播进入透射杆上的应力波，而不是在 t 瞬时 SHPB 试验装置测试到的反射波和透射波的大小，因为测试得到的反射波和透射波包含了各自对应的多次透反射应力波。

9.3.2 计算波阻抗时试验数据区段的选择

根据式(9.18)和式(9.23)，结合试验实测的 $\sigma_i(t)$ 和 $\sigma_r(t)$ 或 $\sigma_t(t)$ 的大小，可以求得岩石的波阻抗。

由图 4.1 可知，入射波在弹性杆和岩石试件相接触的两个界面上发生了多次透反射过程，由式(4.7)和式(4.8)可以看出，SHPB 试验装置实际测得的反射波 $\sigma_r(t)$ 是一次反射波 $\sigma_{r1}(t)$ 和多次反射波的叠加。而利用式(9.18)计算岩石波阻抗仅利用一次反射波，且 $\sigma_{r2}(t)$ 和 $\sigma_{r3}(t)$ 的大小与 $\sigma_{r1}(t)$ 为同一数量级的值，同理透射波也具有这种现象。因此，在利用试验得到的反射波和透射波计算岩石的波阻抗时，要避免 2 次和多次反射波或透射波的影响。

由式(4.7)和式(4.8)可以看出，在整个冲击过程中并不是每一瞬时的反射波或透射波都夹杂多次反射波和透射波的影响，当 $t \leqslant 2L_s/C_{p,s}$ 时，测试所得的反射波中没有 2 次和更高次反射波的影响。同理，在透射波采样时间内的 $0 \leqslant t \leqslant 2L_s/C_{p,s}$ 区段，试验所得的透射波中也没有夹杂多次透射波的影响。因此，可以利用 SHPB 试验装置采集的入射波和反射波或透射波在各自采样区段 $0 \leqslant t \leqslant 2L_s/C_{p,s}$ 内相对应的值计算岩石的波阻抗，而其他时间区段的波阻抗不可由试验数据直接计算。

9.3.3 计算波阻抗时计算公式的选择

试验时，反射波和入射波是用入射杆上的同一个应变片测量的。当弹性杆具有轴向静应力时，入射波尾部会出现“跳起”的拉伸波，进而影响反射波的起跳点，即反射波起跳点对应的时间和大小不易确定，易引起误判，如图 9.8 所示。而透射波不存在这种情况，起跳点相对容易判断，因此按式(9.23)计算岩石的波阻抗较为理想。

从图 9.8 可以看出，入射波 $\sigma_I(t)$ 在时刻 A 之前为一直线，同理透射波 $\sigma_t(t)$ 在时刻 B 之前也为一直线，各自在 A 点和 B 点出现明显的拐点，可以较容易地确定出各自的起跳点，并分别选出各自时间区段 $(0, 2L_s/C_{p,s})$ 上的点，代入式(9.23)就能计算出岩石在这个时间区段的波阻抗。

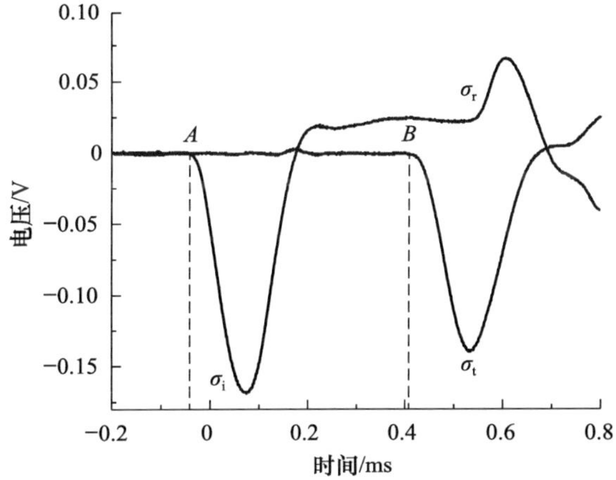

图 9.8　实测的入射波、反射波和透射波

由文献[16]的研究可知，由波形整形器和纺锤形冲头得出的入射波和透射波在时间区段 $(0, 2L_s/C_{p,s})$ 上大部分都是线性的，且有近似相等的变化斜率，结合式(9.23)可以看出，这段时间内波阻抗的大小应有一段相对稳定的部分，实际计算的波阻抗也正好说明这一点。图 9.9 为某一岩石试件承受常规冲击时在此区段波阻抗的变化趋势，岩石试件长 $L_s=50\text{mm}$，波速 $C_{p,s}=3500\text{m/s}$。

从图 9.9 可以看出，AB 段岩石波阻抗缓慢增大，这是由于岩石密度和声波波速具有正相关性，即岩石密度和声波波速都逐渐增大，表明岩石中的孔隙逐渐被压密压实。BC 段的波阻抗基本保持不变，而 CD 段波阻抗又逐渐下降，表明岩石内部开始有新的裂纹萌生和发展，但 BD 段波阻抗总体上变化不大。

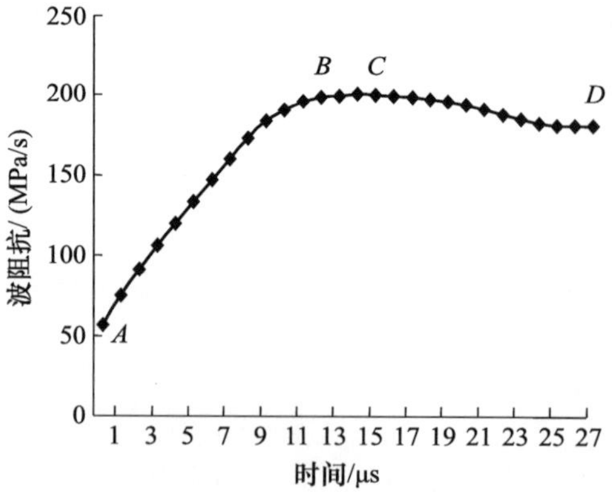

图 9.9　入射波和透射波计算的波阻抗变化趋势

由于岩石与弹性杆间的波阻抗大小不同，每一入射波 $\sigma_i(t)$ 经过透反射后必有一反射波 σ_r 和透射波 σ_t 与之相对应；在冲击过程中的不同时刻，岩石所受的冲击动载荷大小不同，岩石试件内部裂隙的闭合程度或扩展程度亦不相同，即岩石试件具有不同波阻抗。在一次冲击过程中，入射波和反射波或透射波与岩石的波阻抗一一对应，不同时刻波阻抗很可能不一样，即波阻抗是入射波和反射波或透射波以及时间的函数：

$$\rho_s C_{p,s} = f_1(\sigma_i, \sigma_r, t) \tag{9.24}$$

$$\rho_s C_{p,s} = f_2(\sigma_i, \sigma_t, t) \tag{9.25}$$

式中，t 为应力波延续时间中任意一瞬时。

由式(9.24)和式(9.25)可以看出，要想对循环冲击求得的波阻抗有可比性，在利用式(9.23)计算时，入射波应力大小、透射波应力大小和时间点三个变量必须确定其中两个不变。根据一维应力波理论，可知在纺锤形冲头形状、长度和冲击速度相同的前提下，在 $(0, 2L_s/C_{p,s})$ 区间固定一时间点 t，则每次冲击得到的 $\sigma_i(t)$ 理论上应为定值，对照时间 t 确定出 $\sigma_i(t)$ 对应的透射波的值 $\sigma_t(t)$，再依据式(9.23)求出的波阻抗就有可比性，本节选择图 9.9 中的波阻抗保持相对恒定的 BC 段中某一时间点上的值，具体选其中哪一个时间点视情况而定，它们之间的差别微乎其微。需要强调的是，对同一岩石试件的循环冲击过程的损伤进行分析时，应选择同一时间点。

另外，利用声波定义循环冲击过程岩石的累积损伤，也是在冲击载荷作用后测量岩石的纵波波速。用波阻抗表征损伤的方法，每次测量(除第 1 次)的值都是前一次冲击作用后岩石在压密后的波阻抗值，这个值表征岩石在前一次冲击后内部的累积损伤，因此在测量程序上也与声波定义损伤的方法一致。

9.4　波阻抗定义岩石损伤变量的试验验证

1. 验证方法和试验方案

纵波波速定义岩石损伤变量的方法具有理论原理清晰、简单易行、准确度高等特点，得到了广泛的认可和使用。基于此，对承受循环冲击作用的相同岩石试件，分别测试其纵波波速和计算波阻抗的变化，进而分别用式(9.12)和式(9.14)计算岩石的损伤变量。通过对比两种方法得到的损伤变量的演化趋势，验证利用波阻抗定义岩石损伤变量方法的精度和可行性。由于要测定循环冲击过程中岩石试件纵波波速，在循环冲击试验时，不能对试件施加轴向静应力和围压，即对岩石试件进行常规循环冲击。

岩石试件采用完整性和均质性较好的砂岩制备，形状为圆柱体，尺寸为 ϕ50mm×50mm，对岩石试件的两端面进行研磨，两横截面的不平行度和不垂直度均小于 0.02mm。具体参数如表 9.1 所示。

表 9.1　岩石试件参数表

试件编号	长度/mm	直径/mm	密度/(g/cm^3)	波速/(m/s)
试件 1	49.94	48.44	2.50	3570
试件 2	50.08	49.14	2.49	3546

每次冲击前后分别测试岩石的纵波波速，以此与利用波阻抗得到的损伤结果相比较。声波测试设备为 CE9201 岩土工程质量检测仪。试验前分别在岩石试件两横截面上画出一个同心圆，半径与声波探头的半径相等，以最大限度地保证每次声波测试时发射探头和接收探头都是正对探测，且保证每次测试的位置不变，如图 9.10 所示。在测试时，发射探头和接收探头表面要均匀涂抹一层黄油。每冲击一次，按照上述方法进行多次声波测试，取其中最小值作为本

次冲击后的波速值。

图 9.10　循环冲击试验所用岩石试件

试验时气压保持恒定，冲头在高压气室的位置也保持恒定，最大限度地保证子弹以相同的动能撞击入射杆，保证每次的入射能大小相同。循环冲击入射能的大小为岩石临界破坏时入射能的 75%。

2. 试验结果

表 9.2 为试件 1 和试件 2 在每次冲击前后的声波波速、入射信号和透射信号在 13μs 时对应的电压值以及求得的波阻抗。由试验得到的声波波速和波阻抗，分别根据式(9.12)和式(9.14)求得其损伤变量。图 9.11 给出了由声波波速和波阻抗定义的损伤变量的变化曲线。

从表 9.2 可以看出，随着循环冲击次数的增加，试件 1 和试件 2 的波阻抗和纵波波速都出现下降趋势。从图 9.11 可以看出，波阻抗和声波波速定义的损伤变量的变化趋势非常接近，在前两次循环冲击过程中，损伤程度急剧上升，拟合曲线斜率较大，中间的几次冲击引起的损伤变化平缓，而最后两次冲击间的损伤变化又较大，即损伤变量与循环冲击次数曲线的斜率整体上表现为急剧倾斜—相对平缓—急剧倾斜的变化形式。

从图 9.11 还可以看出，基于波阻抗计算出的岩石损伤变量比波速求得的损伤变量大，这是因为波阻抗是由岩石密度和纵波波速乘积而得。在相同损伤程度下，从图 9.5 可以看出，岩石密度的变化量比纵波波速小，这样就导致

表 9.2　循环冲击试验数据

试件编号	循环冲击次数	入射波/V	透射波/V	波阻抗/(MPa/s)	波速/(m/s)
试件 1	0	—	—	—	3570
	1	−0.01386	−0.01312	262.66	3290
	2	−0.01424	−0.01275	215.04	2958
	3	−0.01479	−0.01255	184.92	2808
	4	−0.01600	−0.01321	169.89	2688
	5	−0.01504	−0.01227	167.41	2526
	6	−0.01426	−0.01078	143.68	2348
	7	−0.01964	−0.01311	116.63	2092
	8	−0.01455	−0.00920	102.69	—
试件 2	0	—	—	—	3546
	1	−0.01686	−0.01581	260.526	3204
	2	−0.01619	−0.01484	221.046	2924
	3	−0.01781	−0.01531	185.598	2748
	4	−0.01825	−0.01567	172.788	2604
	5	−0.01417	−0.01135	155.022	2450
	6	−0.01787	−0.01336	140.658	2284
	7	−0.01611	−0.01092	117.978	1992
	8	−0.01573	−0.00982	90.300	—

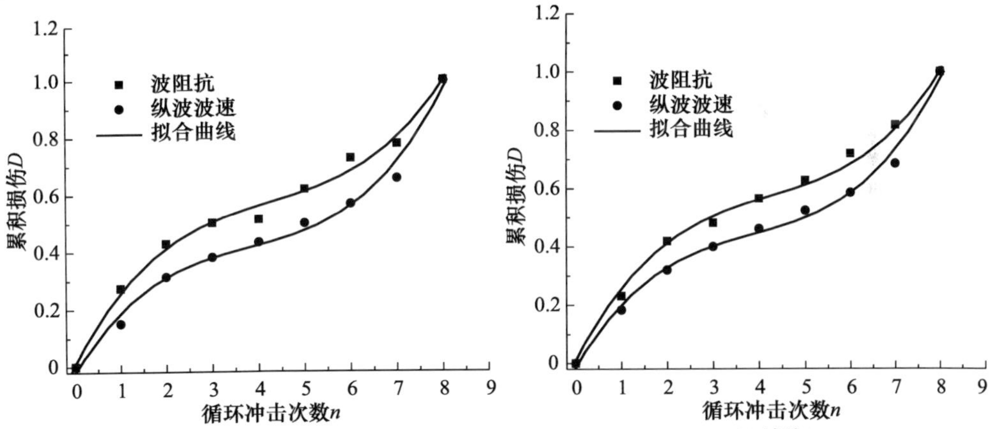

(a) 试件1　(b) 试件2

图 9.11　基于纵波波速和波阻抗定义的损伤变量比较

$(\overline{\rho}\overline{C}_p)/(\rho C_p)<\overline{C}_p/C_p$，即由式(9.12)和式(9.14)计算出的岩石损伤程度不一致。另外，由式(9.12)和式(9.14)并结合 Gardner 等[12]的关系式，当 $a=1.6$ 时，从图 9.6 可以看出，纵波波速计算的损伤和波阻抗计算的损伤一致，而试验得出的却不同，主要是因为 Gardner 等得出的密度与纵波波速的关系式毕竟是大量试验结果的拟合数学表达式，而对某一具体岩石试件出现与拟合关系式不

一致的现象是必然的。

9.5 本章小结

本章首先从理论角度分析岩石密度、纵波波速和波阻抗的变化同向性，提出用波阻抗定义循环冲击过程中岩石的损伤变量。基于冲击试验得到入射波、反射波和透射波，提出了确定岩石波阻抗的方法。对岩石进行循环冲击加载试验，分别用纵波波速和波阻抗定义的岩石损伤变量，通过对比两个方法定义的损伤变量的变化趋势，验证了基于波阻抗定义损伤变量的可行性。主要结论如下：

(1) 裂隙岩石的密度和纵波波速间具有良好的正相关性；在相同损伤过程中，波阻抗和纵波波速的相对变化幅值接近，而密度的变化不明显；可以利用岩石在循环冲击过程中波阻抗的变化定义其损伤变量。其定义岩石损伤变量的关系式为

$$D=1-\left(\frac{\bar{\rho}\bar{C}_{\mathrm{p}}}{\rho C_{\mathrm{p}}}\right)^{1.6}$$

(2) 由于多次透反射的存在，在入射波延续的时间$(0,\tau)$内，不能直接利用入射波和透射波（或反射波）求解出全部时间点上的波阻抗；可选择时间区段$(0,2L_{\mathrm{s}}/C_{\mathrm{s}})$内的入射波和透射波计算岩石的波阻抗；且用波阻抗定义循环冲击过程中岩石的损伤时，参考的时间点应选在内部裂隙被压密后波阻抗大小相对稳定的时间点。

(3) 对同一损伤过程，利用波阻抗定义的损伤变量与基于声波波速定义的损伤变量的变化趋势一致，可以应用波阻抗定义循环过程中岩石的损伤变量；由于岩石的密度变化幅度相对声波波速的变化幅度较小，波阻抗定义的损伤变量比声波定义的损伤变量大。

参考文献

[1] 谢和平. 岩石混凝土损伤力学[M]. 徐州：中国矿业大学出版社，1990.

[2] 余寿文，冯西桥. 损伤力学[M]. 北京：清华大学出版社，1997.

[3] 赵明阶，徐蓉. 岩石损伤特性与强度的超声波速研究[J]. 岩土工程学报，2000，22(6)：720-722.

[4] 赵奎，金解放，王晓军，等. 岩石声速与其损伤及声发射关系研究[J]. 岩土力学，2007，28(10)：2105-2109，2114.

[5] 谢和平，鞠杨，黎立云，等. 岩体变形破坏过程的能量机制[J]. 岩石力学与工程学报，2008，27(9)：1729-1740.

[6] 金解放，赵奎，王晓军，等. 岩石声发射信号处理小波基选择的研究[J]. 矿业研究与开发，2007，27(2)：12-15.

[7] 赵奎，周永涛，曾鹏，等. 三点弯曲作用下不同粒径组成的类岩石材料声发射特性试验研究[J]. 煤炭学报，2018，43(11)：3107-3114.

[8] 李庶林，周梦婧，高真平，等. 增量循环加卸载下岩石峰值强度前声发射特性试验研究[J]. 岩石力学与工程学报，2019，38(4)：724-735.

[9] Du K，Li X F，Tao M，et al. Experimental study on acoustic emission (AE) characteristics and crack classification during rock fracture in several basic lab tests[J]. International Journal of Rock Mechanics and Mining Sciences，2020，133：104411.

[10] Hu K X，Huang Y. Estimation of the elastic properties of fractured rock masses [J]. International Journal of Rock Mechanics and Mining Sciences & Geomechanics Abstracts，1993，30(4)：381-394.

[11] 王宏图. 岩石弹性波理论及其在地应力测试中的应用研究[D]. 重庆：重庆大学，1995.

[12] Gardner G H F，Gardner L W，Gregory A R. Formation velocity and density-the diagnostic basics for stratigraphic traps[J]. Geophysics，1974，39(6)：770-780.

[13] 朱广生，桂志先，熊新斌，等. 密度与纵横波速度关系[J]. 地球物理学报，1995，38(增 1)：260-264.

[14] 孟召平，张吉昌，Tiedemann J. 煤系岩石物理力学参数与声波速度之间的关系[J]. 地球物理学报，2006，49(5)：1505-1510.

[15] 王礼立. 应力波基础[M]. 2 版. 北京：国防工业出版社，2005.

[16] Zhou Z L，Li X B，Ye Z Y，et al. Obtaining constitutive relationship for rate-dependent rock in SHPB tests[J]. Rock Mechanics and Rock Engineering，2010，43(6)：697-706.

第 10 章　受载岩石的动态疲劳累积损伤演化特性

根据测试或试验结果，建立岩石等材料在循环载荷作用下的累积损伤演化模型，是研究岩石疲劳力学特性的一个重要内容[1,2]。岩石累积损伤演化模型的建立，既有利于探索岩石强度劣化和疲劳变形的机制，又能研究岩石疲劳力学性能的影响因素。建立岩石累积损伤模型也是岩石损伤力学的重要研究内容[3,4]。本章在岩石静载荷与循环冲击试验的基础上，利用波阻抗定义岩石的损伤变量，根据循环冲击过程中岩石疲劳变形和累积损伤演化趋势，借助量化事物发生、发展和成熟三阶段的 Logistic 曲线方程，建立静载荷与循环冲击作用下岩石累积损伤演化模型，并探讨模型中参数的物理意义。在此基础上，探讨轴向静应力和围压等静载荷对岩石累积损伤演化的影响。

10.1　具有静载岩石的动态疲劳累积损伤演化规律

在静载荷与循环冲击组合作用下，随循环冲击次数的递增，岩石动态峰值应变、动态残余应变和平均应变率等均呈快速上升—平缓发展—急速上升的态势，具有相对完整的初始阶段、低速阶段和加速阶段三个阶段。同理，岩石动态峰值应力和动态变形模量与循环冲击次数之间的关系也有与此相应的三个阶段。这些岩石宏观动态力学参数的演化从某种程度上反映了岩石内部动态损伤的演化规律。

利用第 9 章中计算岩石波阻抗和定义损伤变量的方法，由试验所得的入射波和透射波，可计算出具有不同静载荷的岩石试件在循环冲击作用下的累积损伤演化趋势。图 10.1 给出了具有不同静应力岩石试件在循环冲击作用下的累积损伤演化趋势，图中拟合曲线暂且用三次函数进行拟合。

从图 10.1 可以看出，在静载荷与循环冲击组合作用过程中，岩石累积损伤的演化具有非线性特性，包括初始阶段、低速阶段和加速阶段三个阶段，变化趋势整体上呈较陡峭—平缓—陡峭的模式，表明岩石的累积损伤经历快速孕育、平缓发展、高速扩张成核直至发生宏观破坏的过程。轴向静应力和围压等静载荷的大小对岩石累积损伤演化规律有较大的影响，对比图 10.1(a)、(b)两种静载荷条件下岩石累积损伤演化曲线，图 10.1(a)的初始阶段相对更陡峭，平缓阶段重心对应的损伤值较大，加速阶段所占整体比例相对较小。

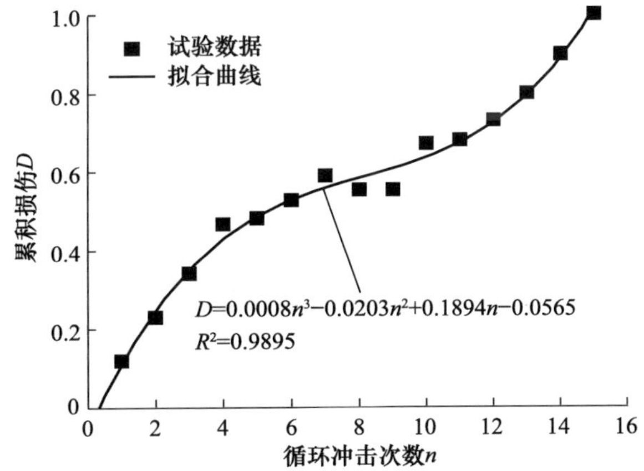

(a) 围压为8MPa、轴向静应力为49MPa

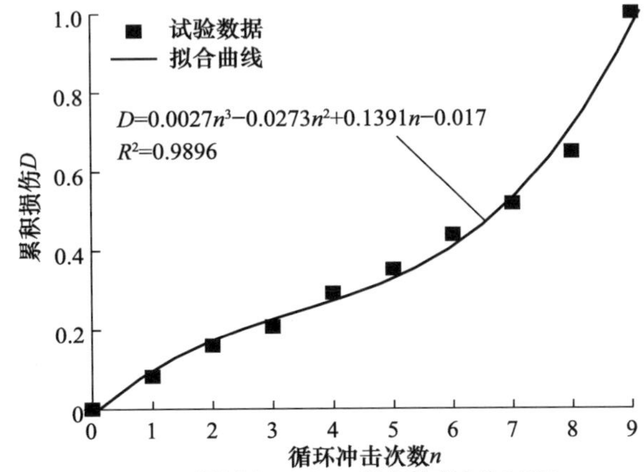

(b) 围压为12MPa、轴向静应力为84MPa

图 10.1　具有不同静应力岩石试件在循环冲击作用下的累积损伤演化趋势

10.2　具有静载岩石的动态非线性累积损伤演化模型

10.2.1　非线性累积损伤模型建立的依据

在许多学科的研究领域内，如人口增长、物种增加、传染病扩散和地基沉降等，研究对象的变化规律呈现初始缓慢发生、快速发展、平稳结束三个阶段，整体呈S形曲线发展[5,6]。根据研究对象增加和减小趋势，S形曲线又可以分为递增型和递减型两种类型，如图10.2所示。

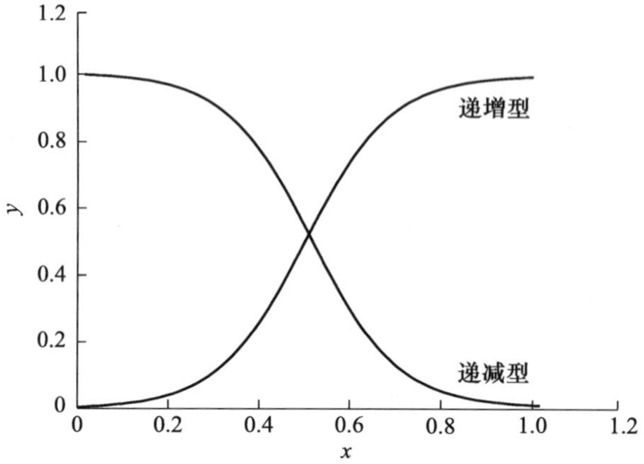

图10.2　S形曲线

Logistic函数作为一个人口自限增长模型，是由Verhulst[7]首次引入经过Pearl等[8]的发展，该模型现已成功应用到许多领域[9-12]。Logistic模型又称为Verhulst-Pearl模型。Logistic模型方程的一般表达式为[13]

$$y=\frac{c}{1+e^{a-bx}} \tag{10.1}$$

式中，a、b和c均为常数。

由10.1节的试验结果可知，随循环冲击次数的递增，岩石累积损伤呈快速孕育、平缓发展、高速扩张等趋势，具有明显的初始阶段、低速阶段和加速阶段等。而递减型S形曲线的变化趋势为初始缓慢发生、快速、平稳结束。若将式

(10.1)进行函数逆变换，所得函数的变化趋势与循环冲击作用下岩石累积损伤的变化趋势吻合。Logistic 函数的逆函数可表示为

$$y=\alpha-\beta\ln\left(\frac{\kappa}{x}-\eta\right) \tag{10.2}$$

式中，x 为自变量；y 为因变量；α、β、κ 和 η 均为待定参数。

将式(10.2)应用到循环冲击作用下岩石累积损伤演化模型时，x 可用循环冲击次数 n 或相对循环冲击次数 n/N 表示，其中，N 为总循环冲击次数；y 表示岩石的累积损伤 D。因此，根据 x 取值方式的不同，式(10.2)可以改写为

$$D=\begin{cases}\alpha-\beta\ln\left(\dfrac{\kappa}{n}-\eta\right), & \text{应用绝对循环冲击次数 } n\\ \alpha-\beta\ln\left(\dfrac{\kappa}{n/N}-\eta\right), & \text{应用相对循环冲击次数} \dfrac{n}{N}\end{cases} \tag{10.3}$$

当 $\alpha=0.5$，$\beta=0.0724$，$\kappa=1$，$\eta=0.9989$ 时，式(10.3b)的曲线形式如图 10.3 所示。从图中可以看出，该 Logistic 逆函数曲线明显具有初始阶段、低速阶段和加速阶段三个阶段，与图 10.1 中的曲线形式吻合。因此，从变化趋势上看，可用式(10.3a)和式(10.3b)表示静载荷与循环冲击作用下岩石累积损伤的演化模型。

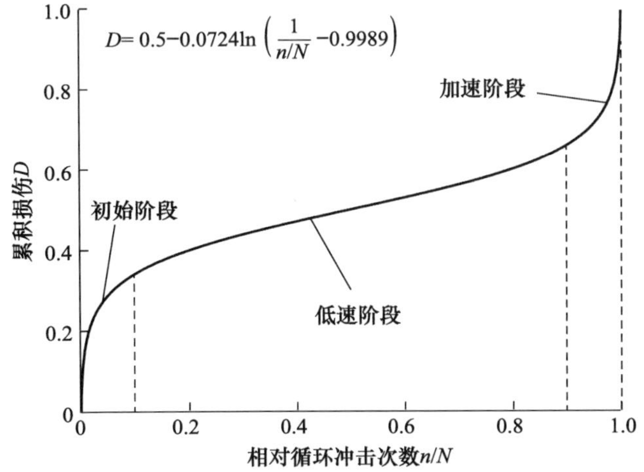

图 10.3　Logistic 逆函数曲线形式

10.2.2 模型中参数的物理意义

为研究式(10.3a)和式(10.3b)中参数 α、β、κ 和 η 的物理意义，分别固定其中三个参数，变化另一个参数值的大小，得出一组模型曲线，通过分析参数值大小对累积损伤演化模型曲线的影响，得出参数的物理意义，并给出合理的取值范围。

对式(10.3b)所表示的累积损伤演化模型，当 κ、β 和 η 的值固定时，α 值分别为 0.79、0.68、0.55 和 0.42 时，累积损伤演化曲线簇如图 10.4 所示。

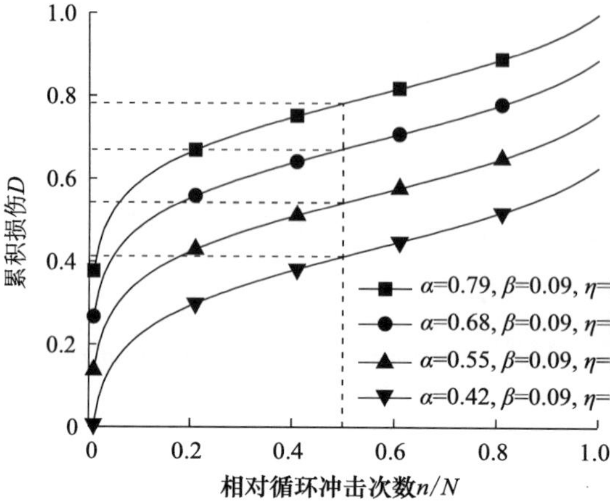

图 10.4　参数 α 对累积损伤曲线的影响

从图 10.4 可以看出，当相对循环冲击次数为 0.5 时，4 条曲线中心点的损伤值分别为 0.782、0.672、0.542 和 0.412，与各自的 α 值近似相等，相对差值约在 2%之内，因此用 α 值可以估算出累积损伤演化模型中心点损伤值的大小。换句话说，α 值的物理意义是控制着损伤演化模型曲线中心值的大小，其值越大意味着损伤演化过程中初始阶段形成的累积损伤相对较大。基于此，α 被定义为初始阶段累积损伤速率因子，当选用式(10.3b)，且 $\kappa=1$ 时，由于累积损伤 D 的取值范围为[0,1]，α 的取值范围为(0,1)。

当式(10.3b)中 κ、α 和 η 值固定，β 值分别为 0.035、0.065、0.080 和 0.105 时，累积损伤演化曲线簇如图 10.5 所示。从图中可以看出，随着 β 的增加，累

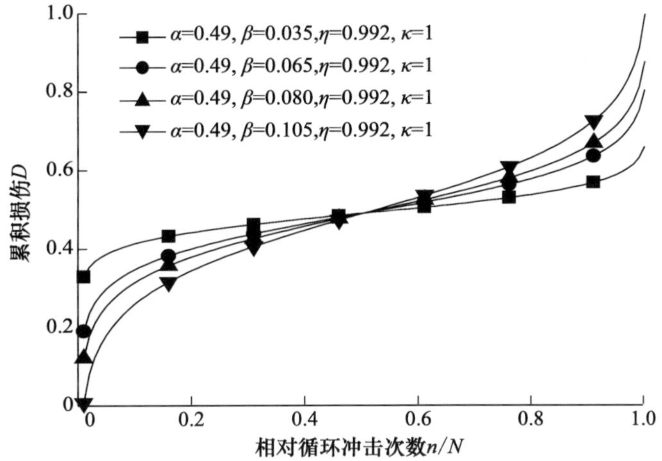

图 10.5　参数 β 对累积损伤曲线的影响

积损伤演化曲线低速阶段的斜率增加，表示低速阶段累积损伤速率与 β 值的大小呈正相关性。因此，参数 β 的物理意义是表征低速阶段曲线斜率的大小。基于此，β 被定义为低速阶段累积损伤速率因子。当选用式(10.3b)，且 $\kappa=1$ 时，β 的取值范围为(0,1)。

根据岩石静载荷与循环冲击组合加载试验，可知当轴向静应力和循环冲击载荷大小相同时，围压越大，累积损伤演化曲线中低速阶段的斜率越小。因此，当轴向静应力和循环冲击载荷确定时，参数 β 表征了围压对岩石累积损伤的影响。

应用式(10.3a)作为累积损伤演化模型时，参数 κ 的大小表征轴向静应力值。例如，静载荷与循环冲击试验时，当围压为 12MPa，轴向静应力分别为 49MPa、84MPa、105MPa 和 125MPa 时，承受的总循环冲击次数分别为 19 次、9 次、8 次、7 次，利用式(10.3a)进行累积损伤演化时，令 κ 分别取各自的轴向静应力值，分别调整参数 α、β 和 η 值的大小，可得较理想的累积损伤演化曲线，如图 10.6 所示。从图中可以看出，应用式(10.3a)进行累积损伤演化时，参数 κ 能较好地表征轴向静应力的大小。当用式(10.3b)时，参数 κ 统一取值为 1。

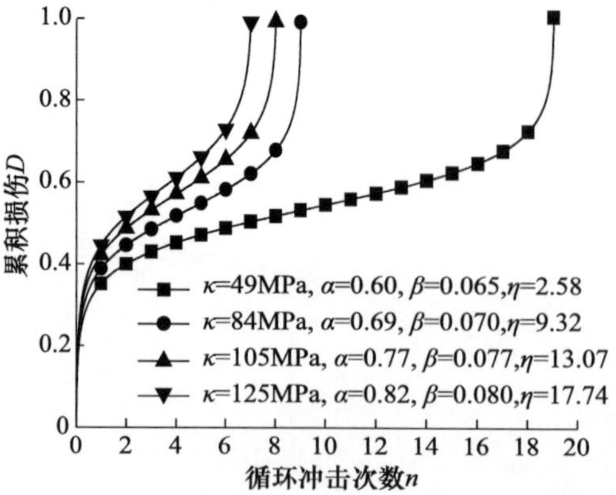

图 10.6 参数 κ 对累积损伤曲线的影响

当 $\alpha=0.518$，$\beta=0.075$，η 分别为 0.500、0.750、0.900、0.980 和 0.998，选用式(10.3b)作为累积损伤演化模型时，得到的曲线簇如图 10.7 所示。从图中可以看出，当 α 和 β 相同，而 η 不同时，累积损伤演化曲线簇在初始阶段和低速阶段近似重叠，而在加速阶段差别较明显。随着 η 的增加，曲线在加速阶段的斜率越来越陡峭，也意味着累积损伤速率越来越快。基于此，参数 η 表征加速阶段累积损伤速率因子。

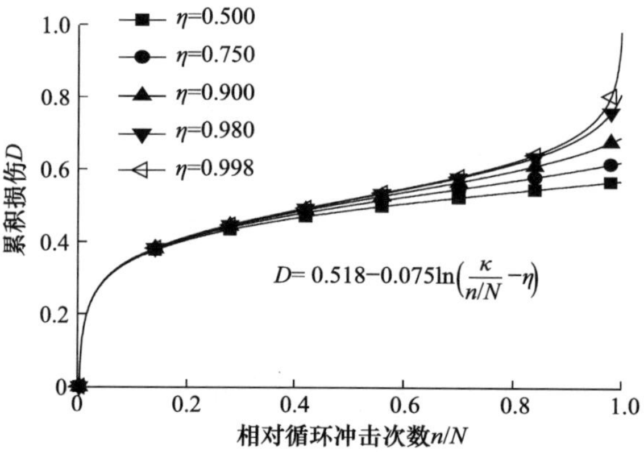

图 10.7 参数 η 对累积损伤曲线的影响

由于式(10.3a)和式(10.3b)的表达式不同，两个表达式条件下参数 η 的取值范围也不同。对于式(10.3b)，η 的取值范围为(0,1)；对于式(10.3a)，η 的取值范围为 $(0,\kappa/N)$。

10.2.3　多级载荷循环作用时累积损伤的计算

若岩石试件承受不同能级的循环冲击载荷作用，本章提出的累积损伤模型从理论上说也可以进行量化。假设有三个不同能级的冲击载荷对同一岩石试件进行循环冲击，为简单起见，不考虑随机冲击的情况，以下面三种组合情况对岩石进行作用：①冲击载荷由小逐渐增大；②先施加最小能级的冲击载荷，再施加最大能级的冲击载荷，最后施加中间能级的冲击载荷；③冲击载荷由大到小逐渐施加。三级载荷从小往大各自循环作用次数为单独作用时循环次数的 3.3%、34.4%和 3.4%，三种情况下的累积损伤计算结果分别如图 10.8～图 10.10 所示。图中的细实线表示三级载荷分别单独循环作用时岩石累积损伤曲线；粗实线表示岩石承受三级循环载荷时累积损伤演化曲线，演化路径为 *ABCDEF*。

当加载顺序为低—中—高时，从图 10.8 可以看出，低能级载荷循环作用导致的累积损伤为 0.1979，中能级载荷循环作用导致的累积损伤为 0.2992，高能级载荷循环作用导致的累积损伤为 0.0768，总损伤为 0.5739。

当加载顺序为低—高—中时，从图 10.9 可以看出，低能级载荷循环作用导致的累积损伤为 0.1979，高能级载荷循环作用导致的累积损伤为 0.2759，中能级载荷循环作用导致的累积损伤为 0.1125，总损伤为 0.5863。

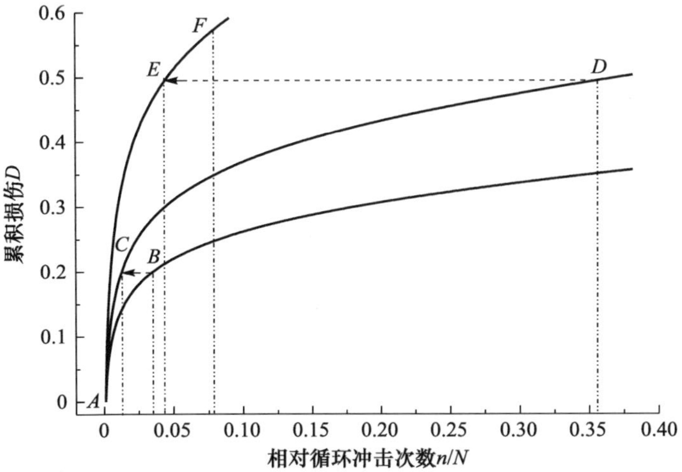

图 10.8　低—中—高三级循环冲击时累积损伤过程

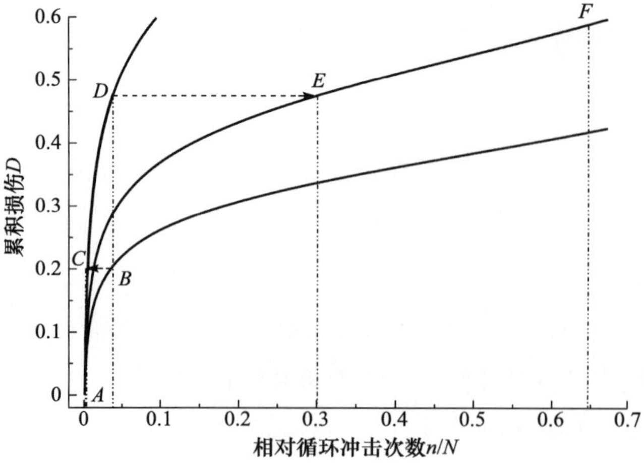

图 10.9　低—高—中三级循环冲击时累积损伤过程

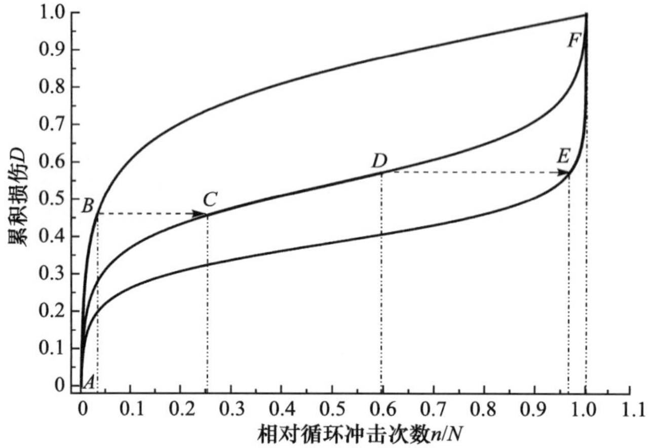

图 10.10　高—中—低三级循环冲击时累积损伤过程

当加载顺序为高—中—低时，从图 10.10 可以看出，高能级载荷循环作用导致的累积损伤为 0.4567，中能级载荷循环作用导致的累积损伤为 0.1151，低能级载荷循环作用导致的累积损伤为 0.4262，总损伤为 0.998。

因此，岩石在多级循环冲击载荷作用时，加载顺序不同导致的累积损伤程度也不同。从最终累积损伤值看，能级越高的载荷越早参与作用，岩石总的损伤程度越高。

10.3　累积损伤演化模型的数据拟合和试验验证

10.3.1　数据拟合

式(10.3a)和式(10.3b)表示的岩石动态累积损伤演化模型能否得到较好的应用,还需研究其是否具有较好的数据拟合方法以及其拟合结果与试验数据是否吻合。本节依据静载荷与循环冲击组合作用下的试验数据,探讨累积损伤演化模型的数据拟合方法,并将拟合结果与试验数据进行比较。

数据拟合的目的是最大限度地使拟合曲线与试验数据吻合,进而求出模型中的待定参数。就本章的模型而言,待定参数是初始阶段累积损伤速率因子 α、低速阶段累积损伤速率因子 β、加速阶段累积损伤速率因子 η,而 κ 为确定值,当用式(10.3a)进行拟合时,κ 的大小为实际轴向静应力值;当用式(10.3b)进行拟合时,$\kappa=1$。

根据最小二乘逼近理论,本章模型的数据拟合关系式可定义为[13]

$$\min f(x)=\frac{1}{2}\sum_{n=1}^{N}\left[D_n-\alpha+\beta\ln\left(\frac{\kappa}{n}-\eta\right)\right]^2 \tag{10.4}$$

式中,D_n 为根据试验数据计算得到的第 n 次冲击后岩石试件的累积损伤。

用相关系数与残差平方和共同衡量拟合结果与试验数据的吻合程度编写一个数据拟合程序,利用相关系数与残差平方和控制程序,根据程序最后的循环结果,得出累积损伤演化模型中的待定参数及拟合曲线。与岩石在静态循环载荷作用下的情况相比,在静载荷与循环冲击组合作用下,岩石承受的总循环作用次数较少,少则几次或几十次,多则几百次,因此在编写数据拟合程序时,可不考虑程序的收敛速率问题。

10.3.2　试验验证

利用第 8 章的试验数据,循环冲击作用下岩石试件 WT3-4-3(轴向静应力为 49MPa、围压为 10MPa)的试验和拟合数据如表 10.1 所示。用式(10.3a)拟合岩石试件 WT3-4-3 的损伤过程时,由于其轴向静应力为 49MPa,模型中 $\kappa=49$,应用拟合程序进行拟合,得到其拟合累积损伤数据 D_n',其相关系数为 0.991,残差平方和为 0.016179,拟合结果与试验数据吻合较好,此时参数 $\alpha=0.7457$,$\beta=0.1086$,$\eta=2.96$。

表 10.1 岩石试件 WT3-4-3 的试验和拟合数据

循环冲击次数	ρC_p /(MPa/s)	$\frac{(\rho C_p)_n}{(\rho C_p)_0}$	累积损伤 D_n	拟合累积损伤 D_n'	残差平方和 /10^{-5}
0	195.806	1.000	0	—	—
1	163.232	0.834	0.253	0.330	592.9
2	136.566	0.697	0.438	0.412	67.6
3	128.901	0.658	0.488	0.464	57.6
4	129.255	0.660	0.485	0.504	36.1
5	126.691	0.647	0.502	0.537	122.5
6	112.357	0.574	0.589	0.567	48.4
7	104.134	0.532	0.636	0.594	176.4
8	106.293	0.543	0.624	0.621	0.9
9	104.595	0.534	0.633	0.647	19.6
10	88.299	0.451	0.720	0.674	211.6
11	85.422	0.436	0.735	0.702	108.9
12	82.747	0.423	0.748	0.733	22.5
13	78.354	0.400	0.769	0.769	0
14	72.675	0.371	0.795	0.813	32.4
15	62.210	0.318	0.840	0.874	115.6
16	0.000	0.000	1.000	0.993	4.9

注:ρC_p 为岩石试件的波阻抗;$(\rho C_p)_0$ 为没有承受冲击载荷时岩石试件的波阻抗;$(\rho C_p)_n$ 为第 n 次冲击时岩石试件的波阻抗。

利用第 7 章的循环冲击试验数据,采用式(10.3a)进行曲线拟合,图 10.11 为基于绝对循环冲击次数的岩石试件累积损伤拟合曲线。

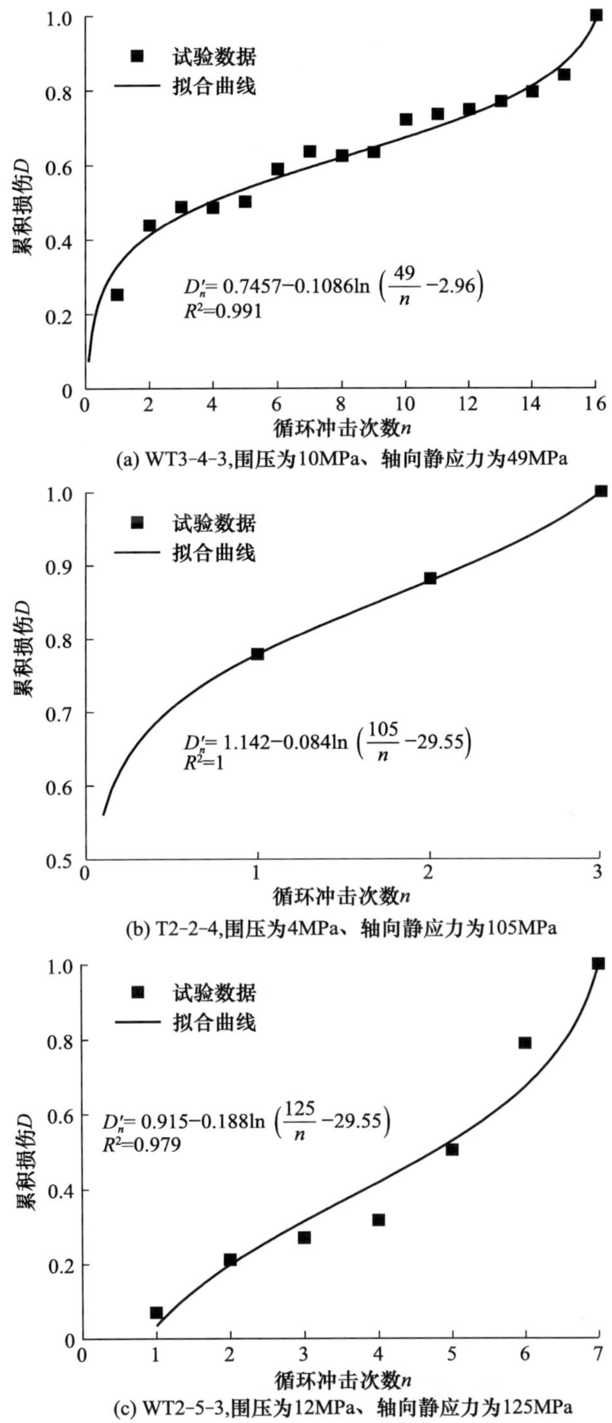

图 10.11　基于绝对循环冲击次数的岩石试件累积损伤拟合曲线

从图 10.11 可以看出，3 个静载荷组合情况下试件累积损伤拟合相关系数都在 0.97 以上，属于高度相关，拟合效果非常理想。由于岩石试件承受静载荷大小不同，其拟合的累积损伤演化曲线形态也不同。如图 10.11(a)所示，围压为 10MPa、轴向静应力为 49MPa 的岩石试件 WT3-4-3 具有完整的初始阶段、低速阶段和加速阶段，倒 S 形的形态较匀称。如图 10.11(b)所示，围压为 4MPa、轴向静应力为 105MPa 的岩石试件 T2-2-4 则仅有明显的初始阶段和低速阶段，几乎没有加速阶段。如图 10.11(c)所示，围压为 12MPa、轴向静应力为 125MPa 的岩石试件 WT2-5-3 初始阶段所占的比例相对较小。综上所述，应用本书提出的累积损伤演化模型，可以较好地模拟各种形态下的岩石累积损伤演化过程。

从累积损伤演化模型的建立、参数分析和试验验证等部分可以归纳出本章的模型具有以下特点：模型建立的理论依据充分，模型关系式简单，参数物理意义明确，能充分表征出静载荷与循环冲击组合作用下岩石累积损伤演化的三个阶段，模型能量化出轴向静应力和围压等静载荷对岩石累积损伤演化的影响。

10.4　静载荷对岩石动态疲劳损伤演化的影响

10.4.1　三维受载岩石试件动态疲劳累积损伤演化曲线

应用已建立的累积损伤演化模型，对第 7 章中具有三维静载岩石试件循环冲击试验数据进行拟合，分析岩石试件具有的静应力对其动态疲劳损伤演化特性的影响。为便于分析研究，使不同静载荷情况下得到的参数 α、β 和 η 具有可比性，在此利用式(10.3b)进行拟合，图 10.12 为部分试验工况的拟合曲线，不同轴向静应力和围压下岩石拟合参数 α、β 和 η 的值如表 10.2 所示。

利用 SHPB 试验装置对材料进行等级冲击载荷循环加载时，循环冲击载荷是通过高压气驱动冲头冲击入射杆实现的，高压气室内的气压大小、冲头在气腔内的位置以及高压气阀门的开启速率直接决定冲击载荷的大小，而这些关键步骤主要通过人为操作，很难确保循环冲击过程中每次冲击载荷的大小完全

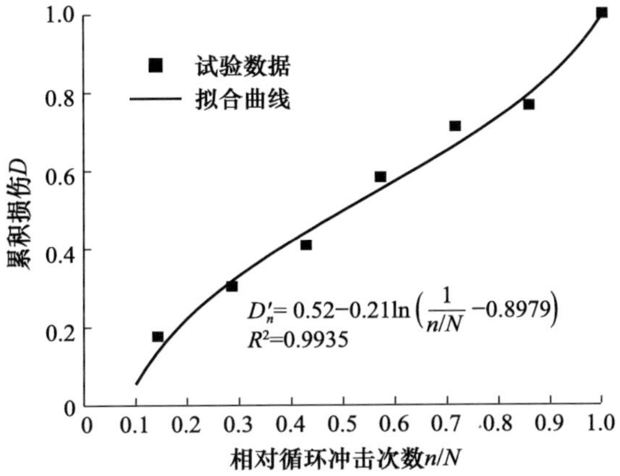

(a) T1-4-2,围压为4MPa、轴向静应力为49MPa

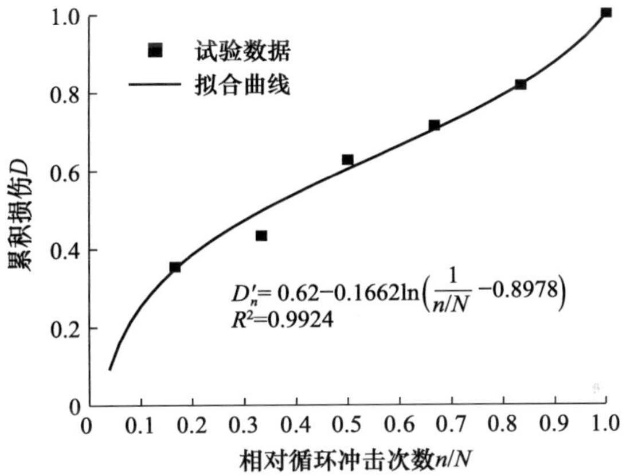

(b) T5-4-2,围压为8MPa、轴向静应力为84MPa

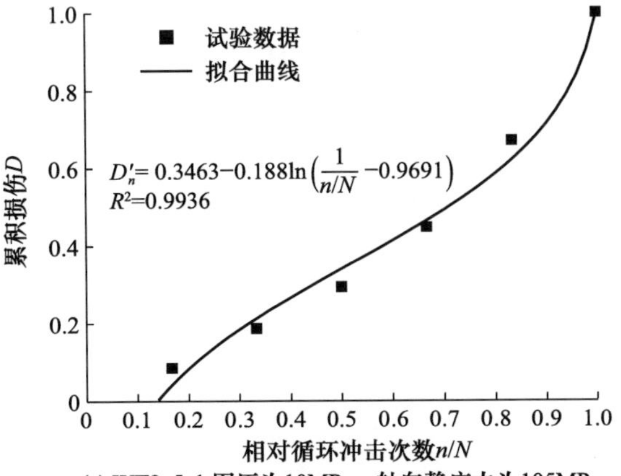

(c) WT3-5-1,围压为10MPa、轴向静应力为105MPa

图 10.12　基于相对循环冲击次数的岩石试件累积损伤拟合曲线

表 10.2　岩石试件累积损伤拟合结果

围压/MPa	轴向静应力/MPa	α	β	η	相关系数 R^2
4	49	0.52000	0.2100	0.8979	0.9935
	84	0.38300	0.3090	0.8760	0.9987
	105	0.84600	0.0919	0.8200	1.0000
	125	0.71000	0.0900	0.9600	1.0000
8	49	0.57440	0.1642	0.9248	0.9891
	84	0.62000	0.1662	0.8978	0.9924
	105	0.45780	0.1316	0.9875	0.9859
	125	0.34500	0.0450	0.9999	0.9974
10	49	0.61948	0.0910	0.9847	0.9786
	84	0.61500	0.0850	0.9891	0.9915
	105	0.34630	0.1880	0.9691	0.9936
	125	0.56740	0.1850	0.9330	0.9917
12	49	0.50420	0.1380	0.9724	0.9878
	84	0.34900	0.1474	0.9879	0.9969
	105	0.60080	0.1970	0.8680	0.9729
	125	0.40300	0.1620	0.9645	0.9794

相同，加之岩石试件物理力学性能的离散性，不可避免导致表 10.2 中损伤拟合参数结果具有一定的离散性。基于此，将表 10.2 中 α、β 和 η 分别与轴向静应力和围压进行简单直线拟合，根据拟合直线的斜率，分析探讨轴向静应力和围压对岩石累积损伤演化的影响。

10.4.2　轴向静应力对岩石累积损伤演化的影响

从表 10.2 可以看出，当围压为 4MPa、轴向静应力逐渐增大时，整体上 α 呈递增趋势，β 和 η 呈递减趋势。这意味着，在轴向静应力逐渐增大的过程中，初始阶段累积损伤速率因子和累积损伤越来越大，低速阶段和加速阶段累积损伤速率因子逐渐减小。这是由于此时的围压比轴向静应力小，由于静载荷的作用，岩石试件已形成部分或较大的损伤，且轴向静应力越大，岩石的损伤程度越高，在此基础上承受循环冲击的能力越小，从而出现上述试验结果。

当围压为 8MPa 时，随着轴向静应力的增大，整体上 α 和 β 逐渐减小，η 呈递增趋势；当围压为 10MPa 和 12MPa 时，随着轴向静应力的增大，整体上 α 和

η 逐渐减小，β 呈递增趋势。

将表 10.2 中参数 α、β 和 η 与相应围压下的轴向静应力进行线性拟合，相应拟合直线斜率分别用 $k_{\alpha 1}$、$k_{\beta 1}$ 和 $k_{\eta 1}$ 表示，结果如表 10.3 所示。

表 10.3　不同围压下拟合直线的斜率

围压/MPa	$k_{\alpha 1}$	$k_{\beta 1}$	$k_{\eta 1}$
4	0.0038	−0.0020	0.0004
8	−0.0031	−0.0014	0.0012
10	−0.0018	0.0015	−0.0006
12	−0.0003	0.0005	−0.0006

从表 10.3 可以看出，当围压为 4MPa 时，$k_{\alpha 1}$ 为正值，表明初始阶段累积损伤速率因子 α 随轴向静应力的增加而增加。当围压分别为 8MPa、10MPa 和 12MPa 时，$k_{\alpha 1}$ 均为负值，这意味着随轴向静应力的增加，参数 α 值逐渐减小。当围压由 8MPa 增加到 12MPa 时，$k_{\alpha 1}$ 的绝对值逐渐减小，表明随围压的增加，轴向静应力对初始阶段累积损伤速率因子 α 的影响越来越小。

随着围压的增加，斜率 $k_{\beta 1}$ 由负变正，表明在低围压时（如 4MPa 和 8MPa），轴向静应力越大，参数 β 也越大；在围压较高时（如 10MPa 和 12MPa），轴向静应力越大，参数 β 越小。这是由于不同大小的轴向静应力和围压导致岩石微裂纹具有不同的闭合程度，从而造成不同的累积损伤速率。斜率 $k_{\beta 1}$ 的绝对值随着围压的增加而减小，如围压为 12MPa 时，$k_{\beta 1}$ 的绝对值比其他 3 个围压情况下小一个数量级，这意味着当围压增大到一定值时，岩石低速阶段累积损伤速率因子 β 受轴向静应力大小的影响也较小。

当围压从 4MPa 增大到 12MPa 时，斜率 $k_{\eta 1}$ 由正变负。这表明在低围压时（4MPa 和 8MPa），岩石加速阶段累积损伤速率因子 η 随轴向静应力的增加而增大，意味着岩石累积损伤演化曲线在加速阶段的斜率随轴向静应力的增加而逐渐陡峭，发生突变失稳的可能性增加；在高围压时，加速阶段累积损伤速率因子 η 随轴向静应力的增加而减小，岩石发生突变失稳的可能性减小。

10.4.3　围压对岩石累积损伤演化的影响

将表 10.2 中参数 α、β 和 η 与相应轴向静应力下的围压值进行线性拟合，相应拟合直线斜率分别用 $k_{\alpha2}$、$k_{\beta2}$ 和 $k_{\eta2}$ 表示，结果如表 10.4 所示。

表 10.4　不同轴向静应力下拟合直线的斜率

轴向静应力/MPa	$k_{\alpha2}$	$k_{\beta2}$	$k_{\eta2}$
49	0.0019	−0.0116	0.0108
84	0.0032	−0.0237	0.0157
105	−0.0404	0.0141	0.0088
125	−0.0316	0.0119	−0.0013

从表 10.4 可以看出，当轴向静应力较小时(49MPa 和 84MPa)，斜率 $k_{\alpha2}$ 为正值，即随着围压的增加，参数 α 逐渐增大；当轴向静应力较大时(105MPa 和 125MPa)，斜率 $k_{\alpha2}$ 为负值，即随着围压的增加，参数 α 逐渐减小。这表明，在循环冲击过程中，当轴向静应力较小时，随着围压的增加，岩石试件在初始阶段形成的累积损伤逐渐增加；当轴向静应力较大时，随着围压的增加，岩石试件在初始阶段形成的累积损伤逐渐减小。

当轴向静应力较小时(49MPa 和 84MPa)，斜率 $k_{\beta2}$ 为负值，当轴向静应力较大时(105MPa 和 125MPa)，斜率 $k_{\beta2}$ 为正值。这表明，在循环冲击过程中，当轴向静应力较小时，随着围压的增加，岩石低速阶段累积损伤速率因子 β 逐渐减小；当轴向静应力较大时，随着围压的增加，岩石低速阶段累积损伤速率因子 β 逐渐增大。

在轴向静应力小于或等于 105MPa 时，斜率 $k_{\eta2}$ 为正值，当轴向静应力为 125MPa 时，斜率 $k_{\eta2}$ 为负值。这表明，当轴向静应力小于一定值时，岩石累积损伤演化曲线中加速阶段斜率随着围压的增加而增大，当轴向静应力达到一定值时，加速阶段累积损伤速率因子随着围压的增加而减小。

从表 10.4 还可以看出，在本章设置的轴向静应力和围压范围内，没有出现某一轴向静应力下的 $k_{\alpha2}$、$k_{\beta2}$ 和 $k_{\eta2}$ 值比其他轴向静应力下的值小一个数量级的情况，即无论轴向静应力大小如何变化，围压大小的变化对循环冲击作用下岩石累积损伤演化趋势始终有影响。

10.5　本章小结

本章基于具有三维静载岩石动态疲劳累积损伤的演化特性，结合 logistic 函数的优点，提出了受载岩石的动态疲劳累积损伤演化模型，讨论了模型中参数的物理意义。根据具有三维静载岩石的循环冲击试验数据和累积损伤演化模型，研究了三维静应力对岩石动态累积损伤演化的影响规律及机理。主要结论如下：

(1) 根据静载荷与循环冲击作用下岩石疲劳变形和累积损伤演化具有快速上升—平缓发展—急速上升的态势，与 S 形曲线演化趋势进行对比，使用描绘 S 形曲线的经典数学函数 Logistic 方程，通过函数逆变换，建立静载荷与循环冲击作用下岩石累积损伤演化模型。

(2) 模型中待定参数 α、β 和 η 的物理意义分别是初始阶段累积损伤速率因子、低速阶段累积损伤速率因子和加速阶段累积损伤速率因子。对式(10.3a)所示的模型，参数 κ 能表征轴向静应力的大小，而参数 β 能表征围压的大小。

(3) 围压为 4MPa 时，参数 α 随着轴向静应力的增加而增大，围压为 8MPa、10MPa 和 12MPa 时，参数 α 随着轴向静应力的增加而减小。围压为 4MPa 和 8MPa 时，参数 β 和 η 随着轴向静应力增加而增大；围压为 10MPa 和 12MPa 时，参数 β 和 η 随着轴向静应力的增加而减小。

(4) 轴向静应力为 49MPa 和 84MPa 时，随着围压的增加，初始阶段累积损伤速率因子 α 逐渐增大，低速阶段累积损伤速率因子 β 逐渐减小；轴向静应力为 105MPa 和 125MPa 时，随着围压的增加，参数 α 逐渐减小，参数 β 逐渐增大。当轴向静应力小于一定值(105MPa)时，参数 η 随着围压的增加而增大；反之，参数 η 随着围压的增加而减小。

(5) 围压越大，轴向静应力大小的变化对参数 α、β 和 η 的影响越小。无论轴向静应力大小如何变化，围压大小的变化始终影响岩石累积损伤演化趋势。

参考文献

[1] Han D Y, Li K H, Meng J J. Evolution of nonlinear elasticity and crack damage of

rock joint under cyclic tension[J]. International Journal of Rock Mechanics and Mining Sciences,2020,128:104286.

[2] Li T T,Pei X J,Guo J,et al. An energy-based fatigue damage model for sandstone subjected to cyclic loading[J]. Rock Mechanics and Rock Engineering,2020,53:5069-5079.

[3] 李树春,许江,陶云奇,等.岩石低周疲劳损伤模型与损伤变量表达方法[J].岩土力学,2009,30(6):1611-1614,1619.

[4] He M M,Li N,Zhu C H,et al. Experimental investigation and damage modeling of salt rock subjected to fatigue loading[J]. International Journal of Rock Mechanics and Mining Sciences,2019,114:17-23.

[5] 朱志铎,周礼红.软土路基全过程沉降预测的 Logistic 模型应用研究[J].岩土工程学报,2009,31(6):965-969.

[6] 石有太,陈垣,郭凤霞,等.掌叶大黄种子灌浆动态及其发芽特性研究[J].草业学报,2009,18(3):178-183.

[7] Verhulst P F. Notice sur la loi que la population suit dans son accroissement[J]. Correspondance Mathématique et Physique,1838,10:113-121.

[8] Pearl R,Reed L J. On the rate of growth of the population of the United States since 1790 and its mathematical representation[J]. Proceedings of the National Academy of Science,1920,6(6):275-288.

[9] 徐洪钟,施斌,李雪红.全过程沉降量预测的 Logistic 生长模型及其适用性研究[J].岩土力学,2005,26(3):387-391.

[10] Pallotta N,Giovannone M,Pezzotti P,et al. Ultrasonographic detection and assessment of the severity of Crohn's disease recurrence after ileal resection[J]. BMC Gastroenterology,2010,10(1):1-11.

[11] Yu J R,Tseng F M. Fuzzy Piecewise Logistic growth model for innovation diffusion:A case study of the TV industry[J]. International Journal of Fuzzy Systems,2016,18(3):511-522.

[12] Shen C Y. Logistic growth modelling of COVID-19 proliferation in China and its international implications[J]. International Journal of Infectious Diseases,2020,96:582-589.

[13] 殷祚云. Logistic 曲线拟合方法研究[J].数理统计与管理,2002,21(1):41-46.

第 11 章　三维受载岩石的动态疲劳破坏模式及机理

研究岩石在载荷作用下的破坏模式及其机理，不仅有助于研究岩石的破坏准则，对实现工程岩体高效破岩效果及最大限度减小围岩损伤的目的也有极大的促进作用。岩石在不同载荷形式作用下的破坏模式不尽相同，其破坏模式和机理一直是岩石力学研究的重点[1-3]。

由材料力学的应力状态理论可知，岩石具有不同组合形式的静载荷时，其内部的应力状态也不同。岩石内部包含大量随机分布的微裂纹，相同的应力波在不同倾向的微裂纹面处具有不同的入射角，进而形成不同的反射波和透射波。当应力波斜入射到裂隙处时，产生的反射波和透射波中都有纵波和横波成分[4]。在反射拉伸波和剪切波作用于裂纹尖端时，形成复合型裂纹。微裂纹的扩展和成核将导致岩石发生宏观破坏。本章对第 6 章和第 7 章循环冲击破坏后岩石试件的破坏结果进行分析，归纳总结出不同静载情况下岩石动态疲劳的破坏模式。通过分析岩石试件在静载作用下的受力状态，应用应力波斜入射到微裂纹时的反射规律，研究循环冲击载荷作用下岩石破裂模式的影响因素及其机理。

11.1　三维受载岩石动态疲劳破坏模式

11.1.1　岩石动态疲劳破坏试验结果

在进行第 6 章和第 7 章试验研究时，当岩石试件没有围压作用时(图 7.1 中没有围压装置，可以直接观测到试件是否发生宏观破坏)，用相机拍照收集试件破坏过程中的照片；当岩石试件具有围压时，收集循环冲击试验后试件的碎片，重点分析具有不同静载岩石试件在循环冲击过程中或破坏后的断裂面形貌。

图 11.1～图 11.5 为具有不同静载岩石在循环冲击载荷作用下部分较典型的破坏结果。

(a) 第1次破坏

(b) 第2次破坏

(c) 第3次破坏

(d) 第4次破坏

(e) 第5次破坏

图 11.1　无围压、无轴向静应力时岩石试件循环冲击破坏结果

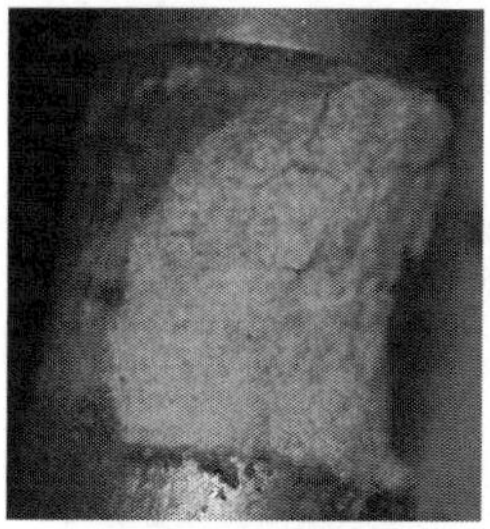

(a) 第1次破坏

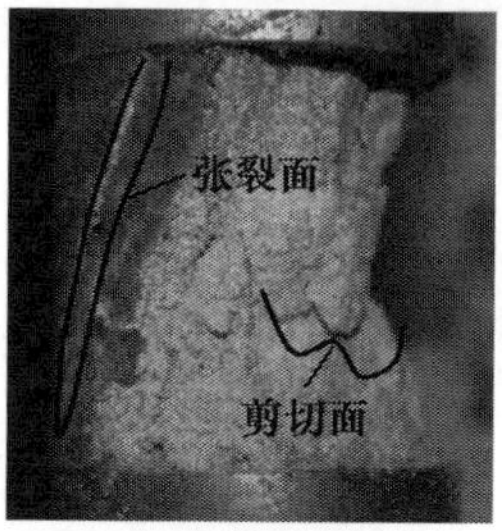

(b) 第2次破坏

(c) 第3次破坏

图 11.2　无围压、轴向静应力为 49MPa 时岩石试件循环冲击破坏结果

(a) 轴向静应力为49MPa

(b) 轴向静应力为105MPa

图 11.3　围压为 4MPa 时岩石试件循环冲击破坏结果

(a) 轴向静应力为49MPa

(b) 轴向静应力为125MPa

图 11.4　围压为 10MPa 时岩石试件循环冲击破坏结果

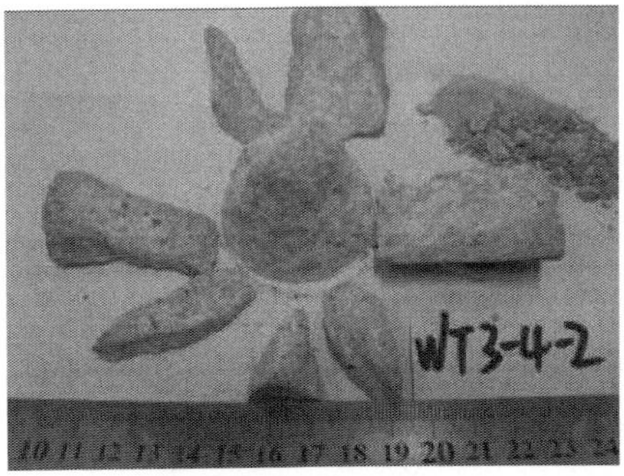

(a) 轴向静应力为49MPa

(b) 轴向静应力为125MPa

图 11.5　围压为 12MPa 时岩石试件循环冲击破坏结果

11.1.2　无静载作用时岩石动态疲劳破坏模式

在循环冲击载荷作用下，经过若干次冲击（岩石试件 WT1-4-4 在第 10 次冲击开始出现局部宏观破坏），无轴向静应力无围压的岩石逐步破坏。从图11.1可以看出，试件每次破坏的破裂面都近似沿着试件的纵向面，没有出现端部效应，且破裂面没有摩擦的痕迹。图11.6为图11.1(d)岩石破裂面局部（图11.1(d)中虚线部位）放大图。从图11.6可以看出，岩石破裂面凹凸不平，基本由凸起的晶体和凹陷的胶结物质组成，这是岩石在破坏时破裂面两端岩石的晶体和胶结物质张裂分离的结果，并且破裂面没有摩擦的痕迹，因此可以断定无围压、无轴向静应力的岩石在循环冲击作用下的破坏模式为张裂破坏。图11.7(a)中矿柱破坏形式与岩石在此种工况下的破坏模式相近[5]。

图 11.6　无静载作用时循环冲击破裂面的局部放大图

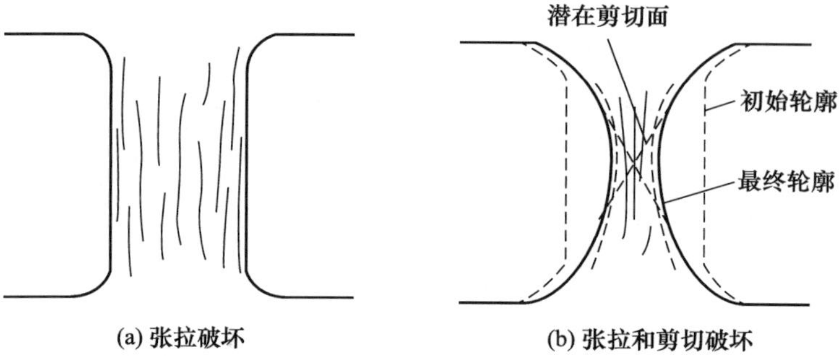

图 11.7　工程实际中矿柱的破坏模型[5]

文献[5]认为，工程实际中常见矿柱的破坏过程是首先在柱墙或附近区域发生拉伸破坏，进而在柱墙内部发生岩体剥落破坏，如此往复，最终形成拱形表面的矿柱，如图11.7(b)所示。根据图11.1显示的破坏过程和结果，无静载岩石试件在循环冲击作用下的破坏模式示意图可表示为如图11.8(a)所示的效果。

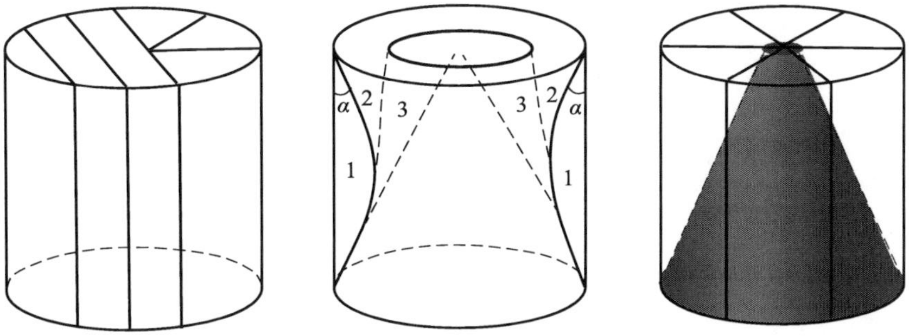

(a) 无围压、无轴向静应力的岩石试件　(b) 无围压、有轴向静应力的岩石试件　(c) 有围压、有轴向静应力的岩石试件

图 11.8　无静载岩石试件在循环冲击载荷作用下的破坏模式示意图

1. 第 1 次破坏区域；2. 第 2 次破坏；3. 第 3 次或更高次破坏；α. 第 1 次破坏的破裂角

花岗岩在循环冲击时也有如此的破坏模式[6]。岩石在较低应变率的常规冲击载荷作用下也有这样的破坏结果，如图 11.9 所示[7]，差别是常规冲击是一次冲击导致破坏，而循环冲击引起的破坏是逐步形成的。

图 11.9　常规临界冲击时岩石试件的破坏模式[7]

11.1.3　无围压、有轴向静应力时岩石动态疲劳破坏模式

从图 11.2 可以看出，无围压、有轴向静应力的岩石试件在循环冲击过程中的破坏也是逐步展开的。第一次破坏时，与弹性杆接触的两端面具有明显的端部效应，基本没有发生破坏，而中间部位破坏较严重，整个破裂面呈弧线形，如图 11.8(b)所示，且其破裂面具有摩擦的痕迹，相对于无围压、无轴向静应力的

情况，在破裂时破裂面上还产生部分微小颗粒，如图 11.2(a)所示。从图 11.2(b)和(c)可以看出，后续破坏是在第一次破坏的基础上展开的，并且是从与入射杆接触界面(下面简称入射界面)开始破裂，形成张裂面和剪切面，而与透射杆接触界面(下面简称透射界面)始终没有发生破坏，如图 11.2(c)所示。

对比图 11.7(b)和图 11.2 可以发现，工程实际中矿柱与图 11.2 中岩石试件的受力方式一致，都是在循环冲击前承受轴向静应力。在轴向静应力和循环冲击载荷共同作用下，岩石(体)首先发生横向拉伸变形破坏，在试件(或矿柱)上形成拱形表面，如图 11.2(a)所示，进而产生局部剪切破坏。

11.1.4　有围压、有轴向静应力时岩石动态疲劳破坏模式

从图 11.3～图 11.5 可以看出，当岩石试件具有一定围压时，在循环冲击载荷作用下，岩石试件破坏形成一个圆锥体或近似圆锥体，圆锥表面具有明显的摩擦痕迹，圆锥外的其他部分之间有张裂痕迹。圆锥体的锥顶在入射界面形成，并且锥顶有的为一平台(如图 11.3(a)和图 11.4(a)所示)，有的为一尖端(如图 11.3(b)、图 11.4(b)和图 11.5 所示)，破坏模式示意图如图 11.8(c)所示。三轴静载作用下的岩石试件在单次冲击时也有如此的破坏模式，如图 11.10 所示。

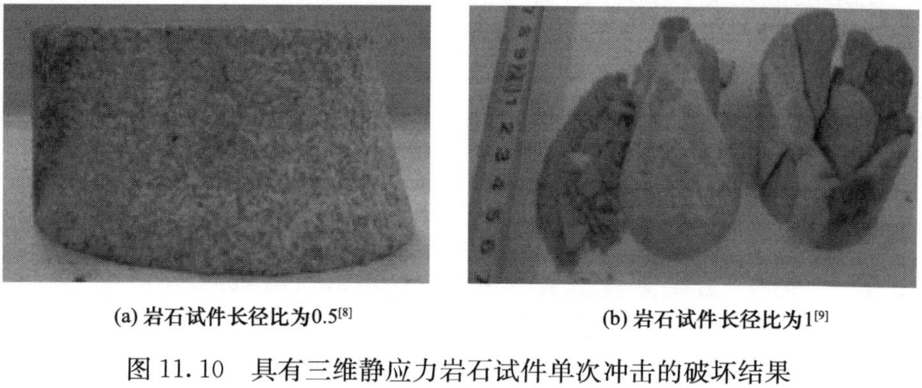

(a) 岩石试件长径比为0.5[8]　　(b) 岩石试件长径比为1[9]

图 11.10　具有三维静应力岩石试件单次冲击的破坏结果

综上所述，轴向静应力和围压等静载荷的大小对岩石在循环冲击作用下的破坏模式影响较大。

11.2　三维受载岩石的应力波的斜入射及动态疲劳破坏机理

研究三轴静载作用下岩石试件的应力状态前，应了解岩石界面摩擦力的大小及分布情况。

11.2.1　三轴静应力状态和应力波的斜入射

1. 界面摩擦

在动静组合加载装置中，弹性杆和岩石属于两种不同的材料，当岩石试件和弹性杆共同承受载荷时，在弹性杆与岩石试件的接触面处不可避免地存在摩擦力。无围压、无轴向静应力的岩石试件承受循环冲击载荷时，其发生破坏时没有明显的端部效应，而当试件承受一定轴向静应力时，无论是否有围压，在循环冲击载荷作用破坏时均有明显的端部效应。这是由于具有一定轴向静应力的岩石试件进行循环冲击时，岩石试件与弹性杆界面间的黄油在轴向静应力作用时已被挤出，在很大程度上降低了弹性杆与岩石试件界面处的润滑效果，存在明显的端部效应；而当循环冲击前没有轴向静应力时，黄油没有被挤出，在进行冲击时黄油可以起到很好的润滑作用。另外，在高的法向载荷和滑动速度时，动摩擦系数比准静态时测得的摩擦系数低，当界面充分润滑或采取其他措施，使界面摩擦系数小于 0.1 时，摩擦效应已很小[10,11]。因此，本章只考虑静载引起的摩擦力。

下面分析界面摩擦力的大小和影响因素。通过解析解的方法计算岩石试件端部摩擦力非常复杂，本节提出一种近似计算方法。由于弹性杆的弹性模量比岩石大许多，在承受轴向静应力和围压时，弹性杆的横向变形将远小于岩石试件的横向变形，弹性杆对岩石试件端部相当于一个约束，限制试件自由地发生横向变形。在近似计算中，假设弹性杆与岩石试件间没有摩擦力，二者间的约束力通过在弹性杆端部假想的圆周刚性帽提供，如图 11.11 所示。

在刚性帽的限制作用下，岩石试件与弹性杆横向变形同步，即刚性帽确保岩石试件与弹性杆在界面处的横向变形始终一致。刚性帽与岩石试件间的相互作用力即所求的试件端部摩擦力。弹性杆与岩石试件都是可变形体，在弹性杆与

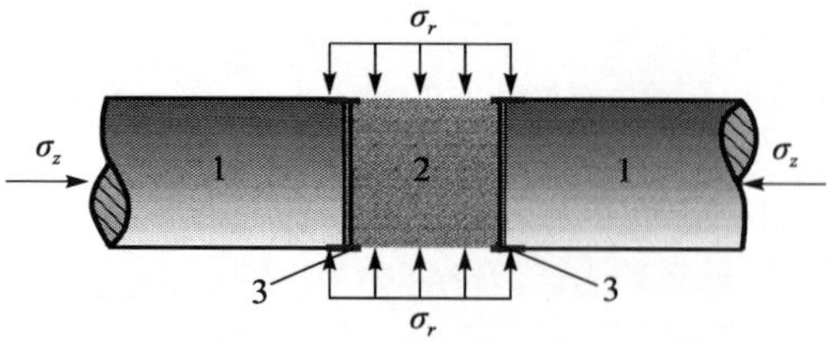

图 11.11　静载作用下弹性杆对试件约束示意图

1. 弹性杆；2. 岩石试件；3. 刚性帽；σ_r. 围压；σ_z. 轴向静应力

岩石试件接触处由于摩擦而始终固连在一起，即接触处的横向变形一致，由广义胡克定律可以得到

$$\frac{1}{E_1}[\sigma_r+\sigma-\nu_1(\sigma_z+\sigma_\theta)]=\frac{1}{E_2}[\sigma_r-\sigma-\nu_2(\sigma_z+\sigma_\theta)] \tag{11.1}$$

式中，E_1、E_2 分别为岩石和弹性杆的弹性模量，$E_1=15\text{GPa}$，$E_2=206\text{GPa}$；ν_1、ν_2 分别为岩石和弹性杆的泊松比，$\nu_1=0.29$，$\nu_2=0.28$；σ_r、σ_θ、σ_z 和 σ 分别为弹性杆和试件承受的径向静应力(不包括二者间相互约束力)、环向静应力、轴向静应力和弹性杆对岩石试件端部的约束力。

将弹性参数的具体值代入式(11.1)，并进行变换可得

$$\sigma=\frac{0.27\sigma_z-0.6767\sigma_r}{1.073} \tag{11.2}$$

图 11.12 为轴向静应力和围压对岩石端部摩擦应力的影响。从图中可以看出，相同轴向静应力作用下，端部摩擦力随着围压的增加而减小；相同围压下，端部摩擦力随着轴向静应力的增加而增大。

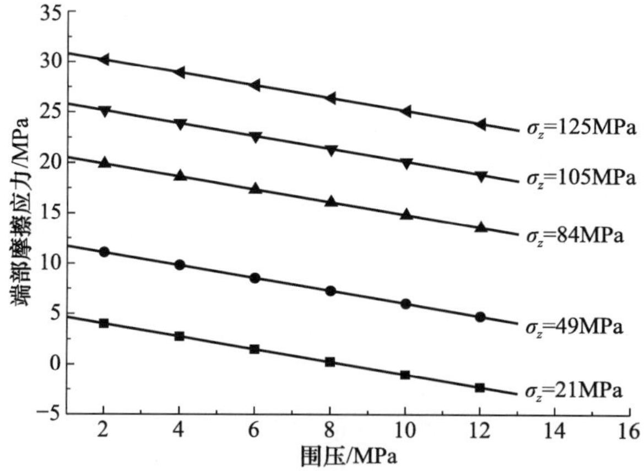

图 11.12　轴向静应力和围压对岩石端部摩擦力的影响

2. 三轴静载作用下岩石试件的应力状态

本书所研究的岩石试件在承受载荷时为一轴对称问题，静载荷作用时岩石试件的受力图如图 11.13(a)所示。将图 11.13(a)中的极坐标转化为直角坐标，则岩石试件端面上任一点 C 的应力状态如图 11.13(b)所示。图 11.13(b)中上下两个面平行于岩石试件的横截面，左右两个面垂直于岩石试件的径向，σ_z 为轴向静应力，σ_x 和 σ_y 为围压，τ_{yx} 为端部摩擦应力。从图 11.13(b)可以看出，点 C 承受的应力为三向应力，前后两个面为主平面，即 σ_y 为其中一个主应力。

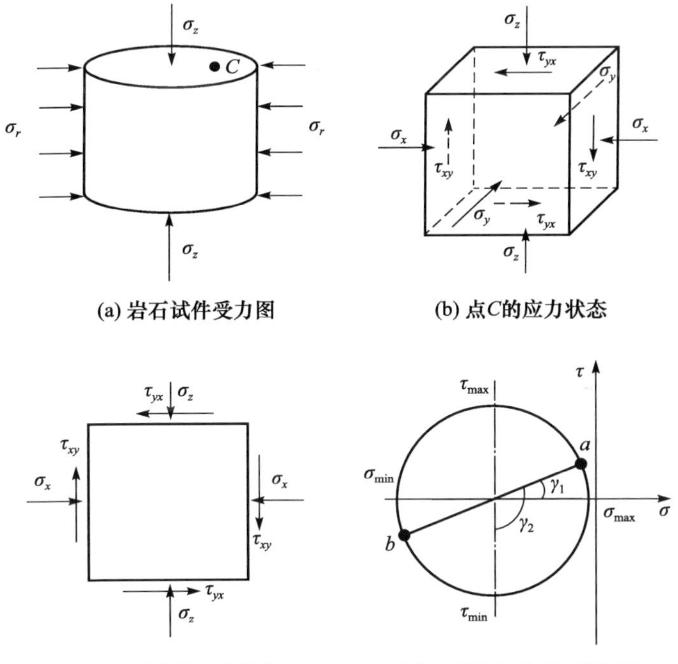

(a) 岩石试件受力图　(b) 点C的应力状态

(c) xz平面内的应力状态　(d) xz平面内的应力莫尔圆

图 11.13　岩石试件受力图与任一点的应力状态

图 11.14 为不同轴向静应力和围压下岩石试件最大主应力的变化趋势(拉应力为正，压应力为负)。从图中可以看出，相同轴向静应力下，最大主应力随着围压的增加急剧减小；相同围压下，最大主应力随着轴向静应力的增加而增大，但增大幅度相对较小。在三轴静载下，岩石最大主应力较小，甚至为负值，即表现为压应力，此种情况下，岩石不易出现拉伸破坏。

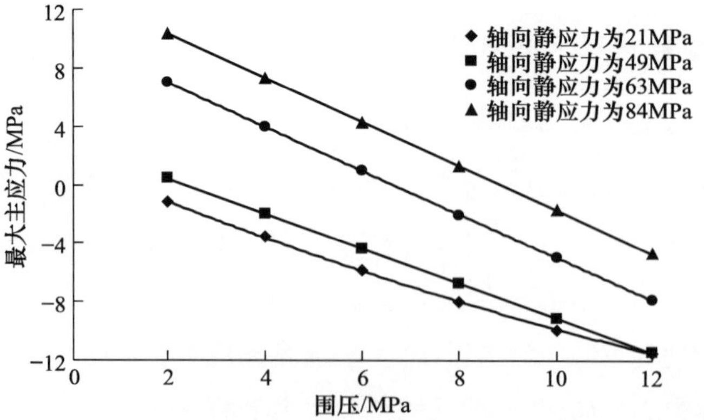

图 11.14　不同轴向静应力和围压下最大主应力的变化趋势

图 11.15 为不同轴向静应力和围压下图 11.13(d)中 γ_1 的变化趋势。可以看出,相同轴向静应力下,γ_1 随着围压的增加而减小;相同围压下,γ_1 随着轴向静应力的增加而增大。

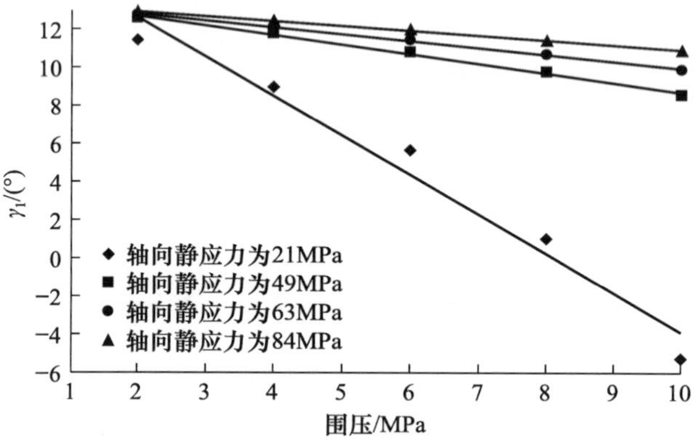

图 11.15　不同轴向静应力和围压下 γ_1 的变化趋势

在进行岩石压缩试验时,轴向应力在端部横截面上分布不均匀,且分布应力值相差较大,如图 11.16 所示[12]。从图中可以看出,当轴向静应力较小时,中心区域轴向应力较大,周边应力较小,随着轴向静应力的增加,低应力向圆心转移,逐渐在周边形成高应力区域。由式(11.2)、图 11.12 和图 11.14 可知,相同围压时,界面摩擦力的大小与轴向应力的大小有关,轴向静应力较小区域的点的摩擦力较小,对应图 11.13(d)中的 γ_1 也较小。又因为在承受轴向静应力时，岩石界面上正应力分布极不均匀，在本章设置的轴向静应力范围内，岩石试件界面上某些区域的 γ_1 为 3°或接近 3°。

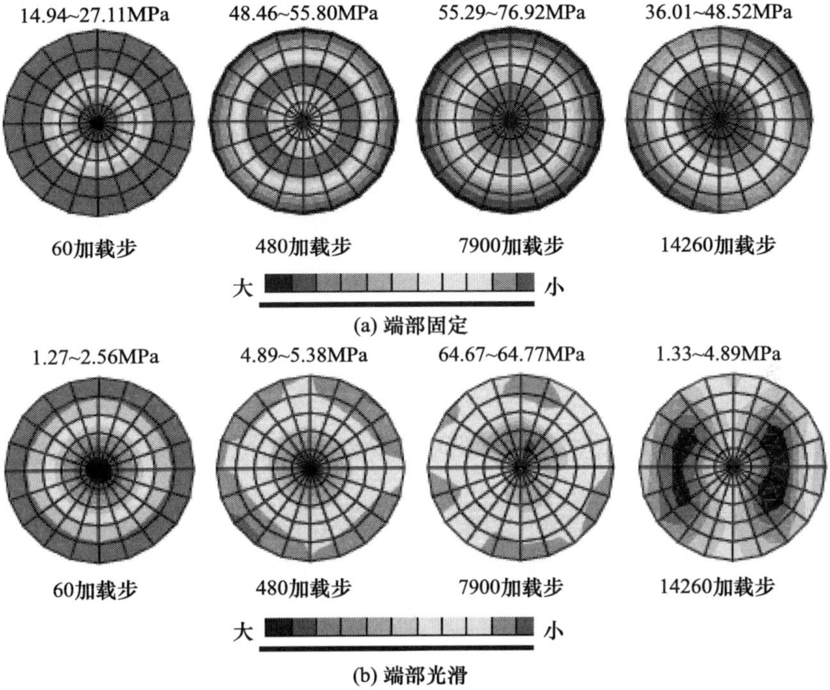

图 11.16　不同加载步试件端部轴向应力分布[12]

3. 应力波的斜入射

应力波垂直入射到自由界面时，只反射纵波，而当纵波斜入射到自由界面时，将同时反射纵波和横波[4]，如图 11.17 所示。

根据光学中的菲涅耳定律，图 11.17 中入射波和反射波有如下关系：

$$\frac{C_{\mathrm{p}}}{\sin\alpha_1}=\frac{C_{\mathrm{p}}}{\sin\alpha_2}=\frac{C_{\mathrm{s}}}{\sin\beta_2} \tag{11.3}$$

式中，C_{p}、C_{s} 分别为纵波和横波在介质中的波速。

根据应力波在介质中的传播理论，由式(11.3)可得

$$\alpha_1=\alpha_2 \tag{11.4}$$

$$\frac{\sin\alpha_1}{\sin\beta_2}=\frac{C_{\mathrm{p}}}{C_{\mathrm{s}}}=\sqrt{\frac{\lambda+2\mu}{\mu}}=\sqrt{\frac{2(1-\nu)}{1-2\nu}}\equiv k \tag{11.5}$$

式中，λ、μ 和 ν 分别为介质的拉梅常数、剪切模量和泊松比。本章所用岩石的泊

松比 $\nu=0.29$，代入式(11.5)得 $k=1.8387$。

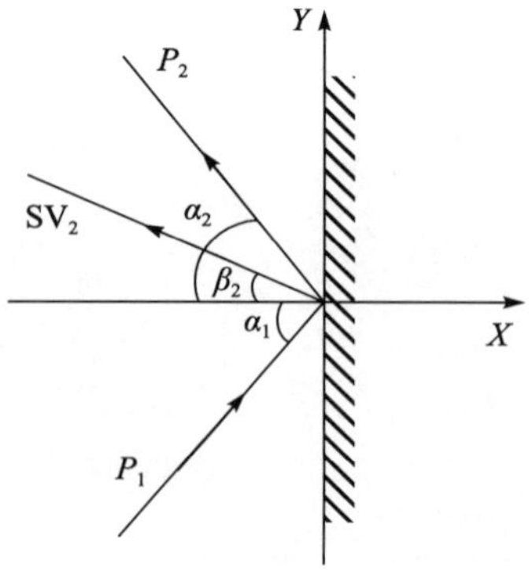

图 11.17　纵波斜入射反射示意图

Y. 自由平面；X. Y 面的法线；P_1. 入射纵波；P_2. 反射纵波；SV_2. 反射横波；

α_1. 纵波入射角；α_2. 反射纵波的反射角；β_2. 反射横波的反射角

根据自由边界上正应力和剪应力都为零的条件，并结合式(11.4)和式(11.5)，可以得反射纵波和横波的振幅与入射波振幅的关系，即

$$\frac{A_2}{A_1}=\frac{\tan\beta_2\ \tan^2(2\beta_2)-\tan\alpha_1}{\tan\beta_2\ \tan^2(2\beta_2)+\tan\alpha_1} \tag{11.6}$$

$$\frac{A_4}{A_1}=\frac{4\sin\beta_2\cos(2\beta_2)\cos\alpha_1}{\tan\beta_2\ \sin^2(2\beta_2)\cot\alpha_1+\cos^2(2\beta_2)} \tag{11.7}$$

式中，A_1、A_2 和 A_4 分别为入射纵波、反射纵波和反射横波的振幅。

图 11.18 给出了当泊松比 $\nu=0.29$ 时，反射纵横波振幅与入射波振幅之比

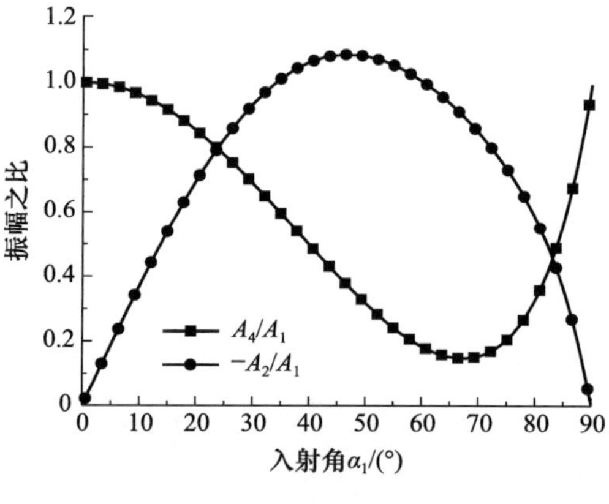

图 11.18　反射波与入射波振幅之比与入射角的关系

随入射角 α_1 的变化关系。从图中可以看出，在入射角 α_1 近似为 48°时，反射横波的振幅达到最大值，比入射波的振幅还大。横波属于剪切波，在横波作用下，质点的运动方向与波本身的传播方向垂直，即在相同入射波作用下，入射角近似为 48°时，岩石承受最大的剪切力，即满足此种情况下，岩石最易发生破坏。

11.2.2　三维受载岩石动态疲劳破坏机理

1. 无静应力情况下岩石的破坏机理

对无围压、无轴向静应力的岩石试件，在循环冲击作用下的破坏模式为张裂破坏，其破坏机理如下：当岩石试件由于冲击载荷作用发生轴向压缩变形时，由于泊松效应，必然发生横向扩展变形，即横向伸长线应变。由于岩石抵抗伸长变形的能力很弱，当此应变达到一定值时，岩石即发生破坏。由于没有界面摩擦力，岩石试件内同一纵向面不同点的横向变形程度基本相同，其破裂面基本沿着岩石试件的某个(些)纵向面，形成如图 11.8(a)的破坏模式。

2. 无围压、有轴向静应力情况下岩石的破坏机理

对无围压、有轴向静应力的岩石试件，在岩石与弹性杆的接触面处存在界面摩擦力，岩石试件在轴向静载荷和动载荷作用下，其横向变形不均匀，仅有岩石试件中部区域能相对自由地发生横向变形，而其两端附近区域的横向变形被摩擦力限制，当横向变形达到一定程度时，即发生了如图 11.8(b)所示的第 1 次破坏，此次破裂形成的破裂角 α 与图 11.13(d)的 γ_1 一致，参考图 11.15 的结果，此时的破裂角 α 近似为 13.3°。由于冲击应力波的传播高于裂纹的张开速度，在图 11.8(b)中的 1 区域张裂脱离时，试件中间部分被快速压缩，在破裂面处存在摩擦现象，即有剪切力存在，该次破坏模式仍属于张裂和剪切破坏，简称张剪破坏。经过第 1 次破坏后，岩石试件已变成两端大、中间小的形状，即共轭双曲线型，再对岩石进行循环冲击作用，岩石的入射界面将在冲击载荷作用下在图 11.8(b)中 2 区域发生剪切破坏，发生横向变形，在剪切面后部区域伴随张裂破坏，如图 11.2(b)所示，因此该次破坏也属于张剪破坏。上

述两个区域张剪破坏的区别在于第1次破坏中以张应变破坏为主要因素，而第二次破坏中剪切占主要优势。如此往复，最后形成圆锥体(台)。上述的破坏机理也可以很好地解释图11.7(b)所示矿柱的破坏过程以及形成原因。

3. 有围压、有轴向静应力情况下岩石的破坏机理

对有围压、有轴向静应力的岩石试件，由于存在界面摩擦力和围压的作用，岩石端部附近受到三向应力状态，在冲击载荷作用下，横向变形被围压限制，不易发生横向张裂破坏。岩石材料包含大量随机分布的微裂纹，若岩石在图11.13所示的三向应力作用下存在没有闭合的微裂纹，应力波将在这些微裂纹处产生反射纵波和横波，如图11.17所示。对同一岩石试件，在相同入射波作用下，破坏首先在载荷最大的位置开始。

根据图11.15和图11.16，只要岩石试件承受一定轴向静应力和围压，在其横截面上某些圆环区域的点必然会出现 γ_1 为3°或接近3°的情况，即出现图11.13(c)由 x 面逆时针转动42°左右到最大剪应力面，顺时针转动48°左右到最小剪应力面。

那么应力波将会在最大剪应力面还是在最小剪应力面上斜入射发生破坏呢？若在静载作用下图11.13(a)中点 C 的应力状态满足 $\gamma_1=3°$，由其 xz 平面应力状态中的 x 面分别逆时针转动42°和顺时针转动48°到其最大和最小剪应力面，如图11.19所示，图中符号与图11.17一致。

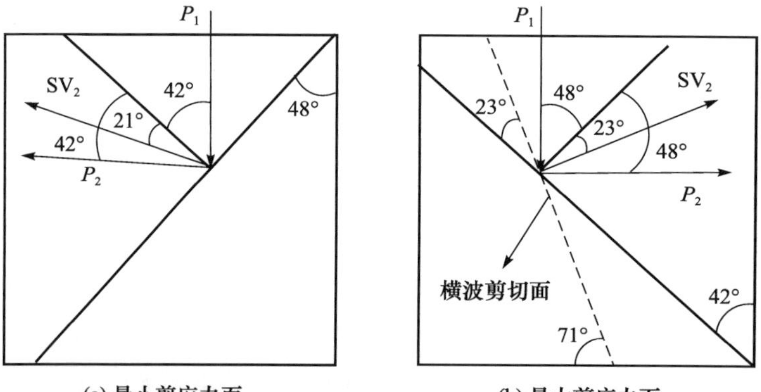

图11.19　应力波在点 C 最大剪应力面和最小剪应力面上斜入射示意图

从图 11.19 可以看出，应力波在最小剪应力面上斜入射时，反射拉伸波指向试件轴心位置，且静载荷引起的剪应力平行斜面向上，整体不利于岩石破裂。应力波在最大剪应力面上斜入射时，反射拉伸波指向岩石试件表面，且静载荷引起的剪应力平行斜面向下，静载荷和动载荷整体有利于岩石破裂。因此，具有一定轴向静应力和围压等静载荷作用下的岩石试件，应力波将在最大剪应力所在平面斜入射时首先发生破坏。

根据式(11.5)和岩石的泊松比 $\nu=0.29$，可得应力波在图 11.19 所示的最大剪应力面上斜入射时，横波的反射角为 23°。横波的传播方向与质点的运动方向垂直，则横波引起的剪应力所在面应与横波方向垂直，即图 11.19(b)中虚线所示，横波剪切面与最大剪应力面的夹角也为 23°。点 C 在反射拉伸波和横波作用下达到其强度值时，将在最大剪应力所在平面的裂纹尖端形成张开型和滑开型组合的复合型裂纹，因此具有一定轴向静应力和围压的岩石试件在冲击载荷下的破坏应该是拉伸和剪切组合破坏，简称拉剪破坏。

斜入射到张开微裂纹处的应力波被全部反射，因此与此微裂纹同在一条纵向线的其他微裂纹几乎没有承受应力波的作用，且微裂纹在反射纵波和横波作用下裂纹尖端扩展时，也会影响到附近微裂纹的扩展。具有三轴静载的岩石试件在循环冲击载荷作用下的破坏机理示意图如图 11.20 所示，图中 σ_z 和 σ_r 与图 11.13 中一致，σ_{d} 表示冲击载荷，图示中每个微裂纹都与该点最大剪应力所在平面一致。应力波在图 11.20 中每个微裂纹都发生如图 11.19(b)所示的斜

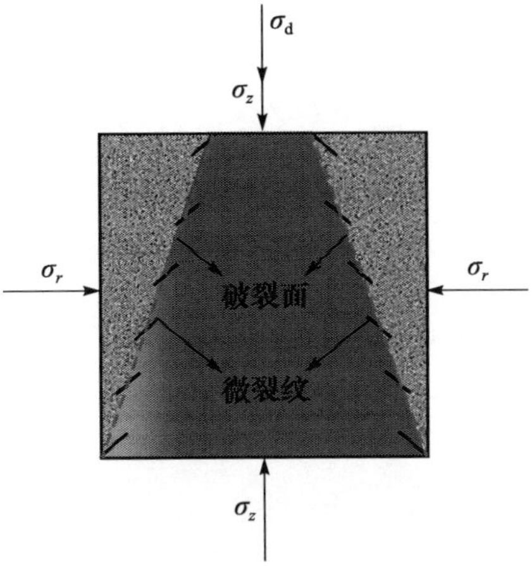

图 11.20　具有三轴静载岩石在循环冲击荷载作用下的破坏机理示意图

反射，当冲击载荷达到一定值或循环冲击到达一定次数时，反射纵波和横波引起的裂纹尖端的应力强度因子达到岩石动态断裂韧度或动态疲劳断裂韧度时，裂纹开始扩展。经过多次冲击，图示中的裂纹组贯通之后，即形成宏观破坏面，破坏包围的部分即图 11.3～图 11.5 所显示的圆锥体(台)。

具有三轴静载的岩石试件在冲击载荷作用下最终是破坏成圆锥体还是圆锥台，与界面上的轴向应力分布有关。从图 11.16 可以看出，当轴向静应力较小时(加载步为 60)，根据图 11.14 所示的关系，入射界面周边区域点满足应力波斜入射角等于 48°的条件，因此最终在循环冲击作用下形成圆锥台。同理，当轴向静应力逐渐增大到一定值时(图 11.16 中加载步为 7900)，入射界面圆心处的点满足应力波斜入射角等于 48°的条件，因此最终在循环冲击作用下形成圆锥体。而当轴向静应力继续增加时(加载步为 14260)，岩石试件已出现局部破坏，应力圆环变成应力椭圆环，这时满足应力波斜入射角等于 48°的点区域也为椭圆环，此种情况下再进行应力波冲击，试件最终破坏形状不是标准的圆锥体，近似为 V 形，这也是 Ye 等[9]在进行三轴高应力岩石冲击破坏试验时得到 V 形圆锥体的原因所在。

11.3 本章小结

本章分析了具有不同静载岩石试件在循环冲击作用下的破坏模式、静载作用下岩石试件的应力状态，以及应力波在岩石试件微裂纹处的斜入射，研究了具有不同静载的岩石在循环冲击载荷作用下的破坏机理。主要结论如下：

(1) 对无轴向静应力的岩石试件，若在岩石试件端面均匀涂抹黄油，在冲击过程中基本没有界面摩擦力；对有轴向静应力的岩石试件，存在界面摩擦力。

(2) 轴向静应力和围压对岩石在循环冲击作用下的破坏模式影响较大。无静载作用时，破坏面沿着试件的纵向面，破坏主要是横向张应变引起的，属于张裂破坏；无围压、有轴向静应力时，第 1 次破坏面呈共轭双曲线型，第 2 次破坏主要发生在入射界面处，两次破坏都属于张剪破坏。第 1 次破坏以张应变破坏为主要因素，而第 2 次破坏主要由剪切引起。

(3) 具有三向静载的岩石试件在循环冲击作用下破坏形成圆锥体(台)。

这是冲击应力波在岩石内部张开裂纹斜入射引起的，属于拉剪破坏。轴向静应力对形成圆锥顶部的大小影响较大。

参考文献

[1] 赵兴东，李元辉，刘建坡，等. 基于声发射及其定位技术的岩石破裂过程研究[J]. 岩石力学与工程学报，2008，27(5)：990-995.

[2] 赵光明，马文伟，孟祥瑞. 动载作用下岩石类材料破坏模式及能量特性[J]. 岩土力学，2015，36(12)：3598-3605，3624.

[3] 李地元，刘濛，韩震宇，等. 含孔洞层状砂岩动态压缩力学特性试验研究[J]. 煤炭学报，2019，44(5)：1349-1358.

[4] 王礼立. 应力波基础[M]. 2 版. 北京：国防工业出版社，2005.

[5] Li C L，Prikryl R，Nordlund E. The stress-strain behaviour of rock material related to fracture under compression[J]. Engineering Geology，1998，49(3-4)：293-302.

[6] Li X B，Lok T S，Zhao J. Dynamic characteristics of granite subjected to intermediate loading rate[J]. Rock Mechanics and Rock Engineering，2005，38(1)：21-39.

[7] 宫凤强，李夕兵，刘希灵，等. 一维动静组合加载下砂岩动力学特性的试验研究[J]. 岩石力学与工程学报，2010，29(10)：2076-2085.

[8] 宫凤强，李夕兵，刘希灵. 三维动静组合加载下岩石力学特性试验初探[J]. 岩石力学与工程学报，2011，30(6)：1179-1190.

[9] Ye Z Y，Li X B，Liu X L，et al. Testing studies on rock failure modes of statically loads under dynamic loading[J]. Transactions of Tianjin University，2008，14(1)：530-535.

[10] Ogawa K. Impact friction test method by applying stress wave[J]. Experimental Mechanics，1997，37(4)：398-402.

[11] Meng H，Li Q M. Correlation between the accuracy of a SHPB test and the stress uniformity based on numerical experiments[J]. International Journal of Impact Engineering，2003，28(5)：537-555.

[12] 郭保华. 岩样尺度、孔道及端部摩擦效应的数值分析[J]. 岩石力学与工程学报，2009，28(增 2)：3391-3401.

第 12 章　受载岩石动态疲劳本构模型研究

本构模型一直是岩石力学的重点研究领域之一，岩石在静态或准静态载荷作用下的本构模型已取得许多研究成果[1-6]。岩石冲击动力学起步较晚，且岩石材料动态力学特性不仅与所受应力状态有关，而且与加载速率有关，因此对岩石冲击动态本构的研究相对较少。岩石动态本构的研究大致可以分为两种方法：经验模型方法[7]和理论分析方法[8-10]。经验模型方法主要基于试验结果总结得出岩石动态应力与应变率的经验关系。理论分析方法主要基于损伤力学理论并结合其他理论方法，将岩石看成由弹性元件、黏性元件和塑性元件中两个或两个以上通过串联或并联组成，再结合相关力学知识，建立岩石在动载荷作用下的本构模型。

本章将岩石试件看成黏缸体 η_b 和损伤体 D_a 并联而成的组合体，建立具有三维静应力时黏弹性损伤体的本构关系。基于已有的循环冲击组合作用下岩石累积损伤演化模型，得到循环冲击过程中岩石物理力学参数与损伤的关系，进而将循环冲击次数引进统计损伤失效模型，研究模型中参数的变化对本构模型的影响规律。最后应用循环冲击试验数据验证该模型的正确性。

12.1　三维受载岩石动态疲劳损伤本构模型的构建

12.1.1　三维受载岩石动态疲劳过程中变形模量的确定

第 10 章在受载岩石强度劣化、疲劳变形和能量耗散等与循环冲击次数之间关系的基础上，结合 Logistic 曲线方程，得出适合表征具有不同静载荷的岩石在循环冲击作用下的累积损伤演化模型。该模型首先根据岩石的损伤与循环冲击次数间的变化关系，将岩石损伤演化关系分为初始阶段、低速阶段、加速阶段三个阶段；接着与 Logistic 曲线进行对比，求原方程的逆函数，即得描述岩石在循环冲击作用下的累积损伤演化趋势的曲线方程，即式(10.3a)和式(10.3b)。

在循环载荷作用下，岩石在出现强度劣化和疲劳变形的同时，往往内部会有微裂纹的孕育、萌生、扩展和贯通的过程，这是岩石内部损伤过程的体现。岩石内部损伤与外在响应息息相关。损伤力学理论认为，材料内部损伤是外在特征参数劣化的机理，而材料在疲劳载荷情况下的强度劣化、疲劳变化以及能量耗散等则是内部损伤的外在表现。因此，根据材料外在响应特性可以定义其损伤变量，研究材料的累积损伤演化特性。反之，根据已有的累积损伤演化特性，也可以表征材料动态力学参数的变化规律。

根据应变等价原理有

$$\varepsilon=\frac{\tilde{\sigma}}{E}=\frac{\sigma}{\tilde{E}} \tag{12.1}$$

由损伤理论得

$$\tilde{\sigma}=\frac{\sigma}{1-D} \tag{12.2}$$

结合式(12.1)和式(12.2)可得

$$\tilde{E}=E(1-D) \tag{12.3}$$

式中，E、$\tilde{E}$ 分别为无损材料和损伤材料的弹性模量；σ、$\tilde{\sigma}$ 分别为材料的应力和有效应力。

若要考虑岩石在每次冲击后的累积损伤与弹性模量的关系，则可将式(12.3)改写为

$$E_n=E_0(1-D_n) \tag{12.4}$$

式中，E_n、E_0 分别为岩石在第 n 次冲击后的弹性模量和岩石在无损状态时的弹性模量；D_n 为岩石在第 n 次冲击后的累积损伤，可利用式(10.3a)或式(10.3b)进行求解。

12.1.2　三维受载岩石动态损伤本构理论模型的建立

假设岩石是由大量微元体构成的集合体，微元一方面足够大，可以包含足

够多的微节理、微裂纹等;另一方面又足够小,可以将其看成质点来考虑,满足连续损伤力学理论的相关条件。为便于对岩石损伤本构理论模型的分析研究,将加载过程中岩石的损伤看成一个连续的过程。

1. 基本假设

岩石单元同时具有统计损伤特性和黏性特性[11,12],可将岩石试件看成黏缸 η_b 和损伤体 D_a 并联而成的组合体,如图 12.1 所示。

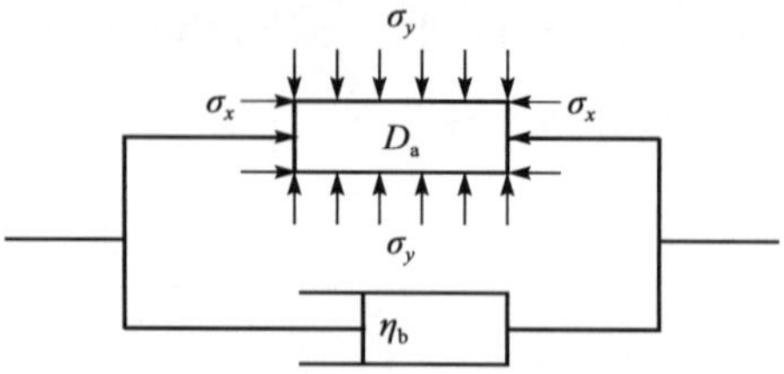

图 12.1　时效损伤模型

损伤体的损伤特性为各向同性,在损伤之前为线弹性体,服从胡克定律。黏缸没有损伤特性,遵循的本构关系为

$$\sigma_b = \eta \frac{d\varepsilon}{dt} \tag{12.5}$$

微元体的强度 F 服从韦布尔分布,其概率密度函数为

$$P(F) = \frac{m}{F_0}\left(\frac{F}{F_0}\right)^{m-1}\exp\left[-\left(\frac{F}{F_0}\right)^m\right] \tag{12.6}$$

式中,F 为微元体强度的分布变量;m、F_0 为韦布尔分布的两个参数,反映了岩石的物理力学特性。

岩石在损伤过程中,其微缺陷、微空洞等都具有随机性,根据微元体强度服从统计分布的假设,可用统计损伤变量进行表征。因此,把岩石微元破坏的概率作为动态损伤变量 D',则可得基于韦布尔分布的动态损伤变量为

$$D'=1-\exp\left[-\left(\frac{F}{F_0}\right)^m\right] \tag{12.7}$$

2. 微元体的强度

Drucker-Prager 破坏准则克服了莫尔-库仑准则的主要缺陷，既考虑了静水压力的作用，又计入中间主应力的影响，且参数简单，在岩体介质中得到广泛的运用。基于该破坏准则的岩石微元强度为[13,14]

$$F=f(\sigma)=\alpha I_1+\sqrt{J_2}=k \tag{12.8}$$

式中，α、k 分别为与岩体黏聚力 c 和内摩擦角 φ 有关的参数，且 $\alpha=\sin\varphi/\sqrt{9+3\sin^2\varphi}$；$I_1$ 为应力张量的第一不变量；J_2 为应力偏量的第二不变量。

根据胡克定律可得

$$I_1=\frac{(\sigma_x+\sigma+2\sigma_3)E\varepsilon}{\sigma_x+\sigma-2\nu\sigma_3} \tag{12.9}$$

$$\sqrt{J_2}=\frac{(\sigma_x+\sigma-\sigma_3)E\varepsilon}{\sqrt{3}(\sigma_x+\sigma-2\nu\sigma_3)} \tag{12.10}$$

式中，σ_x 为轴向静应力；σ_3 为围压（$\sigma_3=\sigma_2$）；σ 为轴向动应力；ε 为轴向应变；E、ν 分别为岩石的弹性模量与泊松比。

3. 本构模型的建立

如图 12.1 所示，假定在岩石单元的 x 方向预先施加轴向静应力 σ_x，在 y、z 方向预先施加围压 σ_y 和 σ_z。由组合体的并联关系可知，黏性体的应变 ε_b 与损伤体的应变 ε_a 相等，即组合体的应变与两分体的应变相等；组合体的应力则等于两分体应力之和，因此损伤体与黏性体满足如下关系：

$$\varepsilon=\varepsilon_a=\varepsilon_b \tag{12.11}$$

$$\sigma=\sigma_a+\sigma_b \tag{12.12}$$

式中，σ 为组合体在轴向的总冲击应力；σ_a 和 σ_b 分别为损伤体和黏性体承受的冲击应力。

三轴条件下，由应变等效原理可得损伤体的本构关系为

$$\sigma_{\mathrm{a}}=E\varepsilon(1-D')+\nu(\sigma_y+\sigma_z)-\sigma_x \tag{12.13}$$

将式(12.5)与式(12.13)代入式(12.12)，即可得组合体的本构关系为

$$\sigma=E\varepsilon(1-D')+\nu(\sigma_y+\sigma_z)-\sigma_x+\eta\frac{\mathrm{d}\varepsilon}{\mathrm{d}t} \tag{12.14}$$

考虑岩石在循环冲击作用下的本构关系，可将式(12.14)进行改写，并结合式 (12.7)可得

$$\sigma=E_n\varepsilon\exp\left[-\left(\frac{F}{F_0}\right)^m\right]+\nu(\sigma_y+\sigma_z)-\sigma_x+\eta\frac{\mathrm{d}\varepsilon}{\mathrm{d}t} \tag{12.15}$$

式(12.15)即为基于韦布尔分布的岩石在静载荷与循环冲击组合作用下的损伤本构模型。

4. 模型参数的求解

通过以上分析可知，要求解该本构方程，需要确定 6 个参数：E_n、α、F_0、m、ν 及 η。这 6 个参数往往需要通过对实测的试验数据进行分析进而确定，并不可避免地需要进行一定的试算。其中 E_n 的确定可通过累积损伤演化模型，利用式(12.4)进行求解；黏性系数 η 的取值范围为 0～2；α 的变化范围为 $0\sim\sqrt{3}$；韦布尔分布的两个参数 F_0 和 m 可根据实测数据，采用曲线拟合的方法确定。

12.1.3 动态疲劳损伤本构理论模型的验证及参数确定

利用文献[2]中的岩石循环冲击试验数据验证式(12.15)的正确性和可行性。根据循环冲击试验结果，结合式(12.15)求解其中的参数值，可得其损伤本构理论模型曲线。式(12.15)是一个隐函数，需要编写一个循环程序进行求解。在此仅给出围压为 4MPa、轴向静应力为 49MPa 的岩石试件 T1-4-2 的结果。表 12.1 为岩石试件 T1-4-2 本构模型中参数的求解结果，图 12.2 为试验结果和理论结果的对比。

表 12.1　岩石试件 T1-4-2 本构模型的参数值

循环冲击次数	E/GPa	ν	η/(MPa•s)	F_0/MPa	m
1	64.0	0.270	1.75	196.00	−0.40
2	57.0	0.200	1.62	194.00	−0.34
3	53.5	0.194	1.39	191.00	−0.32
4	45.0	0.189	1.10	167.00	0.45
5	43.0	0.170	0.85	154.59	0.50
6	38.0	0.140	0.75	142.10	0.75
7	16.5	0.100	0.44	119.46	2.10

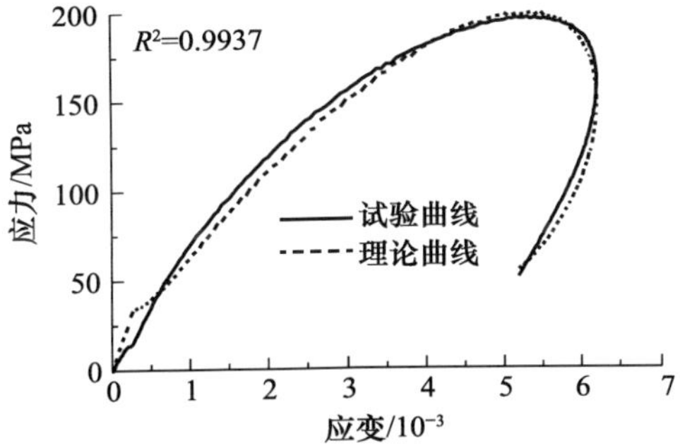

(a) 第1次冲击

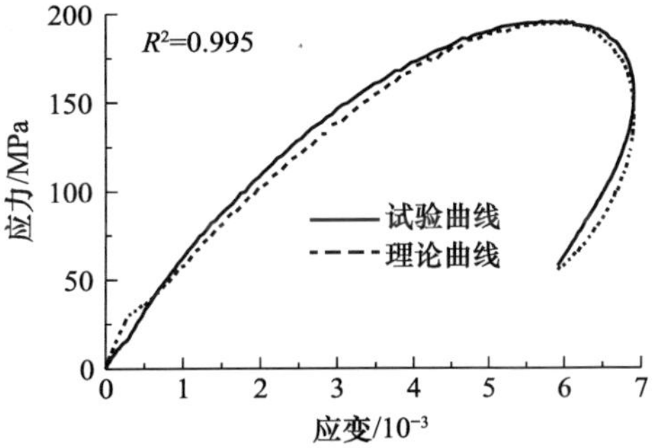

(b) 第2次冲击

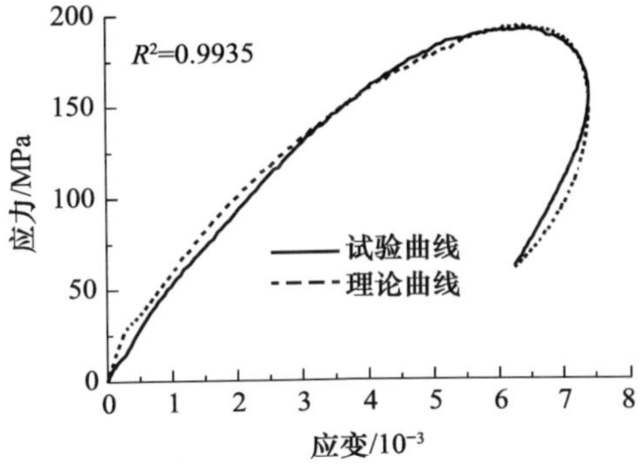

(c) 第3次冲击

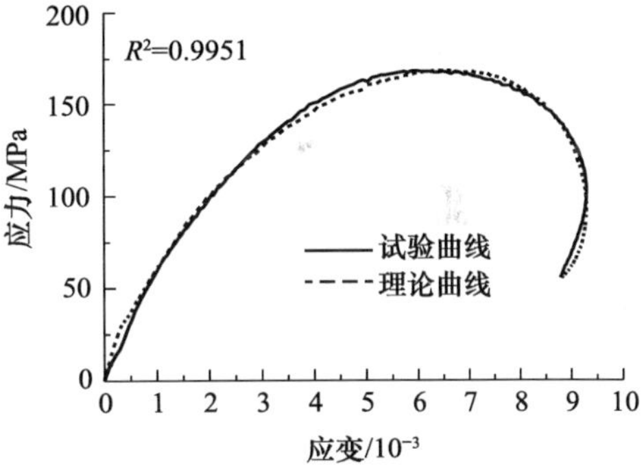

(d) 第4次冲击

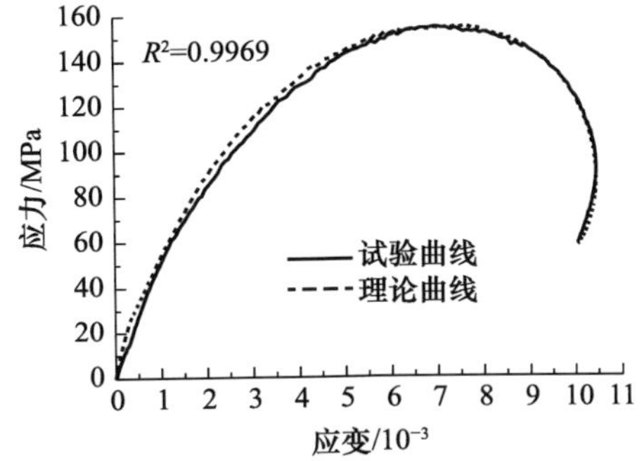

(e) 第5次冲击

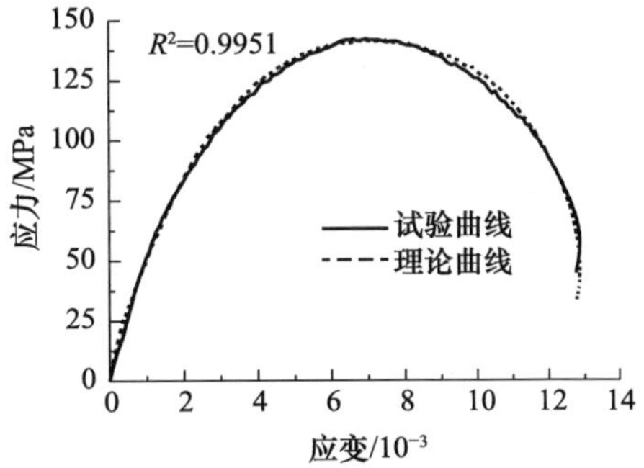

(f) 第6次冲击

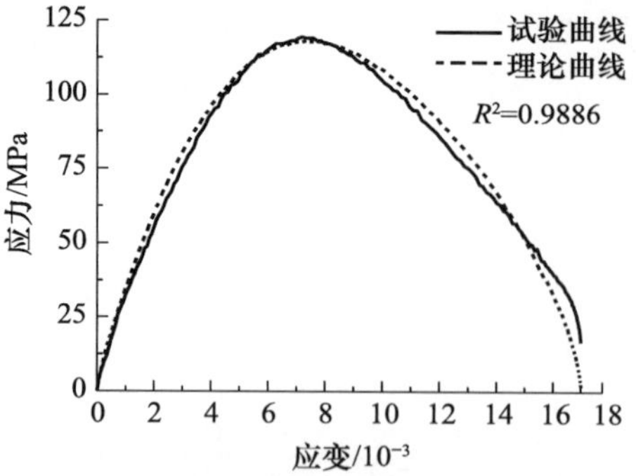

(g) 第7次冲击

图 12.2 围压为 4MPa、轴向静应力为 49MPa 时循环冲击本构曲线

从图 12.2 可以看出，试验曲线与理论曲线具有较好的一致性，说明式(12.15)可以用来描述静载荷与循环冲击组合作用下岩石的损伤本构关系，验证了该模型的正确性和可行性。

从表 12.1 可以看出，对具有三维静载的岩石试件(围压 4MPa 和轴向静应力 49MPa)，利用式(12.15)所表示的损伤本构模型进行拟合时，随着循环冲击次数的递增，其中的参数 m 值逐渐增大。具有三维静载荷的岩石在循环冲击过程中，其损伤程度逐渐增加，且其破坏模式多呈圆锥(台)形式，因此可以推断在循环冲击过程中岩石试件的不均匀程度在增加。即循环冲击过程中，m 值越大，岩石试件越不均匀，m 表示岩石的不均匀度。这与岩石在静载荷和单次冲击下的均质度[15-17]不同。

结合式(12.7)解释 m 表示循环冲击过程中岩石不均匀度的合理性。式(12.7)中的 F_0 表示岩石试件在单次冲击中的峰值应力，F 表示岩石微元体强度，一般情况下认为，岩石的微元体强度高于其整体强度。假设岩石单次冲击时的 $F_0=120\text{MPa}$，当不均匀度逐渐增加时，根据式(12.7)计算的损伤值呈逐渐增大的趋势，如图 12.3 所示。不均匀度 m 的增加，表示循环冲击过程中岩石内的微裂纹逐渐萌生、贯通和成核，此时在循环冲击载荷作用下，在这些微裂纹处压缩应力波将发生斜入射，通过反射和透射产生纵波和横波，增加岩石进一步损伤破坏的概率，即对相同强度的微元体，不均匀度 m 越大，其损伤值也越高。因此，图 12.3 说明了表 12.1 中 m 的拟合值的合理性，也说明了可以用 m 表示循环冲击过程中岩石的不均匀度。

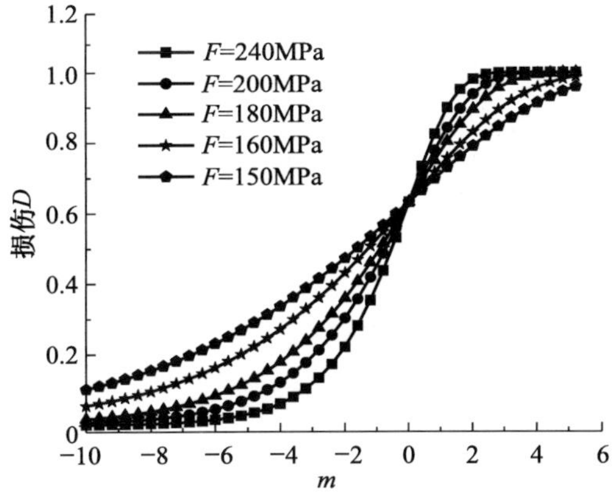

图 12.3　循环冲击过程中不均匀度 m 对损伤的影响

12.2　岩石参数对损伤本构模型的影响特性

1. 弹性模量 E_n 对模型的影响

由式(12.4)可知，参数 E_n 和 E_0 分别表示岩石在第 n 次冲击后的弹性模量和岩石在无损状态时的弹性模量。当固定其他参数不变而改变 E_n 时，岩石应力-应变曲线的变化情况如图 12.4 所示。从图中可以看出，随弹性模量 E_n 的减小，岩石的峰值应力也随之减小，峰值前的应力-应变曲线斜率逐渐减小。即随着循环冲击次数的增加，岩石的弹性模量减小，同时岩石的峰值应力也减小，岩石弹性模量的变化对应力-应变曲线的影响较大。

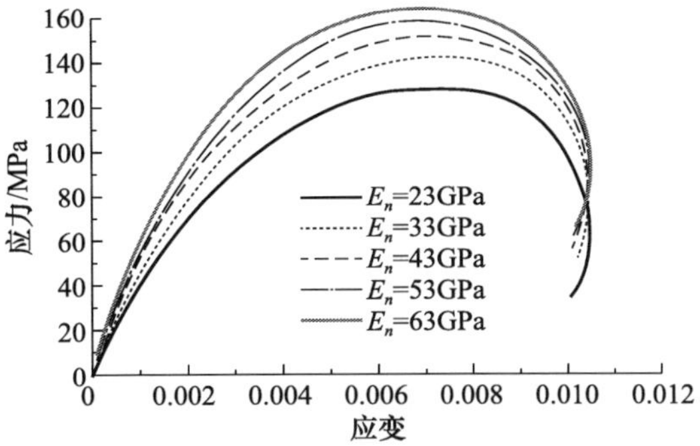

图 12.4　弹性模量 E_n 对本构模型的影响

(F_0＝154.59MPa，α＝0.1815，m＝0.5，ν＝0.17，η＝0.85MPa·s)

2. 参数 α 对模型的影响

α 和 k 是与岩石黏聚力 c 和内摩擦角 φ 有关的试验参数。当固定其他参数不变而改变 α 时，其实也是改变内摩擦角 φ 的大小，岩石应力-应变曲线的变化情况如图 12.5 所示。从图中可以看出，随着 α 的减小，岩石的峰值应力反而有所增大，但增加的幅度较小。由此可得，α 的变化对应力-应变曲线有一定的影响，但影响不显著。

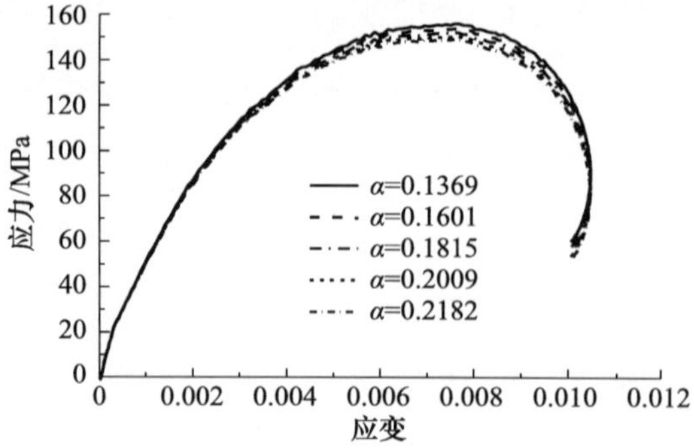

图 12.5 参数 α 对本构模型的影响

(E_n=43GPa, F_0=154.59MPa, m=0.5, ν=0.17, η=0.85MPa·s)

3. 参数 F_0 与 m 对模型的影响

F_0 和 m 作为 Weibull 分布的两个参数，反映岩石物理力学性质。当固定参数 E_n、α、m、ν 和 η，仅改变 F_0 时，岩石应力-应变曲线的变化情况如图 12.6 所

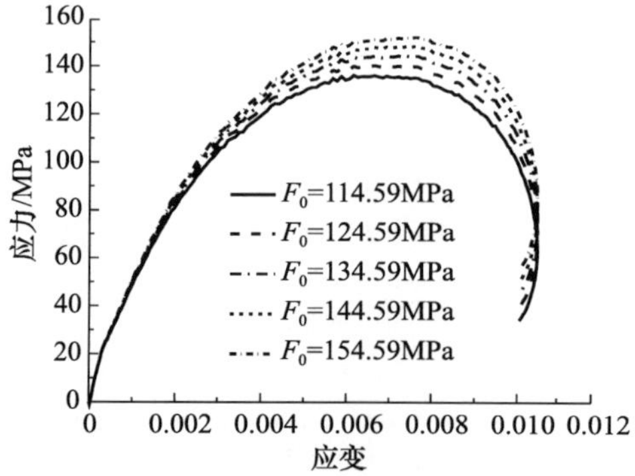

图 12.6 参数 F_0 对本构模型的影响

(E_n=43GPa, α_0=0.1815, m=0.5, ν=0.17, η=0.85MPa·s)

示。从图中可以看出，随着 F_0 的减小，岩石的峰值应力也随之减小，即参数 F_0 表示岩石试件在单次冲击中的峰值应力，反映了岩石的宏观平均强度；但 F_0 对初始段应力-应变曲线的影响不显著。

当固定其他参数不变而改变 m 时，岩石应力-应变的曲线变化情况如图 12.7 所示。从图中可以看出，m 越大，单次冲击时岩石的峰值应力越小，初始阶段应力-应变曲线的斜率增加，峰值应力对应的应变逐渐减小，即 m 对应力-应变曲线的影响较显著。

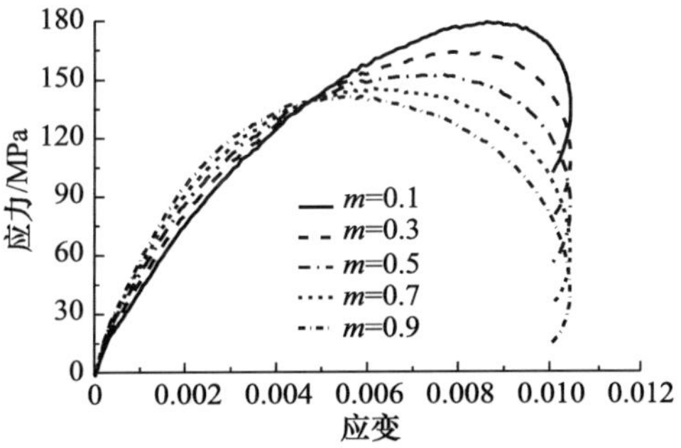

图 12.7　参数 m 对本构模型的影响

(E_n=43GPa，F_0=154.59MPa，α=0.1815，ν=0.17，η=0.85MPa·s)

4. 泊松比 ν 对模型的影响

当参数 E_n、F_0、α、m、η 不变，改变泊松比 ν 时，岩石应力-应变曲线的变化情况如图 12.8 所示。从图中可以看出，随着 ν 的增大，岩石的应力基本不变，即 ν

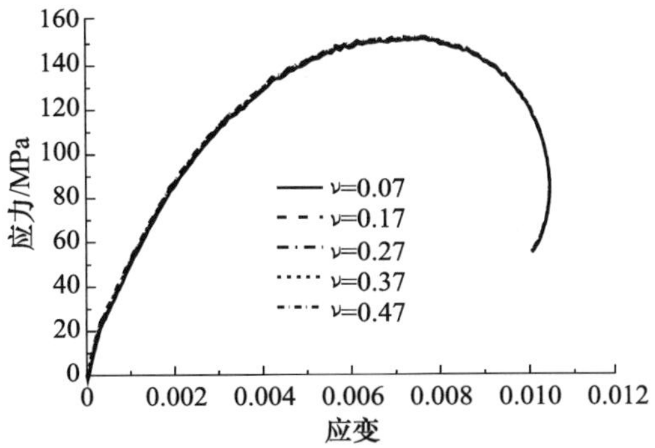

图 12.8　泊松比 ν 对本构模型的影响

(E_n=43GP a F_0=154.59MPa，α=0.1815，m=0.5，η=0.85MPa·s)

对应力-应变曲线基本无影响。

5. 黏性系数 η 对模型的影响

同样通过固定其他参数，改变岩石黏性系数 η 时，岩石应力-应变曲线的变化情况如图 12.9 所示。从图中可以看出，随着 η 的增大，岩石的峰值应力也随之增大，峰值应力对应的应变逐渐减小。可见 η 对应力-应变曲线的影响显著，可以改变应力-应变曲线的形态。

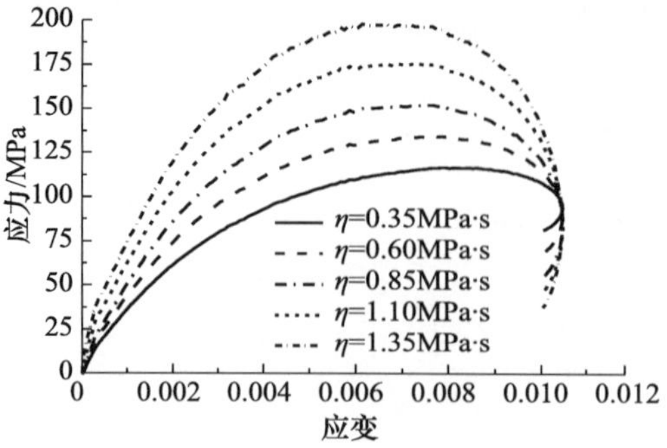

图 12.9　黏性系数 η 对本构模型的影响

($E_n=43$GPa, $F_0=154.59$MPa, $\alpha=0.1815$, $m=0.5$, $\nu=0.17$)

12.3　本 章 小 结

本章利用岩石统计损伤理论，将岩石抽象为黏缸体和损伤体，构建了具有三维静载岩石的动态疲劳损伤本构模型；在通过试验数据验证本构模型正确的基础上，研究了模型中参数对岩石本构的关系的影响特性。主要结论如下：

(1) 通过基于 Logistic 曲线方程的累积损伤模型计算岩石的累积损伤，考虑爆破冲击对岩体弹性模量的影响，根据应变等效原理，导出了岩石弹性模量与累积损伤变量的关系，从而将循环冲击次数引入岩石损伤本构关系中。

(2) 将统计损伤模型和黏弹性模型相结合，并根据 Drucker-Prager 强度准则，建立循环冲击作用下具有三维静载岩石的动态损伤本构模型。

(3) 通过试验验证，理论曲线与试验曲线具有较好的一致性，说明所建模型是合理的，且该模型具有计算参数少、运用简便的特点，能较好地表征受载岩石在循环冲击作用下的本构关系。

(4) 岩石的弹性模量、黏性系数等参数对循环冲击时岩石的应力-应变曲线影响较大；而岩石的内摩擦角和泊松比等对具有三维静载岩石的冲击疲劳应力-应变曲线影响较小。循环冲击过程中，岩石的不均匀度逐渐增加。

参考文献

[1] 郑永来，夏颂佑. 岩石粘弹性连续损伤本构模型[J]. 岩石力学与工程学报，1996，15(增 1)：428-432.

[2] 曹文贵，方祖烈，唐学军. 岩石损伤软化统计本构模型之研究[J]. 岩石力学与工程学报，1998，17(6)：628-633.

[3] 秦跃平. 岩石损伤力学模型及其本构方程的探讨[J]. 岩石力学与工程学报，2001，20(4)：560-562.

[4] Liu X S，Ning J G，Tan Y L，et al. Damage constitutive model based on energy dissipation for intact rock subjected to cyclic loading[J]. International Journal of Rock Mechanics and Mining Sciences，2016，85：27-32.

[5] Liu Y，Dai F. A damage constitutive model for intermittent jointed rocks under cyclic uniaxial compression[J]. International Journal of Rock Mechanics and Mining Sciences，2018，103：289-301.

[6] Bian K，Liu J，Zhang W，et al. Mechanical behavior and damage constitutive model of rock subjected to water-weakening effect and uniaxial loading. Rock Mechanics Rock Engineering，2019，52(1)：97-106.

[7] 宫凤强，王进，李夕兵. 岩石压缩特性的率效应与动态增强因子统一模型[J]. 岩石力学与工程学报，2018，37(7)：1586-1595.

[8] 单仁亮，薛友松，张倩. 岩石动态破坏的时效损伤本构模型[J]. 岩石力学与工程学报，2003，22(11)：1771-1776.

[9] 李夕兵，左宇军，马春德. 中应变率下动静组合加载岩石的本构模型[J]. 岩石力学与工程学报，2006，25(5)：865-874.

[10] 刘军忠,许金余,吕晓聪,等.围压下岩石的冲击力学行为及动态统计损伤本构模型研究[J].工程力学,2012,29(1):55-63.

[11] 曹文贵,赵明华,刘成学.基于 Weibull 分布的岩石损伤软化模型及其修正方法研究[J].岩石力学与工程学报,2004,23(19):3226-3231.

[12] 韦立德,杨春和,徐卫亚.基于细观力学的盐岩蠕变损伤本构模型研究[J].岩石力学与工程学报,2005,24(23):4253-4258.

[13] 刘金龙,栾茂田,许成顺,等.Drucker-Prager 准则参数特性分析[J].岩石力学与工程学报,2006,25(增 2):4009-4015.

[14] 袁小平,刘红岩,王志乔.基于 Drucker-Prager 准则的岩石弹塑性损伤本构模型研究[J].岩土力学,2012,33(4):1103-1108.

[15] 左宇军,唐春安,李术才,等.基于大直径霍普金森压杆数值试验的非均匀介质动态破坏过程分析[J].岩土力学,2011,32(11):230-236,268.

[16] 罗荣,曾亚武,曹源,等.岩石非均质度对其力学性能的影响研究[J].岩土力学,2012,33(12):3788-3794.

[17] 孙超群,程国强,李术才,等.基于 SPH 的煤岩单轴加载声发射数值模拟[J].煤炭学报,2014,39(11):2183-2189.